安徽省图书馆
ISO9001质量管理体系建设实践

安徽省图书馆◎编

ANHUISHENG TUSHUGUAN
ISO9001 ZHILIANG GUANLI TIXI JIANSHE SHIJIAN

北京师范大学出版集团
BEIJING NORMAL UNIVERSITY PUBLISHING GROUP
安徽大学出版社

图书在版编目(CIP)数据

安徽省图书馆ISO9001质量管理体系建设实践/安徽省图书馆编.—合肥：安徽大学出版社，2024.2

ISBN 978-7-5664-2814-1

Ⅰ.①安… Ⅱ.①安… Ⅲ.①省级图书馆—质量管理体系—研究—安徽 Ⅳ.①G258.21

中国国家版本馆CIP数据核字(2024)第070481号

安徽省图书馆ISO9001质量管理体系建设实践

安徽省图书馆 编

出版发行：北京师范大学出版集团
安 徽 大 学 出 版 社
(安徽省合肥市肥西路3号 邮编230039)
www.bnupg.com
www.ahupress.com.cn

印 刷：安徽联众印刷有限公司
经 销：全国新华书店
开 本：710 mm×1010 mm 1/16
印 张：28.5
字 数：454千字
版 次：2024年2月第1版
印 次：2024年2月第1次印刷
定 价：98.00
ISBN 978-7-5664-2814-1

策划编辑：李 君
责任编辑：范文娟
责任校对：汪 君
装帧设计：李 军
美术编辑：李 军
责任印制：陈 如 孟献辉

《安徽省图书馆 ISO9001 质量管理体系建设实践》编委会

序　言

安徽省图书馆自2008年导入ISO9001质量管理体系，至今已连续五个周期通过中国质量认证中心(CQC)审核，证明我们建立的质量管理体系符合ISO9001:2015标准。安徽省图书馆通过认证的范围有文献信息资源保护、数字制作、利用与服务。这向社会表明，安徽省图书馆具有提供满足读者要求和适用法规要求的服务能力，能持续稳定地向读者提供预期和满意的合格服务。

历经十五年的贯标实践，我们感悟深刻，收获颇丰。ISO9001质量管理体系“以顾客为关注焦点”，强化了“以读者为中心”的服务思想，通过不断升级软、硬件，我们努力争取满足和超越读者的期望。业务工作更新了管理理念和管理模式，用标准化管理思想固化业务和管理流程，通过采取过程的识别和控制，实现工作结果质量的可控。我们制定了质量方针，确立了分期递进的质量目标，撰写了适用于公共图书馆行业的质量管理体系文件，实现了大家制定制度大家共同遵守的目标，激发了馆员的主人翁责任意识；培养了运行、维护、控制质量管理体系的内审员队伍，健全了质量内审和外部监督审查制度，营造出浓厚的质量强馆的文化氛围。这些年，我们能赢得读者肯定、荣获多方美誉，如2021年获评“全国文化和旅游系统先进集体”，2022年成为“安徽省旅游服务质量标杆单位”，2023年通过省级服务综合标准化试点验收……成功导入ISO9001质量管理体系并坚持标准化管理是重要原因之一。如今总结发现：谋划发展，我们锚定高质量目标引领方向；强化业务建设，我们坚持问题导向持续改进补短板；防范风险，我们以过程控制为重要手段未雨绸缪；培养职工，我们以质量文化浸润心灵、涵养品质……利用这样一种新颖、科学的管理手段，使拥有百余年历史的安徽省图书馆焕发出勃勃生机，树立起良好的公益性文化单位服务形象。

一直以来，很多图书馆都有意接受 ISO9001 质量管理体系认证，只因受主客观条件限制未能如愿。新时代随着办馆条件的持续改善，读者高品质阅读服务需求日益增加，以国际通用的标准来检验和衡量公共图书馆服务品质和管理绩效，谱写中国图书馆质量管理的新篇章将成为可能。为了总结十五年的贯标实践，为新时代图书馆工作高质量发展提供成功案例，我们特编著此书。希望在图书馆界普及 ISO 质量管理知识，让通用的 ISO9001 质量管理体系在更多的图书馆落地，特别是细致描述安徽省图书馆的 ISO9001 质量管理体系建设实践过程，呈现体系文件的成文信息，可为有意导入质量管理体系的图书馆提供参考。

党的二十大报告指出，“高质量发展是全面建设社会主义现代化国家的首要任务”。习近平总书记在多个重要场合就“什么是高质量发展、怎样才能实现高质量发展”作出深刻阐释：“高质量发展，就是能够很好满足人民日益增长的美好生活需要的发展”，“高质量发展，就是从‘有没有’转向‘好不好’”，“高质量发展不只是一个经济要求，而是对经济社会发展方方面面的总要求”。因此，“高质量发展”也必然成为当下图书馆的发展要求和发展目标。如果图书馆界能共建质量管理体系，同育质量文化，无论是单个馆还是整体图书馆事业，都将更好地肩负起“传承文明，服务社会”的职责使命，在服务、推动、引导全民阅读中，让人民有获得感、幸福感和安全感。

林旭东

2023 年 12 月

目　录

第一章　质量管理体系与公共图书馆

质量管理体系是一个组织(或单位)在质量方面进行指挥和控制的管理体系。质量管理体系过去多被应用于制造业和经济领域,后逐步扩展到包括公共图书馆在内的其他行业。综观国际国内、过去现在,质量管理模式和方法有很多种。其中,国际标准化组织(International Organization for Standardization, ISO)建立的质量管理体系,被全球170多个国家/地区的组织(或单位)采用,是迄今为止世界上较成熟的一套管理体系和标准。

第一节　质量管理概述

在"质量管理"成为专有名词之前,"质量"和"管理"是两个相对独立的概念。"质量"一词在《辞海》中的解释为:"事物的优劣程度",通常以"产品质量""服务质量""教学质量""图书馆书刊采购质量""读者服务质量"等类似搭配出现和被理解。而"管理",在管理学中指:社会组织为实现预期目标进行的以人为中心的协调活动,较多地指组织对行政、财务、质量等进行的协调。协调的方法多种多样,既需要定性的理论和经验,也需要定量的专门技术。在独立概念中,"质量"只是单位管理工作中的一项内容。

一、质量管理定义

《辞海》对质量管理的解释有两种。狭义的质量管理指:应用各种科学原理,以保证、提高产品质量的管理。广义的质量管理指:为了最经济地生产出适合使用者要求的高质量产品所采用的各种方法的体系。

国际标准化组织(ISO)在《质量管理体系——基础和术语》中将质量管理定义为:在质量方面指挥和控制组织协调的活动。与质量有关的活动,通常包括建立质量方针和质量目标,进行质量策划、质量控制、质量保证和质量改进等,通过这些手段来实施和实现一个组织(或单位)全部质量管理职能的全部活动。

二、质量管理发展阶段

《辞海》将质量管理的发展归纳为"质量检验""统计质量管理"和"全面质量管理"三个阶段。

第一阶段的"质量检验",是对加工完毕的全部产品(或零件)进行测定是否符合预定的质量标准,从中剔除废品,保证出厂产品完全合格。

第二阶段的"统计质量管理",亦称"统计质量控制",它主要采用各种统计手段,对生产过程中的产品质量加以控制,找出产品优劣的原因,防止不合格品的产生。

第三阶段的"全面质量管理",亦称"全面质量控制""综合质量管理",是一种综合的、全面的经营管理方式和理念。"全面质量"不仅指产品服务质量,还包括工作质量,是用工作质量保证产品或服务质量。它将质量管理工作扩大到设计、研制、生产准备、原材料采购、生产制造、销售、用户服务等各环节。这种管理的任务是:组织和协调企业各个部门及全体人员,正确贯彻执行质量标准,综合运用现代科学和管理技术成果,全面控制影响质量的各种因素,根据使用要求不断研究和改进产品质量,保证能经济地研制、生产和提供用户满意的产品和服务。

全面质量管理理念最早起源于美国,20世纪60年代后在日本取得丰硕成果并引起世界各大企业的关注和追捧。20世纪80年代后,全面质量管理得到进一步扩展和深化,由早期的TQC(Total Quality Control,全面质量控制)演化为TQM(Total Quality Management,全面质量管理)。

美国著名质量管理专家戴明博士(W. Edwards Deming)曾提出,在生产过程中,造成质量问题的原因只有10%～15%来自工人,而85%～90%是企业内部管理上的问题。这就意味着，质量不仅仅取决于生产加工这一环节，也不只是局限于加工产品的工人，而是涉及企业管理的各个方面、各个部门、各类人员。建立和健全全方位、全流程的质量管理体系，不仅生产出来的产品（或提供的服务）质量有保证，而且最终产品出来之前的其他流程的质量也是有保障的。

既然全面质量管理已经是成功有效的质量管理模式，那么ISO9001质量管理体系又是在何种情况下产生并异军突起的呢？

第二节　ISO9001质量管理体系

ISO9001质量管理体系是基于ISO9000族标准建立起来的一种质量管理体系。一个组织（或单位）通过贯彻和遵守ISO9000族标准规定的典型运行框架和规范，建立和运行该组织（或单位）ISO质量管理体系。组织（或单位）通过持续改进质量管理确保实现客户需求，使组织拥有提供高质量产品和服务的能力。

所谓体系，泛指在一定范围内或同类的事物中按照一定的秩序和内部联系组合而成的整体，是“相互关联或相互作用的一组要素”，是由不同系统组成的系统。管理体系是一个组织（或单位）组织制度和管理制度的总称，是组织（或单位）用于建立方针、目标，以及实现这些目标的过程的相互关联和相互作用的一组要素。一个组织（或单位）可以有若干个不同的管理体系，如质量管理体系、信息安全管理体系、环境管理体系等，质量管理体系只是其中的一个。

对于“质量就是效益”“质量就是企业的生命”的制造业（企业）来说，它们一直致力于寻求和尝试各种质量管理方法和体系来帮助进行企业质量管理。在导入ISO9001质量管理体系之前及之后，国内外企业采用的质量管理方法有很多种。其中包括传统管理方法（经济方法、法律方法）、科学管理方法（系统论、信息论等），以及数理统计技术方法、价值方法、运筹学方法、质量管理小组活动（QC小组）、ISO标准等。在各国的探索和实践过程中，涌现出不少著名的质量管理方法，如PDCA循环（又名“戴明环”，是全面质量管理的思想基础和方法依据）、朱兰三部曲（质量计划、质量控制和质量改进）、零缺陷、六西格玛、卓越绩效模式等。

组织（或单位）会根据自身的管理要求、发展环境与市场需求，选择不同的质量管理方法。ISO9001质量管理体系，因其在强化质量管理、提高组织（或单位）效益、增强客户信心、消除国际贸易壁垒和提升组织（或单位）形象等方面具有比较大的优势，备受海内外企业推崇，并在各个领域广泛运用。

ISO9001是很多国家，特别是发达国家多年来管理理论与管理实践的总结和升华，它是ISO族标准的核心标准之一，也是ISO族标准中可以用作认证的标准。

一、ISO9000系列标准的诞生

二战时期，世界军品贸易频繁，军品质量的优劣直接影响战争发展的局势。不时出现的质量问题，使买方、卖方和供应方等各方意识到仅凭最终产品的质量验收（即前文所述的质量管理第一阶段“质量检验”），难以从根本上保证产品质量。采购方希望对供应方的生产制造全过程实施有效控制。生产者也认为，质量保证活动能避免或预防因质量问题而导致的重大经济和企业信誉损失，也能为免除自身产品质量责任提供证据。而对于用户来说，他们宁愿承担产品和服务的质量保证活动增加的成本，也要确认产品和服务的安全可靠性。

各方都渴望能出台各方认可的标准，并依据标准进行生产、提供服务。这一共同诉求在20世纪50年代末得以实现。美国国防部提出军品采购时实行质量保证，即供方在生产所订购的货品时，不但要按照需方提出的技术要求保证产品实物质量，而且要按订货时提出的且已录入合同中的质量保证条款要求去控制质量，并在提交货品时提交控制质量的证实文件。这种方法不仅促使生产承包商进行了全面的质量管理，也在随后的军品交易中被证实非常有效。

继军品交易之后，人们在民品订货时也开始有了相应的质量保证要求。为回应这一要求，1979年，英国标准协会（BSI）发布了BS 5750质量保证模式标准，并率先开展了单独的质量保证体系认证制度。这一举动直接将质量保证活动由第二方审核上升为第三方认证。认证是对产品质量、企业质量保证能力实施的第三方评价活动，是世界各国规范市场行为、促进经济贸易发展和保护消费者权益的有效手段。在英国之后，美国、法国和加拿大等国陆续制定和发布了用于民品生产的质量管理标准和质量保证标准。各国实施的标准不一致，而在日益频繁的国际贸易和质量竞争中，需要一个统一的、具有国际通用效力的质量管理标准，作为市场准入或采购的“门槛”。

为适应国际贸易往来中民品订货采用质量保证做法的需求，1979 年，国际标准化组织（ISO）专门成立了“质量保证技术委员会”（即 ISO/TC176，1987 年更名为“质量管理和质量保证技术委员会”）。ISO/TC176 在总结和参照世界有关国家标准和实践经验的基础上，着手制定质量管理和质量保证的国际标准。1986—1987 年，该委员会发布了世界上第一批质量管理和质量保证系列标准，被称为“1987 版 ISO9000 系列标准”。

1987 版 ISO9000 系列标准一经问世，就在工业界得到认可。这一质量管理和质量保证的系列标准并非是一个标准，而是一组标准。

很多企业采用 ISO9000 系列标准在企业内部建立质量管理体系，并申请质量管理体系认证。质量管理体系认证在全球范围内迅猛发展，很快形成一个世界性潮流。我国于 1988 年 12 月颁布了等效采用 1987 版 ISO9000 系列标准的国家标准，并在 1989 年 12 月成立了全国质量管理和质量保证标准化技术委员会，授权中国质量管理协会质量保证中心等机构开展质量管理体系认证工作。

二、ISO9000 族标准的出现与完善

为及时跟进各国质量管理最新实践成果，确保标准内容与时俱进，ISO 建议所有标准进行定期修改（一般 5～7 年）。1987 版 ISO9000 系列标准推出后，历经了 1994 年、2000 年、2008 年和 2015 年四次修改，计划 2025 年推出新版标准。

1994 年，ISO/TC176 完成了对 1987 版 ISO9000 系列标准的修订，将其制定的标准统一定义为“ISO9000 族”，“ISO9000 族标准”替代前述的“ISO9000 系列标准”。1994 版 ISO9000 族标准将产品概念分解成四类：硬

件、软件、流程性材料和服务。

而2000版ISO9000族标准是一次战略性换版。在充分总结1987版ISO9000系列标准和1994版ISO9000族标准长短处的基础上，ISO/TC176对标准的结构、技术内容进行了“彻底性”修改。这次换版正式提出了质量管理八项原则，并使标准适合于各种规模（尤其是中小企业）和服务类型组织的需要。2000版发布后，有更多非制造业类的组织投入贯彻标准的实践中。

进入21世纪后，科学技术和世界经济贸易突飞猛进。在“变革”“创新”成为企业经济主题的时代背景下，2004年各成员国对ISO9001:2000进行系统评审。根据评审结果，ISO/TC176成立项目组进行有限修订，2008年版标准应运而生。

2015年，经过第四次修订后形成的2015版ISO9000族标准，将八项原则改为七项原则（以顾客为关注焦点、领导作用、全员参与、过程方法、循证决策、改进、关系管理），更加突出要素协同运作，强调“过程＋基于风险的思维＋PDCA循环”，充分体现了一个大PDCA循环的过程（策划、实施、检查、处置）。

三、ISO9001质量管理体系异军突起

ISO9001质量管理体系与全面质量管理（TQM）拥有一些相同的特质，如基于相同的理论基础（质量管理学），具有一致的最终目标（通过提高产品质量使顾客满意），拥有较多的交叉点（全面性、全员性、预防性、服务性、科学性），共享类似的管理阶段（PDCA循环：策划、实施、检查、处置）等。这些相同的特质，确保了全面质量管理（TQM）和ISO9001质量管理体系都是能助力企业获得高质量产品和服务的有效手段。

ISO9001质量管理体系不仅全面引进了全面质量管理（TQM）PDCA循环，也吸收了包括全面质量管理在内的其他管理体系和管理方法的思想精华。历经数次修订改版的ISO9000族标准，其适用性持续提高，通用性持续增强。

国际标准化组织（ISO）于1987年发布的ISO9000系列标准，以其实用

性和时效性被世界 170 多个国家和地区所接受，它们纷纷等同或等效采用 ISO9000 标准，中国的 GB/T 10300 系列标准于 1988 年 12 月 10 日发布。随后，伴随着国际标准化组织（ISO）每一次对 ISO9000 族标准进行修订，各国各地区都会发布各自等同或等效采用的标准。由于全球市场的广泛认可，质量管理体系逐渐成为影响国际贸易的重要因素。

之所以说 ISO9001 质量管理体系异军突起，在国内外运用得更广泛、更“声名远扬”，是因为其采用了国际统一标准，具有更高的辨识度和国际通用性，也符合中国“走出去”和“获得世界认可”的新时代高质量发展要求。通过贯彻 ISO9000 族标准建立质量管理体系，不仅为企业提供了可行的质量管理模式，也为包括公共图书馆在内的事业单位提供了通用的质量管理框架和思路。

第三节　公共图书馆 ISO9001 质量管理体系

“质量管理”“质量管理体系”“ISO9000 族标准”，这些带有鲜明经济学特色的词语和概念在公共图书馆的使用，是从企业到事业单位的“舶来品”。由于企业对质量管理模式的持续追求和不断尝试，其对各种质量管理模式、方法和体系有效性的判定具有更大的发言权，在企业质量管理中提炼的成功经验，也更具有示范带动性。

如果说过去的公共图书馆与企业在质量管理理念上存在一些差距，那么在“文化事业”“文化产业”分途发展、公共文化服务体系构建完善、公共文化机构法人治理结构改革等各项举措的不断深入下，逐步提高的公共文化服务社会化程度，稳步推进的公共图书馆标准化建设，都需要更有力的质量管理体系来保证公共图书馆服务的高质量，以及向各方证实其有能力持续提供高质量服务。

一、公共图书馆的质量管理

图书馆的质量管理体系，套用国家标准《文化服务质量管理体系实施指南》对相关概念的解释，是指在质量方面指挥和控制图书馆的管理体系。图书馆为保证和提高信息服务质量，动员各个部门和全体员工，综合运用管理技术、专业技术、思想教育、经济手段和科学方法，建立健全服务质量保证体系，对服务的全过程实行有效控制，从而经济地开发、设计、生产和提供用户满意的信息产品与信息服务，做到高质量、高效益，最终达到不断提高服务质量的目的。

质量是公共图书馆取信于民的重要保证，也是公共图书馆社会美誉度的重要来源。作为公共文化服务单位，公共图书馆一直关注服务质量。在过去相当长的一段时间里，公共图书馆对本单位质量工作的管理，主要依据国家政策文件、行业职业规范和本单位的各项规章制度。公共图书馆也尝试过一些企业化的管理模式，如“双轨制”、一馆两制、馆长负责制和岗位责任制、“5S”管理方法等，有些高校图书馆、企业图书馆尝试引入ISO9001质量管理体系。

引入ISO9001质量管理体系，是公共图书馆管理机制的创新。它有利于公共图书馆将过去主要落脚于读者服务质量这个“终端点”上的质量工作，向质量管理、质量管理体系这些“线”和“面”上扩展和延伸。抓好质量，不仅是公共图书馆自身的需要，也是社会经济发展、新时代高质量发展对公共图书馆的必然要求。

二、质量管理体系对公共图书馆的意义

随着经济的不断发展，国家对质量问题的重视程度在不断提升。在社会主要矛盾集中在“解决人民群众日益增长的物质文化需要同落后的社会生产之间”的经济发展初期，关乎民生的产品，质量重要，数量更重要。随着经济的发展，特别是经济体制改革后，经济活跃了，市场丰富了，人们的选择多样了。“有没有”的问题解决了，质量成为民众选择产品和服务时的“筛选键”。随着我国经济社会发展水平的进一步提高，特别是党的十九大报告明确提出，我国经济已由高速增长阶段转向高质量发展阶段，人民群众对享有更丰富、高品位文化生活的期盼日益高涨，“好不好”“优不优”的问题成为发展焦点。

推动高质量发展，是开启全面建设社会主义现代化国家新征程、实现第二个百年奋斗目标的根本路径，也是当前和今后一个时期推进党和国家事业发展的战略抓手。而高质量发展，不仅仅是一个经济要求，也是对包括文化在内的社会发展各方面的总要求。

作为公共文化重要组成部分的公共图书馆，其高质量发展同样不容懈怠。新时代，群众对公共图书馆提供的公共文化产品、对公共图书馆提供高质量产品和服务的能力，有了更多的期盼。在这种情况下，将在企业中获得良好效果的 ISO9001 质量管理体系引入公共图书馆，既是公共图书馆"自我加压""主动作为""创新求变"寻求更好发展的一个"良策"，也是公共图书馆顺应时代高质量发展要求的一条"通途"。

（一）响应国家质量决策部署

党中央、国务院高度重视质量工作，对质量管理提出新的更高的要求，并作出了明确的指示和指导，出台了一系列政策文件。

党的十九大报告指出："我国经济已由高速增长阶段转向高质量发展阶段……必须坚持质量第一、效率优先。"2017 年 9 月，《中共中央 国务院关于开展质量提升行动的指导意见》强调，要坚持以质量第一为价值导向，牢固树立质量第一的强烈意识，将质量强国战略放在更加突出的位置，开展质量提升行动。

2020 年 10 月，中共中央组织部印发《关于改进推动高质量发展的政绩考核的通知》，要求充分发挥政绩考核指挥棒作用，引导领导干部推动高质量发展。2021 年 3 月，《中华人民共和国国民经济和社会发展第十四个五年规划和 2035 年远景目标纲要》发布，其中多处提到质量与认证的相关内容。该纲要提出要通过完善标准、质量规制等措施，增强创新动力；要健全服务质量标准体系，强化标准贯彻执行和推广；要建立健全质量分级制度，加快标准升级迭代和国际标准转化应用；要完善质量标准和后评价体系。

2022 年，党的二十大报告明确指出，高质量发展是全面建设社会主义现代化国家的首要任务，要求加快建设质量强国。

2023 年 2 月，中共中央、国务院印发《质量强国建设纲要》，作为首个由中共中央、国务院印发的质量工作中长期纲领性文件，其对我国质量强国建设作出整体部署。《质量强国建设纲要》确立了新时期质量工作的新方位，掀开了新时代建设质量强国的新篇章。

2023年4月，为贯彻落实中共中央、国务院关于质量强国建设的战略部署，中共安徽省委、安徽省人民政府印发《安徽省质量强省建设纲要》，对安徽质量强省建设进行部署。其中，特别提出要建立现代化的质量治理体系，健全质量政策，完善质量法治，优化质量监管，建设质量文化，强化基层治理、企业主责和行业自律，实现质量社会共治，为安徽高质量发展提供有力支撑。

作为社会经济发展重要组成部分的公共文化，是质量强国、质量强省中不可或缺的环节。习近平总书记多次在公开场合就文化高质量发展作出指示：在全国宣传思想工作会议上指出，要以高质量文化供给增强人们的文化获得感、幸福感；在教育文化卫生体育领域专家代表座谈会上强调，要着力提升公共文化服务水平，让人民享有更加充实、更为丰富、更高质量的精神文化生活；在党的十九届五中全会上进一步指出，“经济、社会、文化、生态等各领域都要体现高质量发展的要求”。

公共图书馆作为公共文化服务的生力军，担负着丰富人民群众精神文化需求的重任，更加需要以高质量发展为主线，推动服务的标准化、均等化，以更高质量、更有效率、更加公平和更可持续的公共文化服务来满足人民群众对美好生活的向往。2021年3月，《文化和旅游部 国家发展改革委 财政部关于推动公共文化服务高质量发展的意见》明确要求：要进一步完善公共文化机构建设和服务标准规范，要构建公共文化服务评价指标体系，完善评估定级结果运用机制。

对于服务质量、服务产品和提供优质服务能力的认证，既有行业内的各种评级（如全国公共图书馆评估定级、绩效考核等），也有专业认证机构所开展的质量认证（证明产品、服务、管理体系等符合相关标准和技术规范的一种评价活动，其中包括ISO9001质量管理体系认证）。

认证认可检验检测是国际通行的质量管理手段和贸易便利化工具，是国家质量基础设施的重要组成部分。这种认证认可制度是国家治理体系的重要组成部分，是我国实现质量振兴的重要措施之一。1991 年 5 月，我国发布《中华人民共和国产品质量认证管理条例》，明确规定产品质量认证机构的法律地位和基本条件。1993 年 2 月，第七届全国人大常委会第三十次会议通过《中华人民共和国产品质量法》，进一步明确了推行产品质量认证制度和质量体系认证制度。2018 年 1 月，国务院印发《关于加强质量认证体系建设促进全面质量管理的意见》，把质量认证定位为供给侧结构性改革和"放管服"改革的重要抓手，也定位为产品和服务迈向中高端的重要手段。该意见强调"推广应用质量管理先进标准和方法……打造质量管理体系认证'升级版'"，并鼓励各级政府部门特别是行业主管部门推行质量管理体系，推动各级政府将质量认证工作纳入政府绩效考核和质量工作考核。

我国的 ISO9001 质量管理体系认证发展到今天，认证证书数量占全球总量的三分之一以上，认证门类覆盖国民经济很多方面。自 1993 年 4 月上海汽轮机厂获得了国家认可的第一张 ISO9001 质量管理体系认证证书以来，截至 2022 年 12 月，国内共颁发质量管理体系认证证书 816260 份。

ISO9001 质量管理体系认证具有典型的市场化和国际化的特征，是国际上通行的质量管理手段和贸易便利化工具，有质量管理"体检证"、市场经济"信用证"和国际贸易"通行证"之称。公共图书馆运用国际先进质量管理标准和方法，构建统一管理、共同实施、权威共性、通用互认的质量认证体系，有利于公共图书馆更有效地落实国家高质量发展决策部署。

（二）回应社会质量关切

"高质量发展"是指能够很好地满足人民日益增长的美好生活需要的发展，是体现新发展理念的发展。具体到公共图书馆所在的公共文化服务领域，主要包括四个方面的内容：一是品质发展，强调内涵提升、正确导向，增强人民群众精神力量；二是均衡发展，强调城乡一体、区域协调，带动共同精神富裕；三是开放发展，强调机制创新、社会参与，完善协同发展格局；四是融合发展，强调文化与科技融合、文化与旅游融合，促进文化事业与文化产业协调发展。

联合国教科文组织/国际图书馆协会联合会发布的《公共图书馆宣言》，坚信公共图书馆是传播教育、文化和信息的生力军。公共图书馆是政府举办的公益性文化事业单位，是开展公共文化服务的重要场所，是保障人民群众基本文化权益的重要阵地。遍布城乡的各级各类公共图书馆、协同管理的图书馆分馆、农家书屋、城市书房、阅读空间等，是人民群众身边最触手可及的文化供给。每个人都可以不受民族、种族、性别、职业、家庭、出身、宗教信仰、教育程度、财产状况等的限制，平等地享受公共图书馆资源和服务，使用公共图书馆的环境和空间。

拥有人类优秀文化资源的公共图书馆，能为人民群众提供精神食粮，满足广大人民群众的文化需求。公共图书馆是没有围墙的终身学校和城市教室，可以为群众提供知识更新的资源、设备、场所和环境。公共图书馆可以通过阅读推广、教育培训等活动进行价值观的引领，增强人民群众的文化自信，发挥自身肩负的社会教育职能。公共图书馆公益性、均衡性、平等性、开放性、共享性、便捷性的特征，使其能够成为公共文化空间，是人们进行阅读学习、知识交流和休闲娱乐的重要场所。公共图书馆是提高社会文明程度的重要平台和场所载体。

所以说，公共图书馆服务质量的优劣，服务公益性、基本性、均等性和便利性体现得充分与否，直接关系着人民群众对公共文化服务满意度的高低。

公共图书馆高质量发展是国家新发展阶段对图书馆事业建设的新要求。公共图书馆需要在实现均等化、标准化、普惠性等普遍均等服务要求的基础上，向品质化、高效能、可持续等优质均衡发展的目标迈进。

华东师范大学经管学部信息管理系金武刚教授撰文指出：在公共图书馆高质量发展道路上，以增强社会公众参与度、满意度、美誉度为衡量标准，以提升社会公众获得感、幸福感和安全感为工作目标，以改革的思维，创新的手段，破除体制机制障碍，通过补短板、强弱项、提质量，进一步提升图书馆服务的覆盖面和实效性，坚定文化自信，提升社会文明程度。他认为从现代治理体系来讲，公共图书馆高质量发展，还应包括建设完善内部管理机制，如部门管理机制、项目运行机制、绩效考核机制等；建设完善外部评价机制，如公众需求征询反馈机制、公众参与评价机制、第三方评价机制等。

在高质量发展背景下，社会期待公共图书馆能通过提高服务效能、创新体制机制、全面推进转型发展，为实现文化强国的目标作出应有的贡献。这些社会关切连同公共图书馆的发展目标任务，均可通过建立和运行 ISO9001 质量管理体系得以实现。

（三）遵守法律法规

自 2017 年 3 月 1 日起施行的《中华人民共和国公共文化服务保障法》（以下简称《公共文化服务保障法》）和自 2018 年 1 月 1 日起施行的《中华人民共和国公共图书馆法》（以下简称《公共图书馆法》），都对公共文化、公共图书馆标准化建设和高质量发展提出了明确要求。

《公共文化服务保障法》要求建立和实施国家基本公共文化服务指导标准、本行政区域级基本公共文化服务实施标准；要求公共文化设施管理单位建立健全管理制度和服务规范；要求各级人民政府建立有公众参与的公共文化设施使用效能考核评价制度，公共文化设施管理单位根据评价结果改进工作，提高服务质量。

《公共图书馆法》明确了公共图书馆定义，对公共图书馆相关运行管理制度、如何开展服务、如何提高服务水平等作出规定。

这些规定和要求与 ISO9000 族标准有着殊途同归的效果。公共图书馆可以通过将 ISO 标准要求与公共文化、公共图书馆的业务标准和行业规范相结合，形成适应自身发展要求的质量要求；可以在 ISO9000 族标准中，通过风险防控来预防不合格服务的发生，通过持续改进来纠正错误、提高质量；还可以通过内部审核、第三方质量认证机构现场审核，来对公共图书馆的业务和服务流程及效果进行考核评价。而这种由第三方专业机构考核作出的评价更客观，也更令人信服。

（四）拓展国际传播交流

2001 年 12 月，我国历经 15 年艰苦卓绝的谈判正式加入世界贸易组织（简称 WTO）。1986 年开启“入世”谈判之际，中国正处在社会主义市场经济逐步形成、文化市场尚未完全建立的发展时期。蜂拥而至的海外文化资本、文化产品和文化服务，在丰富着中国文化市场的同时，也影响着人们的日常生活和文化选择。“入世”后，过去陌生的词汇，如“知识产权”“国际规则”“国际标准”“文化创造力”“文化软实力”，逐渐变得熟悉。特别是同属儒家文化的日本和韩国，它们在文化产业方面的持续发力和强力爆发，让我们看到了文化软实力的巨大生产力，也让我们意识到文化强国也是强国战略的重要组成部分。

《公共文化服务保障法》将国家鼓励和支持在公共文化服务领域开展国际合作与交流写入总则，公共文化服务被赋予了新的时代使命。为适应国际竞争需求，包括公共图书馆在内的文化单位在进行生产和服务时要遵守国际通用标准，规范化、标准化成为中国文化“走出去”的必然要求。

（五）谋求自身更好发展

随着社会、经济的发展，整个国家的行业互动性、国际化水平都有了很大提高，公共图书馆的生存环境发生了变化。公共图书馆不再能静居一隅独成一体，它与社会其他行业的交往、社会化程度在不断扩大和提高。在交往过程中，需要“共同语言”“国际语言”作为达成共识的“润滑剂”。

特别是文化成为软实力、文化强国成为国家战略以来，公共图书馆作为公共文化重要组成部分，既有经费支持，又有《公共文化服务保障法》及《公共图书馆法》的法律支撑，更有“文化走出去”的时代要求。无论是接受服务的公众，还是提供资金的财政，都希望公共图书馆不仅服务是优质的，而且提供服务的运行制度机制和管理模式也是优质高效的。“第三方服务绩效评价”“法人治理结构”，这些过去只出现在企业管理中的理念，也毫无违和感地被运用到公共图书馆的管理实践中。

公共图书馆自身谋求发展的内生动力是最不可小觑的力量。公共图书馆内部规章制度对工作的指导作用虽不可否认，但这些内部规章制度可能不可避免地存在条块分割、相互抵触或覆盖不全面等问题。采用第三方机构认证的 ISO9001 质量管理体系，贯彻其测量、监视、考核、评审、评价、改进的系统思想，有利于避免公共图书馆内部“要求不统一”弊端；也有助于解决多元、独立、分散、个性、碎片化管理体系之间相互冲突、衔接不畅、缺乏系统性和科学性等问题，并能从思想深处解决“有法不依或违法不究”问题。同时，可以通过监视手段解决效率不高的问题，借助于外部力量解决管理不顺畅、手段落后、触角不深等问题。

只要将质量管理体系“风险思维、PDCA循环、过程管理、监视测量分析与评价、持续改进”的严格要求，认真贯彻到公共图书馆的各项管理活动中，做好内部控制，就能有效提升公共图书馆的管理质量和管理水平。

没有管理能力的提高就没有事业的高质量发展。引入市场机制，形成竞争环境，是公共文化服务社会化发展大势所趋。公共图书馆需要借助于一个良好的质量管理体系，用新理念、新方式，优化内部管理，培养能始终提供优质文化产品和服务的能力，不断提升公共图书馆社会知名度和美誉度。

三、质量管理体系对公共图书馆的作用

一个组织或单位，不论是经济领域的，还是文化领域的，完善质量管理的目的都是希望能对其产品或服务质量实施有效的控制并进行持续改善。满足用户需求和取得用户信任，能促进组织提高市场占有率，增长效益，助力组织高质量发展。ISO9001质量管理体系被很多企业和非企业单位证明有效，它同样能契合公共图书馆质量管理需求，也能助力公共图书馆更好地实现高质量发展。

（一）实现质量管理目标

ISO9000族标准虽发端于制造业，但经过几次修改完善后，其适用性逐步提高，在公共图书馆的实践也获得了极大的成功。ISO9000族标准与公共图书馆的服务理念高度契合，公共图书馆的“服务是公共图书馆活动过程产生的结果”可以对应ISO9000族标准中的“产品是生产过程的结果”，公共图书馆的“读者第一，服务至上”的服务宗旨可以对应ISO9000族标准中的“以顾客为关注焦点”原则等。

遵循规范或技术标准提供的文化产品或文化服务，能满足公共图书馆读者的要求。遵循ISO9000族标准建立起来的质量管理体系，能始终如一地生产出满足顾客要求的产品。

（二）加强风险控制意识

ISO9000族标准特别强调过程控制，充分体现了预防为主这一质量管理

思想。正如前文所述,质量并非最终产品的单一呈现,所有产品(服务)质量是在产品形成过程中形成的,控制产品质量必须控制过程。基于标准建立的 ISO9001 质量管理体系,强调过程控制、风险控制,通过提前识别、分析和评定来管理风险。通过风险控制,减少公共图书馆不合格服务的产生,或及时修正错误,增强读者对图书馆服务的满意度,也能最大限度地降低和防控可能存在的意识形态风险。

(三)规范质量管理方法

通过贯彻标准实施 ISO9001 质量管理体系,可以全面梳理公共图书馆现存的各种管理制度及规范,发现其可能存在的漏洞。公共图书馆经年积累的各项规章制度可以通过细化完善,与 ISO9001 质量管理体系的记录要求相对应。通过建立统一的质量管理体系文件,规范行为标准、固化记录文件,有效地实现从"人治"到"法治"的转变。质量管理体系要求"写我所需,做我所写,记我所做",对各项活动的范围和目的、做什么、谁来做、何时做、何地做、如何做、如何进行控制和如何记录等都作出详细的规定。通过有效运行,就能做到工作有章可循,有章必循,违章必纠,实现规范化管理。

(四)建立自我完善机制

通过 ISO9001 质量管理体系的内部质量审核、管理评审、外部审核等,能持续有效地对公共图书馆实施 ISO9001 质量管理体系进行监督。公共图书馆只有按要求不间断地进行自我督促、自我检查、自我完善,才能做到对质量进行有效控制、持续改进,最终实现质量管理目标。

(五)提高员工质量意识

建立 ISO9001 质量管理体系首先要组织全体员工学习 ISO9000 族标准,通过宣传贯彻、内部审核员培训以及后期的专业机构现场审核等工作,提升全员对质量管理思路和方法的认识:从"一头雾水"到"一知半解",再从"有所了解"到在贯彻执行中"不断深化认识",在过程中不断增强全体员工的质量意识和质量自觉。

公共图书馆特别是公共图书馆的管理层，更是要通过率先树立高质量发展势在必行的紧迫意识，时刻注意自己行为对图书馆发展质量影响的示范带头作用，促使图书馆员工保持强烈的质量自觉，在日常工作中运用质量管理理念规范服务行为。只有全体员工的质量意识提高了，才能为公共图书馆践行质量目标提供源源不断的动力。

（六）突出图书馆专业形象

图书馆是专业机构、图书馆学是专门学科、图书馆员是专业技术人员、图书馆提供的是专业化服务，这些构成图书馆专业形象的要素，在社会化日渐盛行、数字化无限扩展的今天，受到了挑战和威胁。图书馆，特别是公共图书馆，向公众展示其专业性的关键在于其所言、所行、所供是否符合专业要求，公众在使用图书馆资源、接受图书馆服务的过程中是否得到规范化、标准化的文化滋养和知识体验。而这一切，可以通过 ISO9001 质量管理体系认证、第三方机构满意度评价等专业认证结论和持续监督行为，给予公众可信的答案。

（七）提高社会美誉度

ISO9001 质量管理体系吸取了世界质量管理理论和实践的精华，是被各国优秀企业证明能有效提高组织市场适应能力、使企业立于不败之地的管理手段。建立、运行并获得 ISO9001 质量管理体系认证，证明这个组织具有为顾客持续提供优质产品和服务的能力。

通过认证，能起到证实单位质量信誉、提升企业形象、增强社会对图书馆的质量信任的作用，避免职业安全问题所造成的直接/间接损失。获得 ISO9001 质量管理体系认证的图书馆，证明了其建立的质量管理体系符合 ISO9001 标准。良好的质量管理，有利于促进图书馆改善内部管理、提升质量管理水平，从而提升读者满意度。

公共图书馆作为公益性文化单位，其文化产品和文化服务以社会效益为主要考量标准。获得 ISO9001 质量管理体系认证虽然可喜可贺，但公共图书馆贯标实践最主要的目的在于：通过贯彻标准、运行 ISO9001 质量管理体系，统一上至馆长下至员工的思想认识，了解标准化、规范化生产和服务的必要性和重要性。在各个工作环节都能秉承PDCA意识，做到“工作有计划、过程有控制、结果有统计”“行动前有计划，行动中有控制，行动后有总结有反思”。能提前预防风险，及时纠正错误。同时，通过持续改进，保持公共图书馆旺盛的活力以及持续提供优质服务的能力。

开展质量管理体系认证，帮助图书馆更快、更好地适应国家质量强国的要求；开展质量管理体系认证，确保公共图书馆能持续成为文化产品和文化服务的优质供应方。

引入ISO9001质量管理体系认证，既体现出公共图书馆在革新质量管理理念、创新质量提升手段方面的新作为，又能切实有效地帮助公共图书馆实现高质量发展。

当然，ISO9000族标准毕竟不是为公共图书馆量身定制的，将它与公共图书馆具体工作对接，不仅要解决标准条文与公共图书馆实际运行适应性的问题，还要解决其他一些问题。有关在公共图书馆开展ISO9000族标准贯标，以及建立ISO9001质量管理体系相关工作的具体步骤和问题解决方法，将在以下章节中详述。

第二章　公共图书馆 ISO9001 质量管理体系建立与实施

ISO9000 族标准作为质量管理领域的成文规范，具有通用性与指导性。此族标准可为制造业、服务业、政府等各类组织建立质量管理体系提供基本的管理框架，对推动组织的质量管理、提高产品和服务质量、提升顾客满意度等具有较好的效果。ISO9001 标准作为 ISO9000 族标准中的核心标准，为稳定提供满足用户要求和适用的法律法规要求的产品和服务，规定了质量管理体系的基本要求。它适用于各行各业，是建立和实施质量管理体系通用的要求或指南。公共图书馆可以依据 ISO9001 标准要求，引进先进的国际标准要求，建立健全并运行质量管理体系，充分利用标准提出的基于风险的思维理念，采用过程控制方法，结合 PDCA 循环对公共图书馆业务管理和读者服务的全过程进行全方位的系统管理、持续改进，以适应时代的不断发展变化，从而更好更全面地贯彻和落实“读者第一”的服务宗旨，推动公共图书馆高质量发展。

第一节　质量管理体系的策划与建立

公共图书馆建立质量管理体系，需要根据 ISO9001 标准要求，结合图书馆的实际情况，充分贯彻“基于风险思维”的理念，从图书馆内外部所处的环境、相关方的需求和期望，以及图书馆服务过程等方面进行系统的策划。质量管理体系的策划与建立主要包括以下三个阶段。

一、前期准备

在前期准备阶段，馆领导应清楚了解 ISO9000 族标准基本原则，确认质量管理体系建立的过程、所需的资源和可能存在的风险，明确建立质量管理体系对图书馆实现高质量发展的意义和价值。

导入 ISO9001 质量管理体系，需要梳理图书馆原有的管理制度和工作方法，借鉴 ISO9001 质量管理体系标准中先进的管理思想和管理理念，在传统管理理念的基础上，确定质量管理体系的范围、目标、职责、工作内容等。准备阶段需完成以下四项任务。

（一）确定贯标

馆领导组织调研和研讨，作出贯标和认证的决策，对在图书馆建立质量管理体系有决心、有信心、有恒心，特别是要亲自组织发展战略、质量方针、质量目标的制定，并积极创造有利于员工参与的环境。

（二）全员培训

培训是建立质量管理体系中非常重要的基础工作。各项质量活动的开展，都离不开对有关人员进行相应的培训。因此，图书馆要对所有员工，尤其是高中层干部、内部审核员、业务骨干，进行不同层次的、有针对性的、充分的培训。

通过培训，帮助干部、员工转变观念，调整思路，熟悉 ISO9001 标准的要求，掌握新的质量管理有关知识和工具。这是建立新的质量管理体系的先决条件。

（三）选择咨询机构和人员

质量管理体系认证的咨询不是认证前的必备条件和程序，可根据自身需要，自主决定申请认证咨询的形式，自主选择认证咨询机构。选择的咨询服务机构必须具有相关资质和经验丰富的专业人员，以确保认证咨询服务工作的有效性。

（四）成立贯标工作组织

贯标工作组织通常包括贯标领导组、质量管理办公室和体系文件编写修订小组。主要工作有以下几个方面。

1. 制定贯标、认证工作计划，对各部门工作开展情况进行协调、监督、检查与考核。

2. 梳理图书馆原有管理体系状况，找出与标准要求的差距，结合自身的实际情况，为建立质量管理体系打好基础。

3. 组织质量管理体系文件的编写、审核、修订和评审工作。

4. 协调各部门贯标中的对接问题，协调制度、流程的接口关系。

5. 组织质量管理体系内部审核工作。

6. 就质量管理体系运行情况和改进需求向馆长汇报。

7. 组织质量管理体系持续改进工作。

8. 与认证机构联络，组织现场审核的有关工作。

二、质量管理体系总体设计

基于ISO9001要求的质量管理体系框架，通过梳理、完善和优化质量管理程序、制度和流程，建立一整套关于公共图书馆质量管理的方法论，让公共图书馆质量管理工作按照这套标准的程序和方法统一执行。在建立、实施质量管理体系时应采用过程控制方法，以满足读者需求为质量管理的出发点，不断通过反馈互动，检查改进质量管理体系，最终达到使读者满意的目的。在质量管理体系总体设计阶段需完成以下五项任务。

1. 识别组织环境及需要应对的风险和机遇，制定质量方针、质量目标。图书馆具有科学合理的质量方针和质量目标可以为质量管理指明发展方向，将发展方向聚焦到提高读者满意度上。

2. 确定质量管理体系覆盖范围，即其在实施时所涉及的过程、活动和各类服务。

3. 质量管理组织机构设置的设计和确定。在贯标过程中，通过增设质量管理部门，或是与相关部门合并办公，增加质量管理职能。

4.确定内设机构各部门职能分配及相互关系。

5.识别工作事项和资源需求。在建立质量管理体系时进行工作事项梳理,有助于按标准要求规范工作事项和业务流程,确保质量管理体系范围内的所有流程都能得到控制。

围绕梳理出来的工作事项,按照ISO9001标准要求,全面调查短缺资源(如人员、基础设施、设备、专用设施、监视和检测手段、软件等),并在此基础上作出资源配置计划。

需调查的问题主要有:一是读者需求和现行运行流程的差距;二是现行机构设置及管理职责方面存在的问题(如职能、职责、相互关系等方面是否有错位等现象);三是梳理规章制度,找出有哪些规定与ISO9001标准要求不符合,应予废除或修订,需要补充哪些缺失文件;四是资源配置状况是否能满足质量目标和ISO9001标准要求,还需要补充什么资源等。

三、编写质量管理体系文件

编写质量管理体系文件是图书馆建立、实施质量管理体系并保持有效运行的重要基础和依据,可以起到沟通意图、统一行动的作用。ISO9001:2015《质量管理体系　要求》对编写质量管理体系文件没有作具体统一的规定,图书馆在编写质量管理体系文件时,既要符合标准要求,也要根据自身的实际需要,形成容易理解、易于操作的规章制度,要能够满足质量控制的需要,并根据图书馆的发展和内外环境的变化及时进行修订。

典型的质量管理体系文件有四个层次。A层次:质量手册,是对一个单位建立质量管理体系的总体概括性描述,主要包括质量方针和目标,质量管理体系范围,与图书馆质量工作相关的组织结构、职责和权限,质量管理体系过程及过程间的相互关系和相互作用等。B层次:程序文件,主要包括管理工作内容和内外工作接口衔接关系,作为质量手册的支持性文件,它是对各项质量管理活动采取方法的具体描述,通常包括活动的目的和范围,做什么和谁来做,何时、何地及如何做。C层次:工作指导文件,作为程序文件的支撑性文件,其主要包括工作规范、技术规范、工作细则、作业指导书等详细的作业文件。D层次:工作记录,是开展各项工作后形成的工作记录,是实施质量管理体系各过程形成的证明材料。

由于质量管理体系文件是多层次的，由多种文件构成，因此在编制文件时要符合以下要求。

1. 系统性。质量管理体系文件应该是一个由质量方针、目标、相关过程和资源构成的有机整体。因此，要站在系统的高度，注意管理的系统方法、过程方法的有效结合，使过程输入、输出、过程之间的接口和相互关系，以及文件的层次关系，得到有效的控制，使质量管理体系文件形成一个有机的整体。

2. 符合性。质量管理体系文件是实施质量管理活动的准则。在总体上既要遵循 ISO9000 族标准的要求，又要符合法律法规的要求，满足产品和服务要求。

3. 确定性。在描述任何质量管理活动过程时，都必须具有确定性，即何时、何地、做什么、由谁(部门)来做、依据什么文件、使用什么资源、怎么做、怎么记录等，必须加以明确规定，确保过程质量的稳定性。

4. 适用性。编写质量管理体系文件既要考虑图书馆的组织规模、服务和管理水平等因素，也要考虑员工素质和培训程度，在此基础上编写出合理的且符合图书馆实际的体系文件，使其具有可操作性。

5. 相容性。质量管理体系文件之间应保持良好的相容性，即不仅要协调一致，不相互矛盾，而且要各自为实现总目标承担相应的任务。

质量管理体系文件编写好以后，图书馆要对文件进行评审，文件编写人员根据审核结论和意见进行修订和完善。修订完善后，最终的文件由馆长批准，然后正式发布，由此建立制度化层面的质量管理体系。质量管理体系文件发布后，要进行内部宣传和培训，介绍质量管理基础理论和质量管理体系文件要求。

总之，在质量管理体系的策划与建立阶段，必须有馆长的支持和推动，需要图书馆工作人员的全员积极参与，通过教育培训，让全员树立正确的质量观，学习如何在工作实践中贯彻实施质量管理体系文件，提高员工在日常工作中运用标准的意识与能力，进而为实施质量管理体系创造必要的条件。

第二节　质量管理体系的运行与保持

质量管理体系文件发布后，图书馆就要组织质量管理体系的运行，将所有涉及质量因素的管理、产品和服务项目纳入体系文件运行。通过运行来验证前期质量管理体系文件编写的适宜性、充分性和有效性，发现管理工作中存在的问题，以便更好地改进和提高，为质量管理体系的认证和正式运行打下基础。质量管理体系的运行与保持主要包括以下三个阶段。

一、质量管理体系试运行

质量管理体系的建立和运行是一个不断改进的过程，特别是在质量管理体系建立初期。在质量管理体系文件发布后，需要进行三到六个月的试运行，在这期间往往会发现问题，要及时改进和完善。这一阶段主要有两项任务，即运行和审核，通过这两项工作的不断循环，质量管理体系的实施逐渐走上正轨。质量管理体系试运行阶段需完成的主要任务有以下五个方面。

（一）运行准备

1. 全员培训，即图书馆对全体工作人员进行质量管理体系文件培训，要使全部工作人员明确质量管理体系文件要求，每个人要知道该做什么，该怎么做，保留什么证据。

2. 资源配置，图书馆应确定并检查各种资源配置到位情况，确保建立、实施、保持和持续改进质量管理体系。

（二）实施

各部门按质量管理体系文件的规定要求，对部门各项工作进行过程控制和质量管理，并按要求保存相应的质量记录。

(三)进行内部审核

认证前,一般需进行一到二次内部质量审核,验证质量管理体系是否持续满足规定的要求并且正在运行。图书馆要及时开展内部审核,发现质量管理体系运行中的薄弱环节和潜在的改进机会,确保质量管理体系发挥预期作用。

(四)组织管理评审

管理评审是馆长按标准要求定期组织对图书馆的质量管理体系运行成效进行评审,并确定后续的改进举措,确保所建立的质量管理体系能够与图书馆的战略发展方向相符。

图书馆贯标在完成以上工作后,就基本具备向认证机构申请进行现场审核的条件了。

(五)开展持续改进

针对质量管理体系运行过程中出现的问题,特别是在内部审核和管理评审中提出的整改建议,及发现的风险与机遇,采取纠正、预防措施,及时分析原因,采取对策加以解决。

二、质量管理体系的认证

根据质量管理体系第三方认证的相关规定,申请认证的图书馆应按照ISO9001标准的要求建立完善的质量管理体系文件,按照文件规定运行三到六个月,完成内部审核和管理评审,确认整套体系正常运行以后,向认证机构申请外部审核,审核通过后获得证书。目前,国内外各类认证机构较多,应选择品牌知名度和信任程度高的认证机构,以保证图书馆质量管理体系的健康运行。

图书馆应按认证机构的要求提供认证所需要的相关资料,包括其名称、场所的地址、过程和运作的重要方面、人力资源和技术资源、职能,以及任何相关的法律义务。认证机构根据其对认证申请的评审,制定整个认证周期的审核方案，确定审核组和审核计划。

根据中国合格评定国家认可委员会(以下简称国家认可委)《管理体系认证机构要求》规定，质量管理体系的初次认证审核分为两个阶段实施。

(一)第一阶段审核

审核内容主要包括：

1. 审核图书馆的文件化的质量管理体系信息；

2. 评价图书馆现场的具体情况；

3. 审查图书馆理解和实施标准要求的情况，特别是对管理体系的关键绩效或重要的因素、过程、目标和运作的识别情况；

4. 收集关于图书馆的质量管理体系范围的必要信息；

5. 审查第二阶段所需资源的配置情况；

6. 结合质量管理体系标准或其他规范性文件，充分了解图书馆的质量管理体系和现场运作；

7. 评价图书馆是否策划和实施了内部审核与管理评审。

(二)第二阶段审核

审核内容主要是评价图书馆质量管理体系的实施情况。第二阶段审核应在图书馆现场进行，包括以下方面：

1. 与适用的管理体系标准或其他规范性文件的所有要求的符合情况及证据；

2. 依据关键绩效目标和指标，对绩效进行的监视、测量、报告和评审；

3. 图书馆运行质量管理体系的能力以及在符合适用法律法规要求和合同要求方面的绩效；

4. 管理和业务过程的运作控制；

5. 内部审核和管理评审。

审核组应对在第一阶段和第二阶段中收集的所有信息和证据进行分析，以评审审核发现并编制审核报告。认证机构依据审核组的审核报告，作出授予或拒绝认证的决定。

三、质量管理体系的正式实施与持续改进

获得质量管理体系认证证书，就意味着图书馆质量管理体系基本符合 ISO9001 标准要求，证实图书馆具有稳定提供满足顾客要求和符合法律法规要求的产品和服务的能力。

（一）认证证书资格的保持

按认证规则，认证证书的有效期为三年，每年一次监督审核，证书到期前进行再认证审核。在三年的有效期内要进行两次监督审核，时间间隔为十到十二个月。在证书有效期的最后一年内，如要继续保持认证证书，就需要重新向认证机构提交再认证申请，并在有效期满前完成再认证现场审核后，才能继续保持认证证书资格。

认证证书只有在有效期内，并按期限要求接受认证机构的监督和再认证审核才能注册并有效，否则不能声称通过认证。图书馆因业务发展需要，也可以向认证机构申请扩大认证范围。可以和认证机构沟通，将扩大认证范围的现场审核单独进行，也可将其和年度监督和再认证审核同时进行。如认证机构在监督或再认证审核时发现图书馆的质量管理体系有系统性的问题，或体系不能保证某项产品和服务时，可能会导致缩小体系范围或暂停撤销认证证书。

（二）体系的保持和改进

保持质量管理体系持续的适宜性、充分性和有效性，是持续保持认证证书的基础和根本。图书馆在通过认证审核取得认证证书后，还应对审核时发现的其他问题进行改进。因为图书馆质量管理体系在运行过程中，外部的环境、风险和机遇在随时变化，这需要其质量管理体系也要动态地进行调整，以适应环境的变化需要。

取得认证证书只是走完了质量管理体系建设“万里长征的第一步”。图书馆还要持续保持和改进质量管理体系，有效发挥预防风险作用和改进体系，使其对内、对外发挥其应有的作用，实现质量管理效果。

上述为公共图书馆质量管理体系建立和实施的基本过程。推行 ISO9001 质量管理体系可以规范公共图书馆的过程管理与读者服务流程,优化公共图书馆的管理与服务,提升读者及相关方的满意程度,促进公共图书馆的持续发展。

四、实施质量管理体系需要注意的几个问题

当前,我国已有多家公共图书馆贯彻 ISO9001 标准,实施质量管理体系认证,积累了一定的经验和教训。贯标工作需要注意的几个问题如下。

1. 贯标需要与图书馆传统的管理制度和方法相衔接

ISO 质量管理体系需要在整合传统管理制度和方法的基础上,细化和规范工作流程,识别风险与机遇,使图书馆各项工作可控可查,提升工作质量。

2. 持续改进是质量管理体系持续前行的保障

质量管理的重要功能就是提升产品和服务质量。为实现这项功能,就必须在图书馆内部建立起有效的创新改进机制,克服麻痹与懈怠思想。在 ISO9001 质量管理体系中,改进机制主要体现在定期开展的日常检查、内部审核和管理评审等纠正与预防措施的有效性上。

3. 贯标要与质量文化建设紧密结合

图书馆一方面要坚定地把贯标和服务都当硬任务来抓,另一方面要把质量文化建设像考核工作任务一样落到实处。通过内化于心、外化于行的质量文化建设,创新人才培养机制,促进图书馆各项工作的有效开展。

第三章　安徽省图书馆 ISO9001 质量管理体系建设

作为公益性文化事业单位，公共图书馆要打破“等、靠、要”的思维习惯和工作模式，提高工作效率，增强竞争意识，不断满足读者日益多样化的文化需求，提供高质量的读者服务，就需要努力探索流程清楚、效果显著的质量管理模式。安徽省图书馆经过多方比较与论证，引入 ISO9001 质量管理体系，走上不断改进与提高的质量管理道路。

第一节　安徽省图书馆 ISO9001 质量管理体系认证及实施

企业管理中突出的成本意识、竞争意识与服务意识是机关事业单位相对缺乏的。为了更好地服务于读者，向读者提供标准化、规范化的服务，不断创新服务形式，提高服务水平，安徽省图书馆决定率先在全国公共图书馆界对基础业务建设、读者服务、综合管理等开展全方位的 ISO9001 质量管理体系认证，将标准化管理的理念引入图书馆管理中。

一、ISO9001 质量管理体系认证历程

经过 2007 年下半年的周密调研咨询，2008 年 7 月，安徽省图书馆提出“向企业看齐、与国际接轨、用标准说话”的创新理念，启动 ISO9001 质量管理体系建设工作。

2008年8月，在导入质量管理体系的决策阶段，安徽省图书馆开展了有奖征集质量方针和质量目标的活动，共收到质量方针43条、质量目标22条。从公共图书馆保存和传承文化遗产、履行社会教育等职能出发，认真分析所处的环境、面临的风险与机遇，最后确定了“馆藏丰富、管理科学、环境优美、服务文明、读者满意”的质量方针，制定了近期、中期和远期的质量目标。从服务保障、服务过程、服务效果方面制定方针和目标。

为了保证质量管理体系的建立能够按照预期的计划进行，并确保计划的实现，首先要落实机构与人员保障。安徽省图书馆在贯标时，馆长任命了一名副馆长作为管理者代表，并明确其职责。同时成立了安徽省图书馆质量管理体系工作机构，具体包括体系建设领导组、质量管理办公室、文件编写小组等，这些机构组成人员都是理论和实践经验比较丰富，能够胜任这项工作的员工。

由于建立质量管理体系是一项专业性和实践性都比较强的工作，仅仅通晓图书馆业务是不够的，还需要质量管理专家的指导。安徽省图书馆特地聘请了中国检验认证集团安徽公司的专家对质量管理体系建设工作进行体系设计、体系文件编写、体系运行与实施、内部审核等方面的专业培训和指导。这些经常性的培训和指导促使大家将质量管理理念融入工作，创造出了良好的工作实效，消除了员工对ISO9001质量管理体系的神秘感，为质量管理体系的建立做好了充分的思想准备，形成全员参与实施ISO9001质量管理体系的良好氛围。

在机构与人员落实后，质量管理体系建设遵循的指导性文件——质量管理体系文件的编写迫在眉睫。质量管理体系文件编写小组负责编写文件，承担质量手册、程序文件、工作手册和质量记录表等文件的编写任务；对质量管理体系涉及的部门进行检查和指导，并由贯彻标准领导小组负责审核。文件编写力求规范化、标准化，对写作格式、页面布局、标题标识等细节都作了详细规定。

编写质量管理体系文件，业务流程梳理是重要环节。按照建立质量管理体系的要求，流程梳理既是建立质量管理体系的基础，也是优化质量管理体系文件的基础。安徽省图书馆进行工作流程梳理，对现有的工作事项和业务流程进行分析、清理与确认，从文献的采集与整理、保存与利用、读者服务工作等方面优化工作流程。

2008 年 9 月，安徽省图书馆质量管理体系文件编写完成。按照 ISO9001:2000 标准的要求，建立了四级“金字塔结构”的质量管理体系文件，包括质量手册、程序文件、工作手册和质量记录表。有了固定结构，既有利于员工了解文件内容，也有利于提高审核工作效率。

安徽省图书馆质量管理体系文件

安徽省图书馆召开质量管理体系管理评审会议

2008 年 9 月至 12 月，安徽省图书馆质量管理体系试运行，其间进行了管理体系内审和管理评审。通过试运行，可以验证体系文件编写的适宜性、充分性和有效性，确保建立的质量管理体系与组织的战略目标相一致，并及时发现工作

安徽省图书馆
进行质量管理体系现场审核

中存在的问题，以便更好地改进和提高，为体系的认证和正式运行打下良好基础。

2009 年 1 月，按照 ISO9001 质量管理体系认证要求，安徽省图书馆向中国质量认证中心申请外部审核。审核专家对安徽省图书馆质量管理体系进行了系统的审核，经过评审，安徽省图书馆无书面不合格地通过了 ISO9001 质量管理体系认证。

安徽省图书馆质量管理体系按照 ISO9001：2000 标准建立后，历经 ISO9001：2008 标准和 ISO9001：2015 标准两次换版，持续改进质量管理体系的适宜性、充分性和有效性，并顺利通过监督审核和再认证审核，提升了图书馆办馆水平和服务能力，提高了读者满意度。至 2022 年，安徽省图书馆已连续五个周期通过质量管理体系认证外部审核。

安徽省图书馆
获得质量管理体系再认证证书

二、ISO9001 质量管理体系促进标准化建设

ISO9001 质量管理体系建设成功地将标准化管理的理念引入图书馆管理和业务工作中。安徽省图书馆在管理和业务工作中始终重视对已有标准的严格遵循和实践。通过对《公共图书馆服务规范》《公共图书馆业务规范》《省级图书馆评估标准》等有关行业标准的认真学习和坚决贯彻，安徽省图书馆提升了科学管理水平，保证了文献信息资源建设和利用的质量，提高了读者满意率，向公众证实了安徽省图书馆具有持续稳定地提供满足公众阅读服务需求并符合法律规范要求的能力。

在遵守已有标准的同时，安徽省图书馆也非常重视参与全国图书馆行业的标准制定。鉴于安徽省图书馆残障读者服务工作在全国的良好声誉，自

2018 年，安徽省图书馆参与制定《图书馆视障人士服务规范》《公共图书馆读写障碍人士服务规范》《公共图书馆听障人士服务规范》等 3 项全国图书馆行业标准，很好地发挥了安徽省图书馆在全国公共图书馆行业的影响力，为全国图书馆残障读者服务工作贡献了安徽省图书馆的经验和智慧。

多年来，安徽省图书馆始终积极参与图书馆地方标准制定工作。自 2015 年以来，安徽省图书馆共主持或参与制定《图书馆实时咨询服务规范》《公共图书馆总分馆信息化服务规范》《社会力量参与公共图书馆服务工作指南》《城市阅读空间建设指南》《公共图书馆阅读推广志愿服务规范》《古籍数字化工作指南》《公共图书馆文献采集工作指南》《图书馆网上借阅工作指南》《图书馆馆藏资源开发与应用指南》《公共图书馆老年读者服务规范》《公共图书馆信息化终端管理规范》等 14 项图书馆地方标准，为安徽省图书馆事业管理和服务标准化工作作出了积极的贡献，也为全省图书馆高质量发展提供了标准化工作规范。

社会力量参与公共图书馆服务可以很好地提升图书馆服务能力。在标准化建设工作进程中，安徽省图书馆积极吸引社会力量参与合作。利用市场机制制定图书馆地方标准，有利于加快标准制定进程，完善公共图书馆标准化体系建设，提升标准应用能力，进而提升全省图书馆的建设水平和服务能力，这也与我国公共文化体制改革的方向相一致。

经过一系列的努力，2022 年 4 月 21 日，安徽省图书馆社会管理和公共服务综合标准化试点工作启动会召开。安徽省图书馆全省公共服务行业开展标准化管理的第一家试点单位，体现了主管部门和社会各界对安徽省图书馆标准化工作的极大认可。

三、ISO9001 质量管理体系提升图书馆服务能力和影响力

通过引入 ISO9001 质量管理体系，安徽省图书馆走上了不断改进与提高、防患于未然并善于抓住机遇的良性循环发展道路。至 2022 年底，安徽省图书馆已经贯标 14 年，切实履行了“馆藏丰富、管理科学、环境优美、服务文明、读者满意”的质量方针，建立了拥有 18 家分馆、66 个图书服务点的省级图书馆服务体系。通过建立纸质文献与数字资源并重的文献资源体系，安徽

省图书馆收集并制作了丰富的地方纸质文献和特色数据库。截至2022年底，安徽省共拥有馆藏普通文献404万余册（件），包括普通古籍40304部319015册，善本古籍3247部33134册；数字资源总量985TB。作为国务院批准的首批全国古籍重点保护单位，安徽省图书馆现有132部古籍入选前6批《国家珍贵古籍名录》，85部古籍入选《安徽省珍贵古籍名录》。馆藏中还建有章伯钧等安徽名人专藏。

丰富的馆藏保障了良好的借阅率。以2022年为例，尽管受环境的影响，安徽省图书馆仍然实现读者流通164.2万人次，书刊外借105.4万册次。在数字化与网络化环境下，安徽省图书馆线上读者服务也与时俱进。2022年，阅读推广线上活动236场次，96万人次参与；新媒体平台粉丝数共计20.34万人。

安徽省图书馆
历史文献部工作人员正在进行古籍修复

除书刊借阅之外，安徽省图书馆其他读者服务形式也多样且活泼，深受读者喜爱。讲座、展览、研学游、文艺演出等活动异彩纷呈。安徽省图书馆拥有“新安百姓讲堂”“残障人士读书文化日”“读者英语沙龙”“馆员妈妈讲故事”“优秀书刊漂流阅读”“少儿假期主题阅读活动”“助困爱心一日捐”“读者俱乐部”等多个读者服务品牌。其他创新型读者活动也吸引了大量读者参与，“安图文化研学一日营”“《洞见》舞台式演讲”“夜灯下的图书馆”等各类阅读推广活动深受读者欢迎。

安徽省图书馆读者服务形式也紧跟现代科技步伐而多有创新：实现了自助借还、信用办证、快递借还、线上讲座与展览等；建成网上图书借阅平台，上线新版数字资源服务平台，首批馆藏家谱专题数字资源实现网上检索；在电子社保卡属地服务应用中开通安徽省图书馆服务；重视对残障人士、老年群体等弱势群体的服务，开辟了专门的服务场所，并经常举办各种活动，为丰富他们的精神世界提供了沟通交流与学习的空间与机会；改造了少儿阅读空间，孩子们在环境优美、宽敞又不失现代化的借阅室随意阅读，抬头即可欣赏包河公园湖畔拂柳的美景；为了探索文旅融合道路，开辟了文创体验中心。

这些都体现了公共图书馆“公益性、基本性、均等性、便利性”的服务要求。根据 2022 年底安徽省图书馆质量办组织开展的读者需求问卷调查和读者满意度问卷调查结果，读者对安徽省图书馆的总体满意率为 95%。

通过引入 ISO9001 质量管理体系，安徽省图书馆在行业内的影响力不断提升。安徽省公共图书馆联盟在安徽省图书馆的带领下各项工作稳步推进。《安徽省实施〈中华人民共和国公共图书馆法〉办法》自 2022 年 6 月 1 日起正式施行。2022 年 12 月，由安徽省图书馆倡议，沪苏浙皖三省一市共同发起的长三角地区公共图书馆标准化工作联盟成立。

自贯标以来，安徽省图书馆获得了一系列荣誉。在安徽省文化和旅游厅的指导与高度重视下，在社会各界的大力支持下，安徽省图书馆各项业务建设工作快速发展，综合服务能力整体提升。近年来，安徽省图书馆荣获“全国文化和旅游系统先进集体”、中共中央文明办“最佳志愿服务项目”、“中华古籍普查文化志愿服务行动”组织实施先进单位、“全国巾帼文明岗”“全国古籍保护先进集体”“全民阅读示范基地”“全国图书馆文献缩微工作先进集体”等国家级荣誉，以及“安徽省文明单位”“安徽省旅游服务质量标杆单位”“安徽省理论宣讲示范基地”“安徽省爱国主义教育示范基地”“安徽省普法工作先进单位”“安徽省亲子阅读体验基地”“安徽省科学技术普及基地”“安徽省国际交流合作基地”和“合肥市卫生先进单位”“合肥市双拥合格单位”等省市级荣誉。

2020 年 6 月，安徽省图书馆获评安徽省文明单位

2021 年 11 月，安徽省图书馆获评全国文化和旅游系统先进集体

第二节　安徽省图书馆 ISO9001 质量管理体系成文信息选编

安徽省图书馆质量管理体系文件内容包括质量手册、程序文件、工作手册、质量记录表四大部分。

质量手册，是对建立质量管理体系的总体概括性描述，主要包括质量方针、质量目标、与图书馆质量工作相关的组织结构、职责和权限，质量管理体系过程及过程间的相互关系和相互作用等。

程序文件，是质量手册的支持性文件，对各项质量活动采取的方法进行具体描述，通常包括活动的目的和范围，做什么和谁来做，何时、何地及如何做。程序文件包括如文献采购控制程序、读者服务控制程序、参考咨询控制程序、网络服务控制程序、不合格服务控制程序等贯穿于图书馆业务全流程的工作程序。

工作手册，作为程序文件的支撑性文件，主要包括部门目标、部门组织机构图、部门工作职责、岗位职责及要求、部门管理文件、引用文件清单、记录表格等内容。因安徽省图书馆实行业务全流程的质量管理体系认证，因此工作手册涵盖 14 个业务部门，体系庞大，为节省篇幅，特精选各部门文件，集录为部门作业指导书。

质量记录表，是开展各项工作后形成的工作记录，是实施质量管理体系各过程形成的证明材料。如借阅部的《借阅部退库图书登记表》《借阅部阅读推广活动记录》《服务规范检查表》《安徽省图书馆各阅览室反馈采编部处理图书记录表》等。

风险评估分析表作为质量记录表之一，是安徽省图书馆质量管理体系文件中的特色性内容。风险是指对预期结果不确定性的影响，往往表现为潜在的“事件”和“后果”，或两者结合。组织应策划制定应对这些风险的措施，并整合和实施这些措施，将其纳入质量管理体系中，评价这些措施的有效性。

鉴于ISO9001:2015标准要求组织及时识别风险并采取应对风险的防范措施，避免风险的发生，ISO9001:2015《质量管理体系要求》的"6.1 应对风险和机遇的措施"将风险思维作为单独条款列出。安徽省图书馆对照ISO9001:2015《质量管理体系要求》，对各部门业务过程风险进行梳理，并制作风险评估分析表，以供业内同仁参考。

以下是安徽省图书馆质量手册、程序文件、部门作业指导书(工作手册)的部分选编样例和业务工作风险评估分析表。

一、质量手册

受控状态：

质　量　手　册

第　B/0　版

AHSTQM－SC

审核：

批准：

安徽省图书馆

年　月

文件编号:AHSTQM-SC

文件名称:质量手册	版　号:B/0	共　　页
标　　题:目录	章节号:	第　　页

文件编号:AHSTQM—SC

文件名称:质量手册	版　号:B/0	共　　页
标　　题:目录	章节号:	第　　页

文件编号：AHSTQM－SC

文件名称：质量手册	版　号：B/0	共　　页
标　　题：批准页	章节号：0.1	第　　页

1. 引言

为了贯彻落实《中华人民共和国公共图书馆法》，适应公共文化建设新形势，提升科学管理水平和文献信息资源的收集、整理、典藏、保护、数字制作、利用与服务的质量，向公众证实安徽省图书馆具有持续稳定地提供满足公众阅读服务需求和符合法律规范要求的能力，现决定在全馆推行ISO9001质量管理体系标准，并修订本手册。

2. 编制依据

本手册依据GB/T 19001－2016《质量管理体系 要求》(ISO 9001:2015, IDT)、《公共图书馆服务规范》(GB/T 28220－2023)、《公共图书馆评估指标 第2部分：省、市、县级公共图书馆》编制。

3. 适用范围

文献信息资源的收集、整理、典藏、保护、数字制作、利用与服务。

4. 发布

质量手册第B/0版已按规定的程序编制、审核、批准，准予 年 月 日起正式发布，望安徽省图书馆全体职工遵照执行。

馆 长：

日 期：

文件编号:AHSTQM—SC

文件名称:质量手册	版　号:B/0	共　　页
标　　题:认证工作组织	章节号:0.2	第　　页

贯彻标准领导组

组　长:

副组长:

执行组长(管理者代表):

成　员(按姓氏笔画排序):

质量管理办公室

主　任:

副主任:

体系文件编写修订小组(按姓氏笔画排序)

文件编号:AHSTQM－SC

文件名称:质量手册	版　号:B/0	共　　页
标　　题:安徽省图书馆概况	章节号:0.3	第　　页

安徽省图书馆前身是安徽省立图书馆,1913年2月创建于安徽安庆。1954年3月调整更名为安徽省图书馆,馆址位于合肥市逍遥津公园西侧,1962年12月迁至包河公园西南侧。1998年10月在原址上进行大规模扩建,总建筑面积达3.61万平方米,2003年11月全面对外开放。安徽省古籍保护中心、中国数字图书馆安徽分馆、中国盲文图书馆安徽分馆均设立在本馆。作为公共文化机构法人治理结构改革试点单位,安徽省图书馆于2019年正式成立第一届理事会。

截至2022年末,全馆共有内设机构16个,工作人员174人。其中,大专及以上学历占96.5%,高级专业技术职务岗位聘任47人。馆藏普通文献404万余册(件),包括普通古籍40304部319015册,善本古籍3247部33134册;电子图书164万余册;数字资源总量985TB。作为国务院批准的首批全国古籍重点保护单位,安徽省图书馆现有132部古籍入选前6批《国家珍贵古籍名录》,85部古籍入选《安徽省珍贵古籍名录》。馆藏中还建有章伯钧等安徽名人专藏。

安徽省图书馆始终坚持“服务第一,读者至上”的服务宗旨,全年免费对外开放。全馆设有19个对外服务窗口、1500余个阅览座位,实行文献借阅一体化,并在全省范围内建立了18家分馆和66家图书服务点。现有持证读者28.2万多人,已连续多年读者接待人次、书刊外借册次突破百万,取得了良好的服务绩效。在坚持做好基本服务的同时,以免费开放为契机,以“创先争优”为动力,以ISO质量管理为标杆,不断创新服务方式,拓展服务内容,着力打造了“新安百姓讲堂”“残障人士读书文化日”“读者英语沙龙”等多个服务品牌,体现了公共图书馆为民服务“公益性、基本性、均等性、便利性”的要求。

文件编号:AHSTQM－SC

文件名称:质量手册	版　号:B/0	共　　页
标　　题:安徽省图书馆概况	章节号:0.3	第　　页

在安徽省文化和旅游厅的指导重视与社会各界的大力支持下,安徽省图书馆各项业务建设工作快速发展,综合服务能力整体提升。近年来荣获“全国文化和旅游系统先进集体”、中共中央文明办“最佳志愿服务项目”、“中华古籍普查文化志愿服务行动”组织实施先进单位、“全国巾帼文明岗”“全国古籍保护先进集体”“全国家庭亲子阅读体验基地”“全民阅读示范基地”“全国图书馆文献缩微工作先进集体”等国家级荣誉,以及“安徽省文明单位”“安徽省理论宣讲示范基地”“安徽省爱国主义教育示范基地”“安徽省普法工作先进单位”“安徽省亲子阅读体验基地”“安徽省科学技术普及基地”“安徽省国际交流合作基地”和“合肥市卫生先进单位”“合肥市双拥合格单位”等省市级荣誉。

地址:　　　　　　　　　　邮编:

咨询电话:　　　　　　　　监督电话(传真):

网址:

E-mail:

文件编号:AHSTQM—SC

文件名称:质量手册	版　号:B/0	共　　页
标　　题:引言	章节号:0.4	第　　页

1. 总则

安徽省图书馆选择GB/T 19001—2016《质量管理体系 要求》(ISO 9001:2015,IDT)、《公共图书馆服务规范》(GB/T 28220—2023)、《公共图书馆评估指标 第2部分:省、市、县级公共图书馆》规定的质量管理要求。

2. 过程方法

手册中为建立和实施本馆质量管理体系以及提升其有效性,采取了“过程方法”的模式,通过满足读者合理要求,获得提高读者满意率的服务效益。质量管理体系过程展开图中所反映的是以过程为方法的质量管理体系模式,该模式覆盖了本手册中所有的要求,但未能详细地反映各子过程。

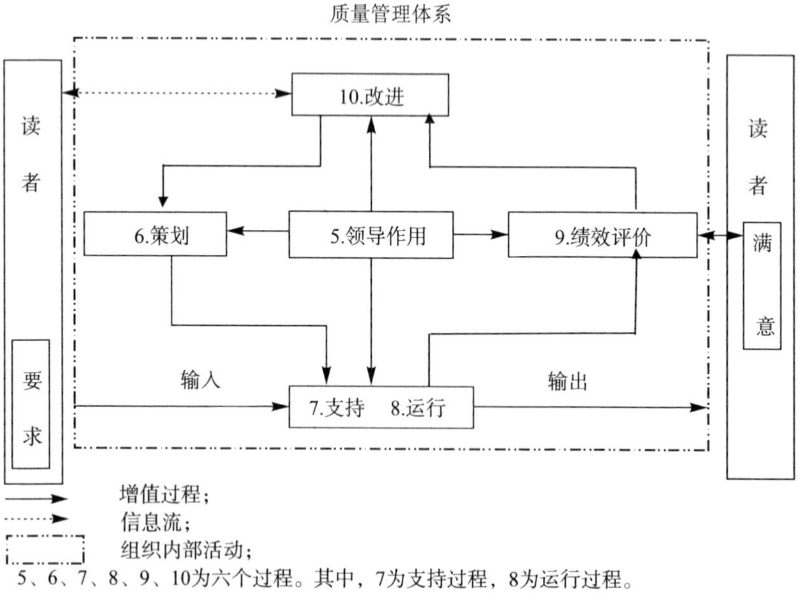

质量管理体系过程展开图

文件编号:AHSTQM—SC

文件名称:质量手册	版　号:B/0	共　　页
标　　题:质量手册的管理	章节号:0.5	第　　页

1. 目的

对质量手册的批准、发放、更改、使用和保管进行控制,确保使用质量手册的有效性。

2. 适用范围

适用于本馆质量手册的管理。

3. 职责

3.1　质量管理办公室负责质量手册的管理。

3.2　质量手册由馆长批准。

4. 程序概要

4.1 质量手册批准

4.1.1 管理者代表负责组织有关人员编制质量手册初稿,由部门负责人、分管馆长审阅相关内容。

4.1.2 管理者代表负责审核质量手册全部内容。

4.1.3 质量手册经馆长签字后生效,质量手册换版、换页时应重新审批。

4.1.4 本手册采用正、副本控制方式,并只在正本上签字,副本经复印产生,副本只能来自正本。

4.1.5 手册副本分为受控和非受控两种,受控版本应盖受控印章,提供给内部和认证机构使用。非受控手册向读者和外单位发放或借用时,必须经管理者代表批准后,由质量管理办公室登记发放。

4.2 质量手册发放

4.2.1 对需使用手册的部门和人员,由质量管理办公室编制质量手册发放登记表,报管理者代表批准后发放。

4.2.2 领用手册的部门和人员都应办理领用登记手续,每本手册都应有受控标识和不同的发放号,领用部门和人员签名与发放号应一一对应。

文件编号:AHSTQM—SC

文件名称:质量手册	版　号:B/0	共　　页
标　　题:质量手册的管理	章节号:0.5	第　　页

4.3 质量手册的更改

4.3.1 质量管理办公室根据各部门的意见提出更改申请。

4.3.2 由质量管理办公室的文件管理员在正本质量手册上实施更改并记录,复印更改页和更改记录换回所有受控副本的相应页并记录。

4.3.3 质量手册更改一般采用换页方式,当质量管理体系发生较大变动时,采用换版方式。

4.4 质量手册的使用

4.4.1 质量手册的发放范围应保证使用手册者都能方便查阅手册有效版本。

4.4.2 质量手册的编制和装订应便于查阅和更改,并有利于手册的各项规定得到贯彻执行。

4.5 质量手册的保管

4.5.1 质量手册的保管原则:不损坏、不丢失和不任意涂改。

4.5.2 当质量手册损坏或丢失,应立即报告质量管理办公室。需补发时,应作废已损坏或丢失的手册,补发新手册。

4.5.3 质量手册持有人工作岗位变动或调离时,应向质量管理办公室移交质量手册,并办理相关手续。

5. 相关文件

《文件控制程序》

6. 相关记录

6.1《质量手册发放登记表》

6.2《质量手册更改记录》

文件编号:AHSTQM－SC

文件名称:质量手册	版　号:B/0	共　　页
标　　题:质量手册更改记录	章节号:0.6	第　　页

章节号	修改条款	修改日期	修改人	审核	批准

文件编号:AHSTQM—SC

文件名称:质量手册	版　号:B/0	共　　页
标　　题:质量方针	章节号:1	第　　页

馆藏丰富 管理科学 环境优美 服务文明 读者满意

质量方针含义

馆藏丰富:集印刷型和非印刷型多种文献信息资源于一馆,建成较完备的具有安徽地方特色的馆藏体系。

管理科学:合理收集、标识、保护与利用文献信息,科学配置人财物资源,程序规范、运转高效、节能环保。

环境优美:安静整洁、温湿宜人、气氛温馨。

服务文明:态度和蔼、语言文明、行为端庄。

读者满意:读者合理投诉较少,满意率在 90%以上。

批 准:

日 期:

文件编号:AHSTQM—SC

文件名称:质量手册	版　号:B/0	共　　页
标　　题:质量目标	章节号:2	第　　页

近期:

一、读者满意率保持在 95%以上。

二、通过社会管理和公共服务综合标准化试点验收。

三、完善信用借阅服务,实现图书网上流通。

四、提档升级信息化基础设施设备,创新本馆智慧图书馆场景应用。

五、推进沪苏浙皖图书馆在标准制定、实施和宣贯方面开展合作。

中期:

一、完善总分馆服务模式,实现部分书刊资源通借通还。

二、实现国家级课题立项,出版学术著作 3 部。

三、编纂完成安徽省古籍总目。

四、推进图书馆信息化建设,拓展智慧图书馆服务功能。

远期:

一、通过全国公共图书馆评估,重新获评“省级一级馆”。

二、获评“全国文明单位”。

文件编号:AHSTQM—SC

文件名称:质量手册	版　号:B/0	共　　页
标　　题:质量组织结构和职责	章节号:3	第　　页

1. 目的

确保组织全部岗位的职责、权限得到分配、沟通和理解。

2. 适用范围

适用于本馆各职能部门。

3. 职责

3.1 组织结构图

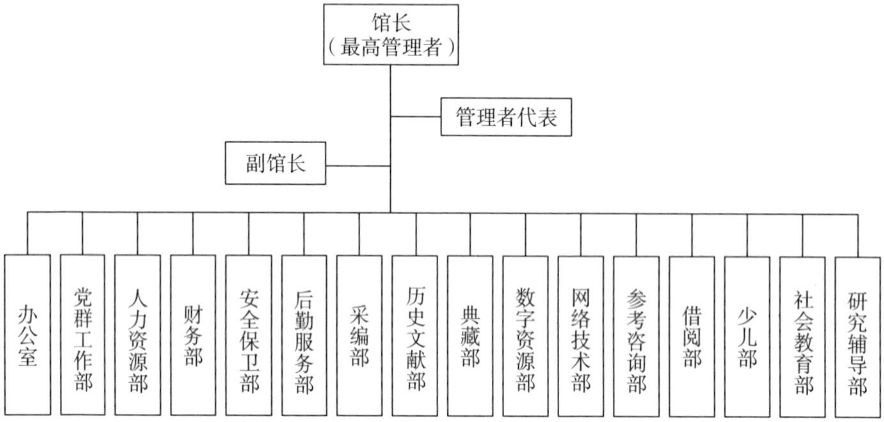

注:质量管理办公室和图书馆办公室合署办公;财务部、党群工作部不在质量管理体系覆盖范围内。

文件编号:AHSTQM－SC

文件名称:质量手册	版　号:B/0	共　　页
标　　题:质量组织结构和职责	章节号:3	第　　页

3.2　业务流程图

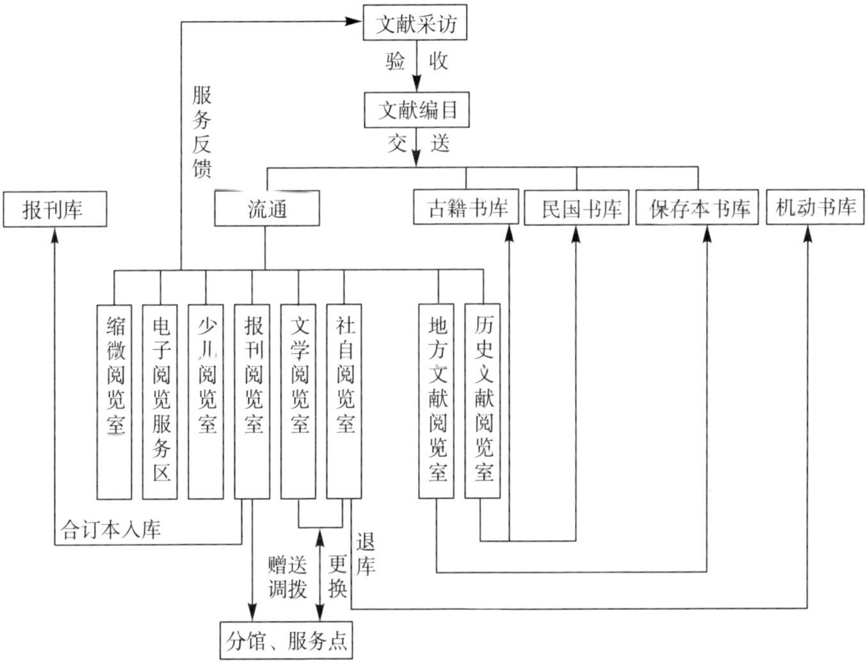

文件编号:AHSTQM—SC

文件名称:质量手册	版　号:B/0	共　　页
标　　题:质量组织结构和职责	章节号:3	第　　页

3.3 职能分配表

序号	职能部门 体系要求	管理层	办公室	采编部	借阅部	典藏部	研究辅导部	历史文献部	参考咨询部	社会教育部	人力资源部	后勤服务部	安全保卫部	网络技术部	少儿部	数字资源部
4.1	组织背景	▲	▲	△	△	△	△	△	△	△	△	△	△	△	△	△
4.2	理解相关方的需求和期望	▲	▲	△	△	△	△	△	△	△	△	△	△	△	△	△
4.3	确定质量管理体系的范围	▲	▲	△	△	△	△	△	△	△	△	△	△	△	△	△
4.4	质量管理体系及其过程	▲	▲	△	△	△	△	△	△	△	△	△	△	△	△	△
5.1	领导作用和承诺	▲	△	△	△	△	△	△	△	△	△	△	△	△	△	△
5.2	方针	▲	△	△	△	△	△	△	△	△	△	△	△	△	△	△
5.3	组织的岗位、职责和权限	▲	△	△	△	△	△	△	△	△	▲	△	△	△	△	△
6.1	应对风险和机遇的措施	▲	▲	▲	▲	▲	▲	▲	▲	▲	▲	▲	▲	▲	▲	▲
6.2	质量目标及其实现的策划	▲	▲	△	△	△	△	△	△	△	△	△	△	△	△	△
6.3	变更的策划	▲	▲	△	△	△	△	△	△	△	△	△	△	△	△	△
7.1	资源	▲	△	▲	△	△	△	△	△	△	▲	▲	▲	▲	△	▲
7.2	能力	△	△	△	△	△	△	△	△	△	▲	△	△	△	△	△
7.3	意识	△	▲	△	△	△	△	△	△	△	▲	▲	▲	△	△	△
7.4	沟通	▲	▲	△	△	△	△	△	△	△	△	△	△	△	△	△
7.5	形成文件信息	△	▲	△	△	△	△	△	△	△	△	△	△	△	△	△
8.1	运行策划和控制	△	▲	△	▲	▲	▲	▲	▲	▲	△	△	△	△	▲	▲
8.2	产品和服务的要求	△	△	▲	▲	▲	▲	▲	▲	▲	△	▲	▲	▲	▲	▲
8.3	产品和服务的设计和开发	△	△	△	▲	△	△	▲	▲	▲	△	△	△	△	▲	▲
8.4	外部提供过程、产品和服务的控制	△	△	▲	△	△	△	▲	▲	△	△	▲	▲	▲	△	▲
8.5	生产和服务提供	▲	▲	▲	▲	▲	▲	▲	▲	▲	△	▲	△	△	▲	▲
8.6	产品和服务的放行	△	▲	▲	▲	▲	▲	▲	▲	▲	△	△	△	△	▲	▲
8.7	不合格输出的控制	△	▲	▲	▲	▲	▲	▲	▲	▲	△	△	△	△	▲	▲
9.1	监控、测量、分析和评价	△	▲	▲	▲	▲	▲	▲	▲	▲	△	△	△	△	▲	▲
9.2	内部审核	△	▲	▲	▲	▲	▲	▲	▲	▲	▲	▲	▲	▲	▲	▲
9.3	管理评审	△	▲	△	△	△	△	△	△	△	△	△	△	△	△	△
10.1	总则	△	▲	△	△	△	△	△	△	△	△	△	△	△	△	△
10.2	不合格和纠正措施	△	▲	▲	▲	▲	▲	▲	▲	▲	▲	▲	▲	▲	▲	▲
10.3	持续改进	△	▲	△	△	△	△	△	△	△	△	△	△	△	△	△

▲与相关部门的工作职责相关联;△与相关部门的工作职责无关联。

文件编号:AHSTQM－SC

文件名称:质量手册	版　号:B/0	共　　页
标　　题:质量组织结构和职责	章节号:3	第　　页

4. 程序概要

4.1 机构

4.1.1 申请设立

根据社会发展的需要,由政府相关部门申请设立。

4.1.2 批准设立

机构的设立与变更由安徽省机构编制委员会负责。

4.1.3 职责

由安徽省文化和旅游厅确定并经安徽省机构编制委员会批准。

4.1.4 管理

a. 根据国务院《事业单位登记管理暂行条例》和中央机构编制委员会办公室《事业单位登记管理暂行条例实施细则》的规定及国家事业单位登记管理局要求,由安徽省机构编制委员会负责机构的设立、年审和变更管理。

b. 由安徽省文化和旅游厅作为本单位的上级主管部门负责对各项工作给予指导、监督、管理与考核。

4.2 内设部门

4.2.1 部门设置

内设部门是为履行职责需要而设立的内部机构。设置的依据是单位工作需要和内部分工,按照精简、统一、效能的原则综合设置。

4.2.2 核准

内设机构的设置须经安徽省文化和旅游厅批准并报安徽省机构编制委员会备案。

4.2.3 职责

内设部门的职责由机构在其主要职责范围内,按照单位内部职能分工、设定的业务流程以及质量管理需要,进行划分设定。

4.2.4 考核

由馆领导班子组织考核领导小组负责内设机构的绩效考核管理。

文件编号:AHSTQM—SC

文件名称:质量手册	版　号:B/0	共　　页
标　　题:组织环境	章节号:4	第　　页

1. 目的

识别内外部环境和相关方要求,确定质量管理体系范围,建立质量管理体系,形成质量管理体系文件并加以保持,确保质量管理体系持续有效地运行。

2. 适用范围

适用于对本馆质量管理体系的策划。

3. 职责

3.1 馆长负责领导建立、实施和保持质量管理体系,批准质量手册,发布质量方针和目标。

3.2 管理者代表负责

3.2.1 确保质量管理体系得到建立、实施和保持。

3.2.2 向最高管理者报告质量管理体系的业绩,包括改进的需求。

3.2.3 在整个组织内形成提高满足读者合理要求的意识。

3.2.4 代表本馆就与质量管理体系有关的事宜与CQC安徽评审中心进行联络。

3.3 质量管理办公室(馆办公室)

3.3.1 在管理者代表的领导下,确保馆质量管理体系的正常运行。

3.3.2 负责组织编写与质量方针和目标相一致的质量管理体系文件。

3.3.3 联合人力资源部对质量管理部门、人员进行考核奖惩。

4. 程序概要

4.1 理解组织及其环境

本馆领导层确定组织目标和战略方向,通过各部门收集信息、识别、分析和评价,馆长办公会议讨论研究,明确与本馆目标和战略方向相关的各种外部和内部因素。包括国际、国内、地区和本地的各种法律法规、技术、竞争对手、市场变动和价格、文化、社会和经济因素,单位的价值观、文化、知识和以

文件编号:AHSTQM—SC

文件名称:质量手册	版　号:B/0	共　　页
标　　题:组织环境	章节号:4	第　　页

往绩效等相关因素,这些因素可以包括需要考虑的有利和不利因素或条件。

4.1.1 本馆的主要外部风险为:

a. 宏观经济情况、国家政策环境、法律法规变化等;

b. 业务所处的行业形势、技术发展、行业供求变化、读者需求动态等;

c. 读者个性化需求变化快,服务要求趋高;

d. 环境安全风险。

以上是本馆目前存在的主要外部风险。随着本馆的发展与运作,面临的外部风险会不断变化,本馆将根据实际情况识别并更新。

4.1.2 本馆的主要内部风险为:

a. 文献资源建设的连续性、系统性不足,满足不了读者个性化需求;

b. 信息技术的应用能力不强,影响读者阅读体验;

c. 人员服务意识不强,读者满意度下降;

d. 设施设备更新维护不及时,造成服务环境恶化。

4.1.3 本馆目前面临的机遇主要表现为:

a. 本馆岗位设置齐全,拥有多个环境优美的阅览室,具有良好口碑的服务品牌;

b. 拥有丰富的文献资源;

c. 拥有一批稳定的专业技术人才队伍;

d. 通过多年 ISO9001 质量管理体系的实施,内部管理机制良好,人员素质高,服务意识强。

本馆定期对这些内部和外部因素的相关信息进行监视和评审,以确保其充分和适宜。

文件编号:AHSTQM－SC

文件名称:质量手册	版　号:B/0	共　　页
标　　题:组织环境	章节号:4	第　　页

4.2 理解相关方的需求和期望

本馆确定:

a. 与质量管理体系有关的相关方;

b. 这些相关方的要求。

本馆对这些相关方及其要求的相关信息进行监视和评审,以便于理解和持续满足相关方的需求和期望。

4.2.1 本馆主要考虑以下相关方:

a. 读者;

b. 外部供方;

c. 员工及其他为馆工作者;

d. 质量监督部门。

下面都提到了这一项

4.2.2 相关方的要求和期望,具体表现为:

a. 读者的要求和期望:文献信息准确、及时、专业、服务好、易索取、环境安全、温馨、洁净;

b. 外部供方的要求和期望:费用结算及时、需求充足、稳定、品质与交期要求合理;

c. 员工及其他为馆工作者的要求和期望:业务能力逐年增长、馆福利好、工资发放准时、奖金有保障;

d. 质量监督部门的要求和期望:提供的服务符合相关法律法规的要求和规定。

4.2.3 针对上述的相关方,本馆主要从影响服务质量的内外部相关方面进行考虑,外部为供方与读者,内部主要为馆内员工及其他为馆工作者。针对内外部相关方的要求的获得,本馆主要通过以下方式获取:

文件编号:AHSTQM—SC

文件名称:质量手册	版　号:B/0	共　　页
标　　题:组织环境	章节号:4	第　　页

a. 对于读者的要求,主要通过前期合作了解,读者沟通,需求评审及读者拜访和满意调查获得;

b. 对于馆内员工及其他为馆工作者的要求,本馆每年至少召开一次职工代表大会,了解他们对馆的要求与期望;

c. 对于质量监督部门的要求,由业务部门收集了解,并上报质量办备案。

4.3 确定质量管理体系的范围

本馆应明确质量管理体系的边界和适用性,以确定其范围。

4.3.1 在确定质量管理体系范围时,主要从以下方面进行了考虑:

a. 各种内部和外部因素,见 4.1;

b. 相关方的要求,见 4.2;

c. 本馆的服务类型。

4.3.2 本馆质量管理体系的范围

a. 服务范围包括:文献信息资源的收集、整理、典藏、保护、数字制作、利用与服务;

b. 对应标准条款范围:ISO9001 标准所有条款。

4.3.3 本馆的质量管理体系过程描述:

a. 本馆的质量管理体系由组织环境识别、领导作用、策划、支持、运行、绩效评价和改进七大过程组成,其中运行过程为增值过程,其他过程均为管理和支持过程。七大过程的顺序及相互关系参见本手册 0.3 章引言中质量管理体系过程展开图;

b. 外包过程:

经分析确认,本馆存在以下外包过程:

Ⅰ. 保洁;

Ⅱ. 绿化;

文件编号:AHSTQM—SC

文件名称:质量手册	版　号:B/0	共　　页
标　　题:组织环境	章节号:4	第　　页

Ⅲ.部分设施设备维保;

Ⅳ.保安;

Ⅴ.报刊装订;

Ⅵ.图书初加工;

Ⅶ.部分数字资源建设。

5. 相关文件

5.1《文件控制程序》

5.2《记录控制程序》

5.3《文献采购控制程序》

5.4《公共图书馆服务规范》

5.5《公共图书馆评估指标 第 2 部分:省、市、县级公共图书馆》

6. 相关记录

6.1《安徽省图书馆质量管理 X 季度检查记录表》

文件编号：AHSTQM—SC

文件名称：质量手册	版　号：B/0	共　　页
标　　题：领导作用	章节号：5	第　　页

1. 目的

确保管理职责已确定并能得到贯彻落实。

2. 适用范围

适用于本馆管理层、各职能部门和有关人员。

3. 职责

3.1 馆长负责组织制定全馆的质量方针及目标并贯彻执行。

3.2 馆长负责设置质量组织机构，配备资源，任命管理者代表。

3.3 馆长负责组织实施管理评审。

3.4 管理者代表负责管理评审组织准备工作。

4. 程序概要

4.1 管理承诺

馆长负责通过在馆内传达服务要满足读者和法律法规要求的重要性、制定质量方针和目标、组织管理评审、确保资源提供等措施，证实其建立、实施质量管理体系并持续改进体系有效性的承诺。

4.2 以读者为关注焦点

本馆以提高读者满意度为目的，加强与读者的交流，确保读者的合理要求得到确认和满足。

4.3 质量方针

4.3.1 本馆制定并贯彻体现全馆目标和读者期望的质量方针（见手册第1章），并传达到每个员工。

4.3.2 本馆的质量方针由馆长批准发布，更改需经馆长批准并重新发布。

4.4 策划

4.4.1 质量目标的策划

文件编号:AHSTQM—SC

文件名称:质量手册	版　号:B/0	共　　页
标　　题:领导作用	章节号:5	第　　页

a.本馆根据质量方针制定近、中、长期目标,并纳入质量手册。

b.办公室依据近、中、长期质量目标,编写本馆年度质量目标,报管理者代表审核,馆长审批。

c.相关各部门根据本馆年度质量目标,编制本部门年度质量目标。

d.办公室运用相关统计技术对各部门质量目标和全馆质量目标完成情况进行统计分析,并根据分析结果提出实施纠正和预防措施。

4.4.2 质量管理体系策划

管理者代表负责:

a.策划建立质量管理体系,确保满足质量目标及其他要求;

b.在质量管理体系变更时进行策划和实施,确保质量管理体系的完整性。

4.5 职责和权限与沟通

4.5.1 职责和权限

a.本馆根据实际工作的需要设立质量组织机构,规定各质量机构的职能及相应人员的质量职责权限和相互关系;质量组织机构图见手册第3章。

b.本馆质量组织机构及职责的确定、变更需经馆长办公会议讨论决定。

c.本馆对从事质量管理监督的人员,应明确职责和权限,此类人员应得到相应授权。

d.本馆和下属各部门将各层次职责和权限的规定形成文件并发布。

4.5.2 管理者代表

管理者代表由馆长任命,无论该成员在其他方面的职责如何,可授权其承担质量管理体系的建立和日常管理工作,确保馆质量管理体系的有效实施、运行和改进。管理者代表可直接向馆长报告质量管理体系的运作状况和来自读者、员工的信息。管理者代表可作为馆的代表就服务质量问题及质量管理体系有关事宜与外部进行联络。

文件编号:AHSTQM—SC

文件名称:质量手册	版　号:B/0	共　　页
标　　题:领导作用	章节号:5	第　　页

5.相关文件

5.1《质量目标控制程序》

5.2《管理评审控制程序》

5.3《安徽省图书馆部门职责》

文件编号：AHSTQM—SC

文件名称：质量手册	版　号：B/0	共　页
标　　题：策划	章节号：6	第　页

1. 目的

为满足内外部环境和相关方要求，对馆运作各流程进行策划，确保流程职责已确定并能得到贯彻落实。

2. 适用范围

适用于本馆运作流程策划。

3. 职责

馆长负责组织全馆风险识别工作，策划各运作流程及目标并贯彻执行。

4. 程序概要

4.1 应对风险和机遇的措施

4.1.1 馆长必须对质量管理体系进行整体策划，在策划过程中应考虑内外部环境和相关方的要求，确定需要应对的风险和机遇，以：

a. 确保质量管理体系能够实现其预期结果；

b. 增强有利影响；

c. 避免和减少不利影响；

d. 实现改进。

4.1.2 馆长应策划制定：

a. 应对这些风险和机遇的措施；

b. 如何在质量管理体系过程中整合并实施这些措施，及如何评价这些措施的有效性。

4.2 质量目标及其实现的策划

4.2.1 本馆应根据质量管理体系所需的相关职能、层次和过程设定质量目标。

质量目标：

文件编号:AHSTQM—SC

文件名称:质量手册	版　号:B/0	共　　页
标　　题:策划	章节号:6	第　　页

a. 与质量方针保持 ·致;

b. 可测量;

c. 考虑适用的要求;

d. 与提供合格产品和服务以及增强顾客满意相关;

e. 予以监视;

f. 予以沟通;

g. 适时更新。

根据本馆技术产品和服务特点,确定本馆质量目标。

4.2.2 在策划如何实现质量目标时,需确定:

a. 采取的措施;

b. 需要的资源;

c. 由谁负责;

d. 何时完成;

e. 如何评价结果。

具体见各部门质量手册。

4.3 变更的策划

当本馆确定需要对质量管理体系进行变更时,由办公室统一组织,变更应经策划并系统实施。

在变更过程中,应考虑:

a. 变更目的及其潜在后果;

b. 质量管理体系的完整性;

c. 资源的可获得性;

d. 责任和权限的分配与再分配。

具体参见各程序中对于质量管理体系变更的要求。

文件编号:AHSTQM—SC

文件名称:质量手册	版　号:B/0	共　　页
标　　题:支持	章节号:7	第　　页

1. 目的

确定并提供质量管理体系所需的资源并加以有效管理,保证质量管理体系的有效运行。

2. 适用范围

适用于本馆对质量管理体系所需资源的提供及管理。资源可以包括人员、信息、供方、基础设施、工作环境及财务资源等。

3. 职责

3.1 人力资源部负责人力资源的提供及管理。

3.2 后勤服务部负责提供和管理服务过程设施,负责全馆环境卫生控制。

3.3 网络技术部负责馆计算机硬件及软件的维护和保养,建立办公网络,维护网络设备。

3.4 采编部、历史文献部、参考咨询部、数字资源部负责主要的文献资源配置。

3.5 借阅部、少儿部、典藏部负责阅览室书刊剔除(旧)。

3.6 安全保卫部负责全馆安全保卫工作。

4. 程序概要

4.1资源提供

本馆应确保提供资源满足以下要求:

a.实施、保持质量管理体系并持续改进其有效性;

b.通过满足读者和职工要求,提高读者和职工满意度。

4.2 人力资源

4.2.1 承担质量管理体系规定职责的人员应具备相应能力。

4.2.2 人力资源部负责组织编制《岗位入职要求》,报馆领导批准后,作为选择、招聘、聘任(用)人员的主要依据。

文件编号:AHSTQM—SC

文件名称:质量手册	版　号:B/0	共　　页
标　　题:支持	章节号:7	第　　页

4.2.3 人力资源部组织协调各部门拟定本部门员工定额,报馆领导批准后,作为选择、招聘、定岗的依据。

4.2.4 人力资源部依据《安徽省图书馆部门职责》,制定培训计划并组织实施,加强员工职业道德教育,提高服务意识,为实现质量目标作出贡献。

4.2.5 人力资源部通过多种途径评价所提供培训的有效性。

4.2.6 人力资源部负责建立、保存职工教育、培训、技能、履历等人事档案。

4.3 基础设施

4.3.1 设施的识别

实现服务功能所需要的设施包括基础设施(服务场所、办公场所等设备)、工具(包括空调、电梯)、软件(计算机网络)、支持性服务(如运输、通讯或信息系统、水、电、气供应)、过程设备(硬件和软件)。

4.3.2 后勤服务部根据服务要求及发展的需要,确定必要的设施并加以控制,使用部门负责对设施进行保护。

4.3.3 网络技术部负责提供适宜的业务、办公网络系统资源及设备,确保日常工作的正常、安全运行,具体执行《网络服务控制程序》。

4.4 工作环境

4.4.1 后勤服务部监督服务场所,保持设备完好,避免设备影响工作环境,并对严重干扰工作环境的设备进行技术改造。

4.4.2 办公室协助后勤服务部识别并管理工作环境中的人和物,根据服务作业需要,负责确定并提供服务作业场所所需的工作条件。

4.4.3 安全保卫部制定各种措施,确保全馆安全保卫和消防工作,具体执行《安全保卫控制程序》。

文件编号:AHSTQM—SC

文件名称:质量手册	版　号:B/0	共　页
标　题:支持	章节号:7	第　页

4.5 信息沟通

馆内通过受控文件发放、馆务会议、职代会、组织评审、网络办公平台、公示栏等形式实现内部沟通,通过管理评审及内部审核对质量管理体系的有效性进行沟通。

4.6 文件要求

4.6.1 本馆的质量管理体系文件包括质量手册、程序文件、部门工作手册、服务规范和质量记录等。

4.6.2 按照GB/T 19001—2016《质量管理体系 要求》(ISO9001:2015,IDT)、GB/T 28220—2023《公共图书馆服务规范》《公共图书馆评估指标 第2部分:省、市、县级公共图书馆》的规定制订本质量手册。

4.6.3 对应标准4.2.3和4.2.4条款的要求分别制订《文件控制程序》和《记录控制程序》。

4.6.4 其他质量文件:可以是针对特定服务、项目或合同编制的服务质量计划、标准、规范等,文件的组成应适合于其特有的活动方式。

4.6.5 文件规定应与实际运作保持一致,不管质量管理体系如何变化,都要确保文件有效性、充分性和适宜性,执行《文件控制程序》。

4.6.6 文件的详略程度应取决于本馆规模、服务类型、过程复杂程度、员工能力素质等,应切合实际,便于理解应用。

4.6.7 文件可采用任何形式或类型的媒介,如纸张、磁盘、光盘或照片、样品等,都应按照《文件控制程序》进行管理。

5. 相关文件

5.1《人力资源控制程序》

5.2《基础设施控制程序》

文件编号:AHSTQM—SC

文件名称:质量手册	版　号:B/0	共　　页
标　　题:支持	章节号:7	第　　页

5.3《读者服务环境控制程序》

5.4《安全保卫控制程序》

5.5《网络服务控制程序》

5.6《文献剔除控制程序》

5.7《文件控制程序》

5.8《记录控制程序》

6. 相关记录

6.1《人事统计报表》

6.2《入藏文献统计表》

6.3《册送单》

6.4《财务统计报表》

文件编号:AHSTQM—SC

文件名称:质量手册	版　号:B/0	共　页
标　　题:服务运行的策划	章节号:8.1	第　页

1. 目的

实施服务运行质量策划,并使之与质量管理体系其他过程的要求相一致。

2. 适用范围

适用于本馆对运行质量的策划。

3. 职责

3.1 馆长负责批准本馆编制的质量计划。

3.2 分管馆长负责审核相关部门编制的质量计划。

3.3 办公室负责对各部门质量策划的实施情况进行监督检查。

3.4 各部门负责本部门相关的质量策划,实施相应的质量计划。

4. 程序概要

4.1 对特定的服务、项目和合同应进行质量策划,策划的结果应以适合于本馆运作的方式形成文件。

4.2 进行质量策划的时机。

4.2.1 引进新服务,采用新方法或新设备,进行技术革新或技术改造。

4.2.2 读者对服务有特殊要求。

4.2.3 出现现有质量管理体系文件中未能涵盖的特殊事项。

4.3 服务实现策划的内容。

4.3.1 服务实现策划开展前,应由活动负责人主持制定活动的质量目标和要求。

4.3.2 确定所需建立的主要服务过程和支持性过程:应识别关键的过程和活动;对服务的过程及支持性过程规定实现的途径,并对这些途径进行评审和形成文件。

文件编号:AHSTQM－SC

文件名称:质量手册	版　号:B/0	共　页
标　　题:服务运行的策划	章节号:8.1	第　页

4.3.3 识别上述过程所需的配置资源、运作阶段的划分、人员的职责权限和相互关系。

4.3.4 确定服务过程的验证和确认活动及验收准则;对服务过程的重点或关键特性,应安排监视和测量活动。

4.3.5 服务实现过程中,应提供证据的各类记录。

4.4 由于服务在提供的同时,其效果立即呈现,不良服务的结果是难以挽回的,因此服务鉴于特殊过程,应按输入的要求确认输出。

5. 相关文件

5.1《读者服务控制程序》

5.2《特色服务品牌控制程序》

6. 相关记录

6.1《读者特色活动项目策划书》

6.2《读者活动项目总结登记表》

6.3《读者活动统计表》

文件编号:AHSTQM－SC

文件名称:质量手册	版　号:B/0	共　　页
标　　题:服务的要求	章节号:8.2	第　　页

1. 目的

通过加强与读者的沟通,识别读者的合理需要,提高读者满意度。

2. 适用范围

适用于本馆所有与读者有关的过程。

3. 职责

3.1 各业务部门负责与读者沟通,识别、确定读者对服务的要求,组织相关部门进行评审,并收集、记录读者的反馈信息。

3.2 办公室及其他部门协助业务部门做好对服务要求的评审工作。

4. 程序概要

4.1 与服务有关的要求的确定

4.1.1 业务部门负责与读者沟通,确定服务要求及其他要求,结合与服务有关的法律法规要求及本馆的相关规定,编制读者须知及办证要求等,并予以公示。

4.1.2 各业务部门收集读者的反馈意见,包括读者满意度调研获取信息,从中分析读者对服务的合理需求,并反馈至相关部门,采取对应措施。

4.2 与服务有关的要求的评审

4.2.1 对于到馆读者口头咨询服务要求,各业务部门当面确认后提供相关服务。

4.2.2 对馆网站发布的服务信息,经分管馆长批准后,由相关负责部门进行发布。

4.2.3 对读者提出的专题服务要求,由对口业务部门进行识别、确认,并报分管馆长批准。

4.2.4 对少儿、老年、残障、服刑人员等特殊群体的读者服务要求,由涉及的业务部门进行识别、确认,并报分管馆长批准。

文件编号：AHSTQM—SC

文件名称：质量手册	版　号：B/0	共　　页
标　　题：服务的要求	章节号：8.2	第　　页

4.2.5 对各类读者活动，由组织部门进行策划，并报分管馆长批准。

4.3 与读者的沟通

4.3.1 为确定读者对服务的要求，各业务部门负责与读者进行以下方面的沟通。

a. 建立总咨询台发布服务信息。

b. 通过多种渠道（媒体、宣传栏、网站、微信公众号、微博等）向读者推介服务。

c. 召开读者座谈会。

d. 定期发放《读者问卷调查表》。

4.3.2 各业务部门负责记录读者对本馆服务及环境等方面的反馈，并传递到相关部门。

5. 相关文件

5.1《读者沟通控制程序》

5.2《读者服务控制程序》

5.3《咨询值班制度》

6. 相关记录

6.1《读者投诉登记表》

6.2《读者问卷调查表》

6.3《网站问卷调查表》

文件编号:AHSTQM－SC

文件名称:质量手册	版　号:B/0	共　　页
标　　题:外部提供	章节号:8.4	第　　页

1. 目的

对采购过程供方进行控制,确保所采购的产品和供方提供的服务符合规定要求。

2. 适用范围

适用于对服务所需的产品采购、服务提供的供方控制,对供方进行选择、评价和控制。

3. 职责

3.1 采购部门

负责按质量要求组织对供应采购物资及承担服务的供方进行评价,编制合格供方名录,对供方的供货、服务业绩定期进行评价,建立供方档案。

3.1.1 采编部、数字资源部分别负责图书、报刊、数字资源等供方评审、相关文件的编制及采购实施。

3.1.2 其他部门根据权限负责各种设备、设施等供方评审、相关文件的编制及采购实施。

3.1.3 分管馆长负责审核合格供方名录,并上报馆长批准。

3.1.4 本馆授权相关人员负责对采购物资的质量进行检测和验证,对供方提供的服务质量进行监督。

4. 程序概要

4.1 采购物资

4.1.1 采购物资分类。采购部门编制《采购物资清单》,根据对服务质量影响程度分为:

a. 重要物资:图书、期刊、报纸、数字资源、专业软件和网络设备等;

b. 一般物资:零星采购的工具、办公用品、维修与检测设备等。

文件编号:AHSTQM－SC

文件名称:质量手册	版　号:B/0	共　　页
标　　题:外部提供	章节号:8.4	第　　页

4.1.2 采购物资的审批

a.采购部门每年编制下年度的重要物资采购计划,对全年常规采购进行总量控制,经分管馆长审核,报馆长批准。

b.各部门根据工作需要购买一般物资应填写《物品申购单》。

c.《物品申购单》应清楚写明物资名称、规格、数量、价格、申请购买时间、用途、质量要求等。

4.2 采购实施

4.2.1 凡符合《安徽省省级年度政府集中采购目录及限额标准》规定的物资,通过政府采购,签订采购合同,明确品名规格、数量、质量要求、技术标准、验收条件、违约责任及供货期限等。

4.2.2 一般物资由后勤服务部负责实施,采购前采购员应对《物品申购单》进行核实,在与供方沟通前,应确保规定的采购要求是充分的。

4.3 采购物资的验证

4.3.1 对采购的物资可以有如下验证方式:

a.由本馆授权相关人员在本馆现场实施进货验证;

b.由本馆授权相关人员在供方现场实施进货验证;

c.由本馆委托的第三方验证。

4.3.2 验证活动可包括检验或试验、外观检查、试用、提供合格证明文件等方式。根据采购物资清单,在相应的检验规程中规定不同的验证方式。

4.4 服务项目外包

4.4.1 本馆服务外包,具体项目如下:

a.保洁;

b.绿化;

文件编号:AHSTQM－SC

文件名称:质量手册	版　号:B/0	共　　页
标　　题:外部提供	章节号:8.4	第　　页

c. 部分设施设备维保;

d. 保安;

e. 报刊装订;

f. 图书初加工;

g. 部分数字资源建设。

4.4.2 索取服务项目外包方的有关信息:

a. 外包方法人资格证明文件;

b. 服务业绩证明材料;

c. 相关机构提供的服务质量报告;

d. 服务项目外包合同。

在与外包方沟通前,应确保规定的服务要求是充分的。上述资料由办公室保管,接受服务部门备份备查。

4.4.3 由接受服务的相关部门确定相应外包服务方式,报馆长审批,分管馆长代表本馆与供方签订服务项目外包合同,合同应包括服务项目、完成时间、质量标准、应负责任等。

4.4.4 对外包方服务的验证。

由接受服务部门对外包方服务质量进行监督管理。验证方法可包括:

a. 本馆授权相关人员对供方服务质量进行验收;

b. 征求读者对外包方服务质量的意见;

c. 在服务项目外包合同中明确规定验证方式。

4.5 对合格供方的定期复评

4.5.1 重要物资采购部门每年对合格物资供方进行一次跟踪复评,填写《供方业绩评定表》,连续两次评分不及格取消其供方资格;如因特殊情况留用,应报管理者代表批准,但应加强对其供应物资的进货验证。如再次评分

文件编号:AHSTQM－SC

文件名称:质量手册	版　号:B/0	共　　页
标　　题:外部提供	章节号:8.4	第　　页

仍不及格,应取消其供货资格。

4.5.2 接受外包方服务的部门,每年对长期服务供方进行一次跟踪复评,填写《服务供方业绩评定表》,连续两次评分不及格取消其供方资格。如因特殊情况留用,应报管理者代表审核、馆长批准,但应加强对其提供服务的验证。如再次评分仍不及格,应取消其服务资格。

5. 相关文件

《文献采购控制程序》

6. 相关记录

《物品申购单》

文件编号:AHSTQM—SC

文件名称:质量手册	版　号:B/0	共　　页
标　　题:读者服务提供	章节号:8.5.1	第　　页

1.目的

对文献信息的收集、加工、典藏、借阅、咨询和教育服务过程中影响读者服务质量的人员、方法、环境等因素进行有效控制,确保服务质量满足规定的要求。

2.适用范围

适用于本馆对读者服务过程的控制。

3.职责

3.1 各部门负责本部门读者服务过程的控制。

3.2 办公室(质量管理办公室)负责检查监督各部门服务过程的质量。

4.程序概要

4.1 服务过程的控制

4.1.1 采编部负责图书编目,按要求册送到各业务部室,执行《文献编目加工控制程序》。

4.1.2 各业务部门按职能分配提供各类读者服务,执行《读者服务控制程序》《典藏控制程序》《专题文献服务控制程序》《历史文献控制程序》《读者服务环境控制程序》。

4.1.3 所有工作人员经过培训方可上岗,所在部门负责对服务规范、流程进行控制,确保服务的质量满足规定要求。

4.1.4 服务过程中相关规定等作业文件的编制、审批、发放和更改等按《文件控制程序》有关条款执行。

4.1.5 服务过程中产品标识按《标识和可追溯性控制程序》有关条款执行。

4.1.6 服务过程检验按《读者服务监视和测量控制程序》有关条款执行。

文件编号:AHSTQM—SC

文件名称:质量手册	版　号:B/0	共　　页
标　　题:读者服务提供	章节号:8.5.1	第　　页

4.1.7 服务过程的检验、测量和试验设备的控制按《基础设施控制程序》有关条款执行。

4.1.8 服务过程中因不合格而采取的纠正和预防措施按《纠正和预防措施控制程序》有关条款执行。

4.1.9 服务过程中文献信息及其载体的搬运、贮存、防护按《典藏控制程序》《历史文献控制程序》《读者服务环境控制程序》《安全保卫控制程序》的有关条款执行。

4.1.10 服务过程中人员的培训按《人力资源控制程序》有关条款执行。

4.2 本馆提供的产品即为服务,服务整体过程属于特殊过程,按照《读者服务控制程序》有关条款控制。

4.3 服务过程的控制记录

服务过程中的质量记录的控制按《记录控制程序》有关条款执行。

5. 相关文件

5.1《文献编目加工控制程序》

5.2《读者服务控制程序》

5.3《典藏控制程序》

5.4《专题文献服务控制程序》

5.5《历史文献控制程序》

5.6《读者服务环境控制程序》

5.7《标识和可追溯性控制程序》

5.8《安全保卫控制程序》

6. 相关记录

6.1《保安值班记录表》

6.2《服务规范检查表》

6.3《温湿度记录表》

文件编号:AHSTQM—SC

文件名称:质量手册	版　号:B/0	共　　页
标　　题:读者服务提供	章节号:8.5.1	第　　页

6.4《读者咨询登记表》

6.5《个别问题读者重点监控登记表》

文件编号:AHSTQM－SC

文件名称:质量手册	版　号:B/0	共　　页
标　　题:服务质量的监视、测量	章节号:8.6	第　　页

1. 目的

对服务和过程进行监视和测量,以确保过程和服务的符合性。

2. 适用范围

适用于本馆对质量管理体系各过程(包括子过程)及服务质量监视和测量工作的控制。

3. 职责

3.1 办公室负责提供服务监视和测量的规范并负责组织日常巡查。

3.2 各部门负责本部门服务过程的监视和测量。

3.3 人力资源部负责年度部门和全员服务质量的监视和测量。

4. 程序概要

4.1 过程的监视和测量

4.1.1 各部门负责将质量目标在适当层次上进行分解并予以贯彻实施,办公室负责协调各部门分解目标,确保与质量目标保持一致。

4.1.2 各部门每月对本部门目标的完成情况进行统计分析,以部门月业务统计的形式报送办公室。

4.1.3 办公室对各部门质量目标的完成情况进行统计分析,提出相应的纠正和预防措施;每年年末对全馆质量目标的完成情况进行统计分析,提出主要问题及解决方法,作为管理评审及下年度质量管理目标的编制依据。

4.2 服务质量的监视和测量

4.2.1 服务规范文件的编制、批准、发放和更改

服务规范文件的编制、批准、发放和更改按《文件控制程序》的有关条款执行。

文件编号：AHSTQM－SC

文件名称：质量手册	版　号：B/0	共　　页
标　　题：服务质量的监视、测量	章节号：8.6	第　　页

4.2.2 各业务部门每周对部门服务情况进行自我评价。

4.2.3 办公室每月组织对各部门服务情况进行综合评价。

4.2.4 人力资源部每年结合各部门服务情况和读者反馈，对各部门和服务人员进行综合评价。

4.2.5 实行节假日咨询服务值班制度，对当日服务情况进行记录。

4.2.6 馆长负责组织各类专项检查。

4.2.7 服务质量的监视和测量标识。

按《标识和可追溯性控制程序》和《读者服务监视和测量控制程序》有关条款执行。

4.2.8 不合格服务的控制

在服务质量的监视和测量过程中发现不合格服务应分析原因，采取措施。不合格服务按《不合格服务控制程序》有关条款执行；纠正和预防措施按《纠正和预防措施控制程序》有关条款执行。

4.2.9 服务质量的监视和测量记录

上述过程中的有关记录按《记录控制程序》有关条款执行。

5. 相关文件

5.1《读者服务监视和测量控制程序》

5.2《标识和可追溯性控制程序》

5.3《不合格服务控制程序》

5.4《记录控制程序》

5.5《文件控制程序》

5.6《人力资源控制程序》

5.7《纠正和预防措施控制程序》

5.8《节假日咨询服务值班制度》

文件编号:AHSTQM—SC

文件名称:质量手册	版　号:B/0	共　　页
标　　题:服务质量的监视、测量	章节号:8.6	第　　页

6. 相关记录

6.1《读者问卷调查表》

6.2《网站问卷调查表》

6.3《安徽省图书馆 X 季度质量管理检查记录》

6.4《纠正和预防措施表》

文件编号:AHSTQM-SC

文件名称:质量手册	版　号:B/0	共　　页
标　　题:不合格服务控制	章节号:8.7	第　　页

1. 目的

对不符合要求的服务进行识别和控制,防止其非预期使用或交付。

2. 适用范围

适用于本馆服务过程发生的不合格服务的控制。

3. 职责

3.1 办公室(质量管理办公室)负责日常不合格服务的识别、分析、评审和处置,并跟踪不合格服务的处理结果,有效处理读者意见。

3.2 人力资源部负责部门和人员的年度考核,协助办公室(质量管理办公室)对不合格服务和人员进行最终处理。

3.3 采编部、后勤服务部和数字资源部负责对在采购中出现的不合格品进行标识和处置。

3.4 其他各部门负责在各自职责范围内,对不合格品作出处理决定。

4. 程序概要

4.1 不合格服务的分类

4.1.1 严重不合格:在读者中造成恶劣影响、造成重大损失或连续多次发生的不合格服务。

4.1.2 一般不合格:个别或偶然的不合格服务,经向读者解释沟通,取得读者谅解,并可以通过采取纠正措施很快弥补过失的不合格服务。

4.2 不合格服务的识别和隔离

4.2.1 各部门负责对入馆的文献信息资源进行检验,并加以标识,对不合格文献信息资源进行隔离、评审。

4.2.2 办公室(质量管理办公室)负责对服务质量进行日常监视和测量,对不合格服务人员进行标识、评审。

4.2.3 人力资源部负责对全馆各部门和人员进行年终考核,对涉及重大

文件编号:AHSTQM—SC

文件名称:质量手册	版　号:B/0	共　页
标　　题:不合格服务控制	章节号:8.7	第　页

不合格服务人员进行标识、评审。

4.2.4 各部门负责本部门日常一般不合格服务的标识、评审。

4.3 不合格服务的处理

4.3.1 入馆的不合格文献信息资源,由责任部门根据评审结果和处理方式,通知供方及时处置。

4.3.2 各部门负责人可以在授权范围内处理不合格服务。

4.3.3 在服务过程中被判定为不合格时,由相关部门根据评审结果及时处理。

4.3.4 办公室负责处理读者反馈的不合格服务,对读者提出的质量问题应及时复核、处理。

4.3.5 不合格服务的处理方法有退回、返工及人员道歉、转岗、处分、解聘等。

4.3.6 返工、转岗、处分后,必须进行再次检查,以确保符合要求。

4.3.7 为防止不合格服务的再发生,应对不合格服务进行分析,采取措施,执行《纠正和预防措施控制程序》。

4.4 不合格服务的记录和纠正

4.4.1 各部门负责人依照《读者服务监视和测量控制程序》,根据服务质量检查与考评结果,将一般不合格服务记录在《服务规范检查表》上,并立即要求责任者予以纠正。对严重不合格服务应填写《不合格服务报告》并报办公室,由办公室责成责任部门采取纠正措施,杜绝类似不合格服务再次发生。执行《纠正和预防措施控制程序》。

4.4.2 对发生过不合格服务的部门或人员,在纠正措施完成后一周内办公室(质量管理办公室)应进行复检,以验证不合格服务是否得到有效纠正。办公室(质量管理办公室)将不合格服务的处理结果及时通告。

文件编号:AHSTQM—SC

文件名称:质量手册	版　号:B/0	共　　页
标　　题:不合格服务控制	章节号:8.7	第　　页

4.5 采购的不合格物品的分类

4.5.1 严重不合格品:在服务中使用会造成较大经济损失、引发安全事故、引起读者重大投诉的物品。

4.5.2 一般不合格品:个别或少量不影响服务质量,能采取措施迅速纠正的不合格品。

4.6 采购的不合格品的控制

4.6.1 当采购物品到达时,经相关部门检测判为不合格的物品,应记录在《物品验收报告》上,并将其放入不合格品区进行标识、隔离,及时通知采购部门或责任人与供应商联系退货或换货。

4.6.2 库房中不合格品的控制

a. 后勤服务部每年组织仓库保管员对库存物品进行一次盘点,并填写《库存物品盘点表》。对发现的不合格品由相关部门人员进行评价,提出处理方案并记录处理结果。处理结果包括经处理合格后使用、降级使用、报废。

b. 仓库保管员将发现的不合格品放入不合格品区并进行标识、隔离。并将《库存物品盘点表》交后勤服务部上报馆长审批,决定不合格品的处置。

4.6.3 维修、安装中发现不合格物品的控制

a. 在维修、安装过程中发现的不合格品,维修人员应记录在《报修单》上并退回仓库更换为合格品。仓库保管员将其放入不合格品区,进行标识、隔离,防止误用。如果该不合格品不影响使用,应征得相关部门的同意,方可继续使用(让步接收)。

b. 对于维修、安装使用后发现的不合格品,维修、安装人员应立即进行返工,直至达到要求。返工后仍不合格,但不影响使用的物品,应征得相关部门的同意,方可继续使用(让步接收)。无法返修的,应更换为合格品。对于再次发现的不合格品,维修人员应分析原因并记录在《报修单》上,防止以后发生类似情况。

文件编号:AHSTQM—SC

文件名称:质量手册	版　号:B/0	共　　页
标　　题:不合格服务控制	章节号:8.7	第　　页

c. 让步接收的物品,相关部门应在《报修单》上签名确认。

d. 维修、安装完成后一周内,后勤服务部维修人员应对维修过的部门进行回访,以确认工作正常,并将回访结果记录在原来的《报修单》上。

5. 相关文件

5.1《读者服务监视和测量控制程序》

5.2《纠正和预防措施控制程序》

5.3《不合格服务控制程序》

6. 相关记录

6.1《服务规范检查表》

6.2《不合格服务报告》

6.3《物品验收报告》

6.4《库存物品盘点表》

6.5《报修单》

文件编号:AHSTQM—SC

文件名称:质量手册	版　号:B/0	共　　页
标　　题:监视、测量、分析和评价	章节号:9.1.1	第　　页

1. 目的

通过策划并实施监视、测量、分析和评价过程,以证实服务的达标性,确保质量管理体系的符合性和持续改进质量管理体系的有效性。

2. 适用范围

全馆相关职能部门业务测量、分析和评价工作。

3. 职责

3.1 办公室负责全馆读者投诉意见和相关业务数据的统计分析,开展读者满意度调查。

3.2 质量管理办公室负责按策划时间组织内部审核,督促对不合格服务采取纠正措施。

3.3 其他相关部门按照规定的时间间隔,对服务过程和能力、读者满意情况以及其他要求的项目进行测量和评价,对相关的数据进行记录、收集、分析、汇总和沟通。

4. 程序概要

4.1 证实服务的达标性

通过读者调查反馈、上级评估、馆内检查、媒体报道进行评价。

4.2 确保质量管理体系的符合性

通过定期内部审核、每年第三方体系认证审核和馆高层的管理评审来评价。

4.3 验证持续改进质量管理体系的有效性

从质量目标的完成情况、服务质量的最优化、服务效率的最大化、服务质量成本的最小化、读者满意度等方面来评价。

4.3.1 运用统计技术对服务过程的数据进行分析。

4.3.2 提出改进措施、纠正措施、预防措施。

文件编号:AHSTQM—SC

文件名称:质量手册	版　号:B/0	共　　页
标　　题:监视、测量、分析和评价	章节号:9.1.1	第　　页

5. 相关文件

5.1《读者服务监视和测量控制程序》

5.2《纠正和预防措施控制程序》

5.3《内部审核控制程序》

5.4《管理评审控制程序》

5.5《不合格服务控制程序》

6. 相关记录

6.1《读者问卷调查表》

6.2《网上问卷调查表》

6.3《纠正和预防措施表》

6.4《纠正和预防措施实施情况一览表》

文件编号:AHSTQM－SC

文件名称:质量手册	版　号:B/0	共　　页
标　　题:读者满意	章节号:9.1.2	第　　页

1. 目的

测量质量管理体系的绩效。

2. 适用范围

适用于本馆对读者满意度测量的控制。

3. 职责

3.1 各业务部门

3.1.1 负责与读者沟通,有效处理读者的意见,负责保存相关服务记录。

3.1.2 负责组织对读者满意度进行测量,确定读者的现实需求和期望。

3.2 办公室

3.2.1 办公室对各业务部门汇总来的反馈信息进行分析,确定责任部门并监督实施。

3.2.2 办公室负责组织读者满意度分析并形成分析报告。

4. 程序概要

4.1 读者信息的收集

办公室负责监控读者满意信息,各业务部门利用各种形式收集读者信息并确保传递到办公室。

4.2 读者档案的建立

各业务部门负责分类建立并保存读者档案。

4.3 读者满意度调查

每年业务部门发放、回收《读者调查问卷表》,并确保回收率大于等于80%。

4.4 读者满意度信息的统计分析和处理

4.4.1 办公室对各类读者信息及读者满意度调查表进行汇总,运用各种统计技术进行分析并形成报告,发送给有关部门。

文件编号:AHSTQM—SC

文件名称:质量手册	版　号:B/0	共　　页
标　　题:读者满意	章节号:9.1.2	第　　页

4.4.2 各部门根据分析报告,制定相应对策予以实施。

4.4.3 办公室对各部门实施情况进行督察验证,以确保持续改进。

5. 相关文件

5.1《读者沟通控制程序》

5.2《纠正和预防措施控制程序》

6. 相关记录

6.1《读者问卷调查表》

6.2《网站问卷调查表》

文件编号:AHSTQM—SC

文件名称:质量手册	版　号:B/0	共　　页
标　　题:绩效评价	章节号:9.1.3	第　　页

1. 目的

确定、收集和分析服务实现过程数据,证实质量管理体系的适宜性、有效性和充分性,并明确如何持续改进质量管理体系。

2. 适用范围

适用于对来自监视和测量的结果以及其他有关来源的数据进行统计分析。

3. 职责

3.1 办公室

3.1.1 负责归口管理对内、对外相关数据的传递与分析、处理。

3.1.2 负责统计技术的选用、批准,组织培训及检查统计技术的实施效果。

3.2 各部门

3.2.1 负责各自相关业务的数据收集、分析、传递、交流。

3.2.2 负责本部门统计技术的具体选择与应用。

4. 程序概要

4.1 数据定义

指能够客观反映事实的资料和数字等信息。

4.2 数据来源

4.2.1 外部来源:

a. 政策、法规、标准等;

b. 上级和地方政府机构检查的结果及反馈;

c. 业界动态;

d. 相关方(如读者、供应方等)的反馈及投诉等。

4.2.2 内部来源:

文件编号:AHSTQM—SC

文件名称:质量手册	版　号:B/0	共　　页
标　　题:绩效评价	章节号:9.1.3	第　　页

a.日常工作,如质量目标完成情况、工作服务规范检查记录、内部质量审核、管理评审及体系正常运行的其他记录;

b.存在、潜在的不合格,如质量问题统计分析结果、纠正预防措施处理结果等;

c.紧急信息,如出现突发事件等;

d.其他信息,如员工建议等。

4.2.3 数据可采用已有的质量记录、书面资料、讨论交流、电子媒体、声像设备、通讯等。

4.3 数据的收集、分析与处理

4.3.1 对数据的收集、分析与处理应提供如下信息:

a.读者满意或不满意度;

b.服务满足读者合理需求的符合性;

c.服务过程的特性及发展趋势,包括采取预防措施的机会;

d.供方(外包方)的信息等。

4.3.2 数据的收集、分析与处理:

a.办公室负责收集、分析政府相关部门、认证机构的监督检查结果及反馈数据、服务标准类数据,并负责传递到相关部门。对出现的不合格项,执行《纠正和预防措施控制程序》;

b.办公室及相关部门负责收集、分析、整理、传递政策、法规、行业类信息;

c.办公室及相关部门积极与读者进行信息沟通,以满足读者合理需求,妥善处理他们的意见,执行《纠正和预防措施控制程序》;

d.各部门直接从外部获取的其他类数据,应报告办公室,由其进行分析整理、传递、协调处理;

文件编号：AHSTQM－SC

文件名称：质量手册	版　号：B/0	共　　页
标　　题：绩效评价	章节号：9.1.3	第　　页

e. 紧急信息由发现部门迅速报告办公室和分管馆长处理。

4.4 数据分析方法

4.4.1 本馆基本统计方法的选择：

a. 对于读者满意度、服务质量、各类审核分析一般采用调查表或网站调查表，如《服务规范检查表》《读者问卷调查表》等；

b. 对服务过程的监视和测量采用相应的统计分析方法，每月各部门编制相应的信息报表；

c. 对物品的检测采用相应的抽样检验方法。

4.4.2 统计方法实施要求：

a. 人力资源部负责组织对有关人员进行统计技术的培训；

b. 各部门正确使用统计方法，确保统计分析数据的科学、准确、真实。

4.4.3 办公室定期对统计方法适用性和有效性进行判定。

4.5 办公室对各部门统计方法应用的记录进行监督检查，对主要的质量问题要求责任部门采取相应的纠正、预防措施，执行《纠正和预防措施控制程序》。

4.6 统计记录的管理

分清职责和权限，进行分级管理，各部门按照《文件控制程序》和《记录控制程序》，对统计记录进行有效的管理与控制。

5. 相关文件

5.1《读者服务监视和测量控制程序》

5.2《记录控制程序》

5.3《纠正和预防措施控制程序》

6. 相关记录

6.1《服务规范检查表》

6.2《读者问卷调查表》

文件编号：AHSTQM—SC

文件名称：质量手册	版　号：B/0	共　页
标　　题：内部审核	章节号：9.2	第　页

1. 目的

验证质量管理体系是否符合策划要求，是否符合《公共图书馆评估指标 第 2 部分：省、市、县级公共图书馆》和《质量管理体系 要求》，是否得到有效的保持、实施和改进。

2. 适用范围

适用于质量管理体系所覆盖的所有部门和所有的内部审核。

3. 职责

3.1 馆长

3.1.1 批准年度内审计划和审核实施计划。

3.1.2 批准内部质量管理体系审核报告。

3.1.3 定期召开管理评审会议。

3.2 管理者代表

3.2.1 全面负责内部质量管理体系审核工作。

3.2.2 选定审核组长及审核员，并审核年度内审计划、每次的审核实施计划和内部质量管理体系审核报告。

3.3 质量管理办公室

3.3.1 编写年度内审计划并负责组织实施。

3.3.2 组织、协调内审活动的开展。

3.4 内审组长

3.4.1 编制、实施本次内审计划。

3.4.2 编写内审报告。

4. 程序概要

4.1 年度审核方案

文件编号:AHSTQM—SC

文件名称:质量手册	版　号:B/0	共　　页
标　　题:内部审核	章节号:9.2	第　　页

4.1.1 年度质量管理体系审核方案,每年年初由管理者代表或其授权的内审员编制,报请馆长批准。内容包括审核目的、范围、依据、频次和方法以及受审部门和审核时间。

4.1.2 内部质量管理体系审核每年不少于一次,在下列情况下可追加审核:

a. 质量方针、质量目标、领导层、组织结构和服务结构等有较大变化;

b. 连续发生读者投诉和严重质量问题;

c. 相关法律、法规、标准及其他要求有变化时;

d. 即将进行第二方或第三方审核之前;

e. 质量认证证书到期换证前。

4.1.3 编制年度审核计划应充分考虑:

a. 拟审核部门和过程的现状及其重要程度;

b. 以前的审核结果。

4.2 内部审核组织

由管理者代表任命内审组长,由内审组长负责每次审核的具体组织工作。内审组由内审组长、具有内部审核员资格的人员组成,并适当分工。

4.3 编制审核专门文件

4.3.1 审核专门文件应包括审核通知、审核计划、审核检查表。

4.3.2 内审计划的内容包括:

a. 审核目的和范围;

b. 审核组织;

c. 审核依据;

d. 审核日程安排;

e. 其他。

文件编号：AHSTQM—SC

文件名称：质量手册	版　号：B/0	共　　页
标　　题：内部审核	章节号：9.2	第　　页

4.3.3 审核计划应确保内审员与其所审核部门无直接责任。

4.4 审核实施

4.4.1 内审组长主持首次会议介绍内审目的、范围、依据、方式、组员和内审日程安排及其他有关事项。

4.4.2 内审组根据内审检查表进行现场审核，将体系运行效果及不符合项记录在检查表中，组长需每日召开内审会议，全面了解内审情况。

4.4.3 内审组长主持末次会议，重申审核目的，综合分析、检查结果，确认不合格项，并发出不合格报告。

4.5 审核报告

审核报告编写完成并被批准后，分发给馆领导和各部门，并提交年度管理评审。审核报告内容包括审核日期、受审部门、审核组成员、审核目的和范围、依据、审核内容综述、不合格项分布情况及不合格报告。

4.6 不合格项的纠正措施实施、跟踪和验证

不合格项的纠正措施实施、跟踪和验证按《纠正和预防措施控制程序》有关条款执行。

4.7 内部质量审核中使用的有关记录由审核组移交质量管理办公室，并按《记录控制程序》有关条款执行。

5. 相关文件

5.1《内部审核控制程序》

5.2《纠正和预防措施控制程序》

5.3《记录控制程序》

6. 相关记录

6.1《内部审核计划》

6.2《内部审核计划检查表》

6.3《内部审核报告》

6.4《内部审核不合格项报告》

文件编号:AHSTQM—SC

文件名称:质量手册	版　号:B/0	共　　页
标　　题:管理评审	章节号:9.3	第　　页

1. 目的

验证质量管理体系是否有效、适宜、充分,是否持续符合《公共图书馆评估指标 第2部分:省、市、县级公共图书馆》和《质量管理体系 要求》。

2. 适用范围

适用于质量管理体系所覆盖的所有部门和所有要求的管理评审。

3. 职责

3.1 馆长

3.1.1 批准年度管理评审计划和主持;

3.1.2 批准质量管理体系管理评审报告。

3.2 质量管理办公室

3.2.1 负责编制管理评审计划;

3.2.2 负责管理评审输入材料,编制管理评审报告;

3.2.3 负责管理评审改进项的验证。

3.3 各部门

3.3.1 负责输入管理评审材料;

3.3.2 负责管理评审改进项的实施。

4. 程序

4.1 管理评审

4.1.1 质量管理办公室编制《管理评审控制程序》,协助馆长实施管理评审,确保质量管理体系的适宜性、充分性和有效性。管理评审应按策划的间隔时间进行,必要时可适时进行。管理评审的内容包括对质量管理体系的改进、对变更需要的评价。

文件编号:AHSTQM—SC

文件名称:质量手册	版　号:B/0	共　　页
标　　题:管理评审	章节号:9.3	第　　页

4.1.2 评审输入

管理评审输入包括审核结果、读者反馈、过程的业绩和服务的符合性、纠正和预防措施的状况及验证、以往管理评审的跟踪措施、可能影响质量管理体系的变更、改进的建议等。

4.1.3 评审输出

管理评审的输出包括有关提升质量管理体系有效性的改进,与读者要求有关的服务改进。

5. 相关文件

5.1《质量目标控制程序》

5.2《管理评审控制程序》

文件编号:AHSTQM—SC

文件名称:质量手册	版　号:B/0	共　　页
标　　题:改进	章节号:10	第　　页

1. 目的

采取有效的改进、纠正和预防措施,实现质量管理体系的持续有效改进。

2. 适用范围

适用于改进、纠正和预防措施的制定、实施与验证。

3. 职责

3.1 质量管理办公室负责组织对质量管理体系持续改进及纠正和预防措施进行控制,当存在和潜在的质量问题出现时发出相应的《纠正和预防措施表》,并跟踪验证实施效果。

3.2 办公室及其他相关部门负责有效地处理读者意见,实施相应的改进、纠正和预防措施。

3.3 管理者代表负责监督、协调改进、纠正和预防措施的实施。

3.4 馆长负责组织质量管理体系的持续改进策划并提供资源保障。

4. 程序概要

4.1 持续改进的策划和管理

4.1.1 在实现质量方针和目标的活动过程中,持续追求对质量管理体系各过程的改进,不断提高质量管理体系的有效性和效率,实现卓越绩效管理。

4.1.2 改进活动

涉及现有服务过程的改进及资源需求变化时,应考虑:

a. 改进项目的目标和总体要求;

b. 分析现有过程的状况确定改进方案;

c. 实施改进并评价改进的结果。

4.1.3 质量管理办公室根据质量方针和目标的贯彻过程、审核结果、数据分析、纠正和预防措施的实施情况、管理评审的结果,积极寻找体系持续改进的机会,确定需要改进的方面(如工作服务规范的评审、修订,资源配置及

文件编号:AHSTQM—SC

文件名称:质量手册	版　号:B/0	共　页
标　题:改进	章节号:10	第　页

环境质量的改善等),组织各部门制定改进计划并报分管馆长、管理者代表审核,馆长批准后,予以实施。

4.2 纠正措施

4.2.1 对于存在的不合格应采取纠正措施,寻找不合格的原因,防止不合格情况再发生,纠正措施应与所遇到的不合格情况的影响程度相适应。

4.2.2 识别不合格

对质量管理体系各过程输出的信息进行识别:

a. 服务过程和质量出现重大问题时;

b. 评审发现不合格时;

c. 读者对服务质量投诉时;

d. 内审发现不合格时;

e. 出现重大安全事故时;

f. 采购物品或供方服务出现严重不合格时;

g. 其他不符合质量方针、目标,或质量管理体系文件要求的情况。

4.2.3 对不合格的评审、原因分析、措施制定、实施与验证可采用统计技术方法分析问题原因:

a. 对于 4.2.2 中 b、g 情况,由质量管理办公室填写《纠正和预防措施表》中"不合格事实"栏,并确定责任部门,由责任部门组织对不合格的评审并填写"原因分析"栏,制定纠正措施并实施,质量管理办公室跟踪验证实施效果;

b. 对于 4.2.2 中 a、c 情况,由质量管理办公室填写《纠正和预防措施表》中"不合格事实"栏,并确定责任部门,由责任部门分析原因、制定纠正措施并实施,质量管理办公室跟踪验证实施效果;

文件编号：AHSTQM－SC

文件名称：质量手册	版　号：B/0	共　　页
标　　题：改进	章节号：10	第　　页

c. 对于4.2.2中d情况，由内部审核组发出《内审不合格报告》，执行《内部审核控制程序》；

d. 对于4.2.2中e情况，由安全保卫部组织评审并填写《纠正和预防措施表》中“不合格事实”及“原因分析”栏，定出责任人，由责任人填写纠正措施并实施，后勤服务部或安全保卫部负责跟踪验证实施效果；

e. 对于4.2.2中f情况，由采购部门组织评审并填写《纠正和预防措施表》中“不合格事实”栏，通知供方或外包方，要求供方或外包方进行原因分析。

4.3 预防措施

4.3.1 应识别潜在的不合格，并采取预防措施，找出潜在不合格的原因，防止不合格情况发生，所采取的预防措施应与潜在问题的影响程度相适应。

4.3.2 识别潜在不合格

a. 办公室要及时重点分析如下记录：

服务质量统计（如调查表、排列图等）、读者满意程度调查等；

b. 质量管理办公室要及时重点分析如下记录：

以往的内审报告、管理评审报告，纠正、预防、改进措施执行记录等；

c. 通过上述分析及时了解质量管理体系运行的有效、运行过程、服务质量趋势及读者的要求和期望，并在日常对质量管理体系运作的检查和监督过程中，及时收集分析各方面的反馈信息；

d. 发现有潜在的不合格事实时，根据潜在问题影响程度确定轻重缓急，由办公室召集相关部门进行评审，分析原因，定出预防措施和责任部门。

4.4 改进、纠正和预防措施实施控制及记录

4.4.1 在改进、纠正和预防措施的实施过程中，管理者代表协助配置必要的资源，参与分析原因和确定责任部门，并监督措施的实施。

文件编号:AHSTQM—SC

文件名称:质量手册	版　号:B/0	共　　页
标　　题:改进	章节号:10	第　　页

4.4.2 质量管理办公室编制《纠正和预防措施实施情况一览表》,记录各次措施的发出时间、责任部门、完成时间及验证结果。逾期未能完成者,要报告管理者代表,组织责任部门进行原因分析,再次责令限期完成。

4.4.3 由改进、纠正和预防措施引起的对质量管理体系文件的任何更改,按《文件控制程序》执行。

4.4.4 重要改进、纠正和预防措施的相关记录应作为下次管理评审的输入之一。

5. 相关文件

5.1《纠正和预防措施控制程序》

5.2《不合格服务控制程序》

5.3《文件控制程序》

6. 相关记录

6.1《纠正和预防措施表》

6.2《纠正和预防措施实施情况一览表》

二、程序文件

受控状态：

程 序 文 件

第 B/0 版

AHSTQM－CX

审核：

批准：

安 徽 省 图 书 馆

年 月

编 制 说 明

为了贯彻落实《中华人民共和国公共图书馆法》，适应公共文化建设新形势，提升科学管理水平，提高读者服务质量，建立图书馆全面质量管理体系，向公众证实安徽省图书馆具有持续稳定地提供满足服务质量和法律法规要求的能力，本馆决定在全馆推行 ISO 国际质量管理体系标准。

本程序控制文件是依据 GB/T 19001－2016《质量管理体系 要求》(ISO 9001：2015，IDT)标准及《安徽省图书馆质量手册》(B/0)编制，规定本馆质量管理体系程序控制的具体要求。

自 年 月 日起实施。

质量管理体系程序文件目录

序号	名称	编号	编制	审核	批准	页码
1	质量目标控制程序	AHSTQM—CX—01				
2	管理评审控制程序	AHSTQM—CX—02				
3	人力资源控制程序	AHSTQM—CX—03				
4	基础设施控制程序	AHSTQM—CX—04				
5	读者服务环境控制程序	AHSTQM—CX—05				
6	安全保卫控制程序	AHSTQM—CX—06				
7	读者沟通控制程序	AHSTQM—CX—07				
8	特色服务品牌控制程序	AHSTQM—CX—08				
9	文献采购控制程序	AHSTQM—CX—09				
10	文献编目加工控制程序	AHSTQM—CX—10				
11	读者服务控制程序	AHSTQM—CX—11				
12	参考咨询控制程序	AHSTQM—CX—12				
13	文献典藏控制程序	AHSTQM—CX—13				
14	历史文献控制程序	AHSTQM—CX—14				
15	读者财产保护控制程序	AHSTQM—CX—15				
16	数字资源建设控制程序	AHSTQM—CX—16				
17	公用电子信息设备控制程序	AHSTQM—CX—17				

质量目标控制程序

1. 目的

确保本馆质量方针、质量目标的制订并贯彻到各职能部门,充分发挥质量方针的指引作用,确保质量目标的实现。

2. 范围

适用于本馆质量方针、质量目标的制订及各职能部门或岗位质量目标的制订与分解实施。

3. 职责

3.1 馆长或管理者代表负责组织制订并执行本馆质量方针、质量目标。

3.2 各职能岗位依据本馆质量方针、质量目标制订并执行本部门质量目标。

3.3 各职能岗位依据本部门质量目标,在部门负责人指导下,制订并执行本馆、部门、岗位质量目标。

3.4 质量管理办公室负责质量目标的调整和监督检查。

4. 程序

4.1 本馆质量方针、质量目标的制订

4.1.1 馆长或管理者代表向职工宣讲本馆宗旨。

4.1.2 馆长或管理者代表召开本馆质量方针、质量目标制订策划会。

4.1.3 向全馆工作人员征集本馆质量方针、质量目标提案,激发全馆职工关心本馆发展大计的热情。

4.1.4 质量管理办公室收集汇总从全馆征集的质量方针、质量目标提案,进行适当筛选后报送馆长审定。

4.1.5 馆长或馆务会议研究选定合适的本馆质量方针、质量目标,形成共识,并由馆长批准发布。

4.2 本馆质量方针、质量目标的分解实施

4.2.1 本馆质量方针、质量目标自发布之日起,全馆各部门应采取各种

形式传达、宣传并贯彻执行。

4.2.2 馆长组织部门办公会议对本馆质量目标进行分解，明确质量目标考核部门，制订质量目标考核与绩效考核挂钩方案。

4.2.3 各部门负责人制订本部门质量目标，分解落实本馆质量方针、质量目标。

4.2.4 各岗位职工为实现部门和本馆质量目标，应明确本人工作质量指标，履行岗位职责。

4.3 质量方针、质量目标的确认发布

4.3.1 本馆质量方针、质量目标由馆长确认并组织发布。

4.3.2 各部门质量目标由部门负责人审核后呈报馆长办公会议讨论，经管理者代表批准后实施，并报办公室备案。

4.4 质量方针、质量目标的时间界定及应用

4.4.1 本馆中、长期(3～5年)的质量方针、质量目标编入《质量手册》。

4.4.2 本馆短期、年度质量目标列入年度工作计划。

4.5 质量目标的考核

4.5.1 管理者代表每年年终组织全馆质量目标年度考核，在特殊情况下管理者代表可以随时组织考核。

4.5.2 各部门每月末组织进行部、室质量目标考核；考核采取部门质量目标讨论会形式，并形成书面会议记录存档并上报办公室，考核记录作为职工年度考核的依据。

4.5.3 本馆质量目标年度考核的结果与部门绩效考核挂钩。依据质量目标考核结果对完成年度质量目标的部门给予奖励，没有完成质量目标的部门根据其质量目标实现率进行相应处理。

4.6 质量方针、质量目标的评审

4.6.1 本馆的质量方针、质量目标适宜性、充分性、有效性的评审在管理评审会议上进行。

4.6.2 质量目标实施的日常监督检查由质量管理办公室、人力资源部负责并做记录。

5. 相关文件

5.1《管理评审控制程序》

5.2《安徽省图书馆工作服务规范》

6. 相关记录

《安徽省图书馆年度工作总结》

管理评审控制程序

1. 目的

评审质量管理体系的适宜性、有效性、充分性，以促进本馆质量管理体系的持续改进。

2. 适用范围

适用于本馆最高管理者对质量管理体系进行评审的控制。

3. 职责

3.1 馆长负责管理评审

3.2 管理者代表的职责

3.2.1 向馆长报告质量管理体系的运行情况。

3.2.2 编制管理评审计划和管理评审报告初稿，收集管理评审所需的资料。

3.2.3 负责管理评审实施计划的落实和组织协调工作。

3.2.4 负责管理评审后纠正和预防措施的跟踪、检查、验证和报告。

3.3 各相关部门主要负责人准备并提供与本部门有关的评审所需的资料；参加管理评审并负责落实评审后的纠正和预防措施。

4. 程序

4.1 管理评审频次

4.1.1 每年进行一次管理评审活动，时间原则上安排在年末或一季度。

4.1.2 在下列特殊情况下，应及时增加管理评审（适时管理评审）：

a. 有关法律、法规和标准变更；

b. 本馆的质量方针及目标和组织结构等发生重大变化；

c. 本馆连续出现重大质量事故或被读者严重投诉；

d. 本馆服务机构有重大调整。

4.2 管理评审组织

管理评审组织由馆长、管理者代表、分管副馆长和相关部门主要负责人组成，也可吸收相关人员参加；可委派本馆内部审核组承担评审后的跟踪验证工作。

4.3 管理评审计划

4.3.1 年度管理评审计划由管理者代表或其授权的内审员编制，经馆长批准后配发到相关的部门和人员。

4.3.2 年度管理评审计划内容：

a. 评审目的；

b. 评审组织；

c. 评审内容；

d. 评审的准备工作要求；

e. 评审的时间安排。

4.4 管理评审的内容

4.4.1 分析质量管理体系的适宜性：

a. 内部质量审核结果分析；

b. 质量管理体系文件分析等。

4.4.2 分析质量管理体系的有效性：

a. 服务质量状况分析；

b. 质量方针及目标贯彻和实现情况分析；

c. 读者投诉情况。

4.4.3 分析质量管理体系的充分性

分析相关标准、技术手段、组织结构、读者需求环境等是否变化，本馆质量管理体系是否满足其变化的要求，是否需要对原体系进行修改和补充等。

4.5 管理评审的准备

4.5.1 由管理者代表针对评审内容，组织有关部门和人员进行实际情况调查。

4.5.2 由各责任部门编写专题资料，由管理者代表根据调查结果和各部门的专题文件，起草管理评审报告初稿。

4.5.3 管理评审报告初稿和相关专题报告经馆长审阅后，分发给每位参加评审人员，各位评审人员发表意见。

4.6 管理评审的实施

4.6.1 管理评审会议

a.管理评审会议由馆长负责组织召开,全体评审组织成员参加,按评审内容依次展开讨论和评价;

b.管理评审可结合以下工作进行:

①本馆的年终大会;

②本馆的业务会;

③本馆的服务质量分析会;

④新服务开发会议;

⑤重大的合同评审活动等。

4.6.2 评审结论

对涉及的评审内容作出结论,对评审后改进活动提出明确要求。

4.6.3 评审报告

a.由管理者代表根据评审结论,编制正式的管理评审报告,经馆长批准后分发到相关部门和人员。

b.管理评审报告内容:

①管理评审的目的和内容;

②参加评审的人员和日期;

③评审的主要结论;

④对评审后活动的要求等。

4.7 评审后的行动

4.7.1 由责任部门根据管理评审报告的要求制订纠正措施或预防措施,填写《纠正和预防措施表》,经管理者代表审批后,由责任部门实施。

4.7.2 由管理者代表或授权内部审核组成员,检查评审后纠正或预防措施的完成情况或实施效果。

4.7.3 评审后成功经验应纳入质量管理体系有关文件中。

4.8 管理评审的有关记录按《记录控制程序》有关条款执行。

5.相关文件

《记录控制程序》

6. 相关记录

6.1《管理评审计划》

6.2《管理评审报告》

6.3《纠正和预防措施表》

B/0　　　　　　　　　　编号:AHSTQM—CX—03

人力资源控制程序

1. 目的

提高全馆职工的服务质量意识,确定各岗位人员的任职要求,定期组织岗位培训、考核或采取其他措施以保证人员能力胜任岗位要求。

2. 范围

适用于本馆全体在岗职工。

3. 职责

3.1 人力资源部是馆人力资源控制的主管部门,负责全馆职工聘用、考核、管理及培训等工作;编制各部门负责人的《岗位说明书》,按期协助馆领导对中层干部进行年度考核,制订年度培训计划,组织实施培训,监督、检查实施与考核情况,验证培训效果。

3.2 各职能部门负责编制本部门职工《岗位说明书》并按期进行考核,另负责本部门及全馆有关岗位职工的岗位技能培训。

3.3 馆长负责批准各部门负责人的《岗位说明书》及年度考核,各部门职工的《岗位说明书》由人力资源部审核,分管馆长批准。

4. 程序

4.1 定岗定员

由人力资源部根据工作目标和任务,拟定各部门岗位及人员数,报告给最高管理层审批后实施。

4.2 编制岗位说明书

人力资源部根据岗位职责需要,确定任职能力在培训、教育、专业技术等方面的要求,组织编写《岗位说明书》并汇编成册,报告给最高管理层审批。批准后的《岗位说明书》作为各类岗位人员配置的主要依据。

4.3 人员配备

4.3.1 主要通过公开招考、工作调动、政策性安置以及人员调整等方式落实人员的配备,以上工作均按照国家有关规定及上级主管部门文件执行。

4.3.2 各岗位工作人员的素质能力必须适应《岗位说明书》的规定，以保证能胜任本岗位职责。

4.4 人员培训

4.4.1 培训计划的编制

a.人力资源部会同办公室、研究辅导部等相关部门根据本馆的发展、目前的人员状况、研究开发任务，以及服务质量工作的要求，分析馆内职工的任职能力和培训需要，明确本馆人员的培训需求，制订年度培训计划。

b.每年12月底前，各部门根据需求，提出本部门的下一年度职工培训需求，报人力资源部。

c.培训计划应包括培训内容，培训时间，培训方案或方法、方式，培训所需的资源，培训评价的方法。

4.4.2 培训实施

a.人力资源部全面负责培训计划的组织实施。具体实施可由人力资源部组织或委托有关职能部门进行。各部门应按照培训计划和培训任务委托按时组织实施培训。未能按计划完成培训任务，应书面说明原因和更改计划。

b.培训可采取以下方式：

①内部培训；

②委托有关单位或部门培训；

③选派有关人员参加外单位或者部门组织的培训。

4.4.3 培训内容

a.对各部门负责人进行专业知识、法律法规和质量管理知识培训。

b.对全体在职职工进行质量服务意识、职业道德、岗位技能等培训。

c.对特种作业人员或者按照国家规定需要持资格证上岗的人员，如电工、建筑物消防员等，由后勤服务部、安全保卫部或者相关部门提出培训需求，报人力资源部批准，并按其岗位要求组织参加培训。如有人员变动，相关部门应及时通知人力资源部备案。

d.对新入馆的人员进行入馆教育和上岗培训。

e.对质量管理内审人员进行审核培训。

4.4.4 培训管理

a. 每次培训后，培训人员应提交培训小结、培训结业证书或资格证书。必要时由馆里组织考核或考试，可以是笔试、实际操作等多种方式。

b. 人力资源部定期组织对从事服务质量管理工作的人员进行有关质量管理知识和岗位技能的培训、考核。

c. 人力资源部对从事特殊岗位人员加强管理，保证其资格证书有效。

d. 员工的培训情况应作为员工年度考核的重要内容。

4.4.5 培训评价

馆内组织的培训结束后，各参训人员填写《职工培训课程评估表》，人力资源部依据《职工培训课程评估表》对培训的效果进行综合分析和评价，征求改进培训工作的意见和建议，以便制订下年度培训计划。

4.4.6 培训过程的记录

培训过程相关记录由人力资源部保存。

4.5 人员考核管理

本馆定期对干部职工进行考核评价，执行《安徽省图书馆职工年度考核办法》《安徽省图书馆中层干部考核办法》。

5. 相关文件

5.1《记录控制程序》

5.2《管理评审控制程序》

5.3《纠正和预防措施控制程序》

5.4《内部审核控制程序》

5.5《人力资源部工作手册》

6. 相关记录

6.1《岗位说明书》

6.2《职工花名册》

6.3《职工培训申请表》

6.4《职工培训课程评估表》

6.5《年度考核登记表》

6.6《中层干部任期考核登记表》

6.7《中层干部基础绩效考核表》

6.8《一般工作人员基础绩效考核表》

B/0　　编号：AHSTQM－CX－04

基础设施控制程序

1. 目的

保障基础设施、设备规范管理，合理使用。

2. 范围

适用于馆区内的公共设施、设备的使用、管理、养护和修缮。

3. 职责

3.1 后勤服务部负责馆区公共基础设施、设备的养护和修缮。

3.1.1 对全馆室内外公共基础设施、设备，办公设备及建筑总体部分，制订维护计划、实施维修工作。

3.1.2 对配电、给排水、电梯、中央空调、泵房等设施、设备的维护保养，对不规范使用现象进行巡查、纠正。

3.2 安全保卫部负责消防、安防监控等设施、设备的管理、维护和保养。

3.3 其他相关部门对专用设备的管理、养护等参照此程序执行。

3.4 后勤服务部对涉及全馆范围的基础设施检查提出具体方案，并组织相关部门实施。

4. 程序

4.1 后勤服务部每年对基础设施、设备、办公设备等做好维护计划，上报分管领导审批。

4.2 各部门定期对本部门的基础设施、设备、办公设备等进行检查，发现有损坏等问题时，及时填写《报修单》，后勤服务部做好修缮跟踪。

4.3 后勤服务部根据不同设施、设备损坏情况，制订合理的维修方案，严格按工艺要求和国家认定的建筑材料规范施工。能自主维修的，由后勤服务部自行组织实施；自身力量无法满足的，后勤服务部应当提供维保计划，根据维保金额大小，经分管领导或经馆长办公会研究后进行维修。

4.4 安全保卫部、后勤服务部根据馆内施工条件和安全情况，落实安全防护措施。

4.5 各部门对申请报废的设施、设备,填写《安徽省省级行政事业单位国有资产处置内部申报表》,经后勤服务部、网络技术部、财务部审批后方可进行报废。后勤服务部做好报废设施设备的处置工作。

5. 相关文件

5.1《安徽省图书馆配电房值班规程》

5.2《安徽省图书馆中央空调操作保养程序》

5.3《中央空调的使用操作维护与管理》

5.4《安徽省省级________年度政府集中采购目录及限额标准》

5.5《后勤服务部工作手册》

6. 相关记录

6.1《安徽省图书馆中央空调运行监测表》

6.2《安徽省图书馆后勤服务部中央空调维修记录表》

6.3《安徽省图书馆后勤服务部卫生检查表》

6.4《安徽省图书馆后勤服务部停电通知单》

6.5《安徽省图书馆配电房运行日报表》

6.6《物品验收报告》

6.7《报修单》

6.8《安徽省省级行政事业单位国有资产处置内部申报表》

B/0　　编号：AHSTQM－CX－05

读者服务环境控制程序

1. 目的

营造良好的读者服务环境，保障读者借阅和读者活动的正常开展。

2. 范围

适用于所有读者服务的场所及部门。

3. 职责

3.1 后勤服务部负责所需设备器材的保障及相关设备的维护，以及公共场所、部分服务场所的卫生保洁及消毒。

3.2 网络技术部负责图书馆自动化管理系统的正常运转和计算机网络环境维护。

3.3 安全保卫部负责服务场所的安全保卫。

3.4 读者服务部门负责服务场所的环境卫生和图书消毒，规范工作人员服务礼仪及服务态度。

4. 程序

4.1 环境卫生

4.1.1 保洁人员每天对服务场所地面及馆内公用设施进行卫生清理，做到地面干净整洁，物件摆放有序，无可视杂物；后勤服务部负责监督保洁质量。

4.1.2 读者服务部门按照要求每天对服务场所进行清洁、消毒工作，做到室内地面干净，无可视杂物；工作及阅览台面整洁。

4.1.3 连续 3 天，冬季室外温度在 5℃以下，夏季室外温度在 30℃以上时，工作时间内，由后勤服务部启用中央空调，负责保障中央空调的正常运行，并负责每年定期对中央空调设备进行维护与清洁。

4.1.4 根据天气情况，后勤服务部对室内温度实行动态管理，读者服务场所保持夏季空调温度在 26℃～28℃，冬季空调温度在 16℃～18℃。

4.1.5 保洁人员对读者使用的卫生间每两个小时清扫一次，保证卫生间地面、墙面及厕坑干净，卫生间内空气无异味，并定期对卫生间进行消毒。

4.1.6 借阅部门工作人员随时巡架，整理乱架，保持书架整洁。

4.1.7 对于电子阅览服务区电脑屏幕要做到定期清洁，键盘及鼠标定期消毒。

4.1.8 安全保卫部保障馆内应急措施完善，应急器材、消防设备配备符合要求，安全通道畅通。

4.1.9 后勤服务部每年对电梯进行安全检查，确保电梯运行安全。

4.1.10 安全保卫部负责协助读者服务部门维护良好的阅读秩序，定时巡视，规劝、纠正读者不良行为。

4.2 环境安全执行《安全保卫控制程序》

5. 相关文件

5.1《安全保卫控制程序》

5.2《读者服务控制程序》

5.3《读者财产保护控制程序》

5.4《公共机构节能通则》

5.5《公共建筑室内温度管理办法》

6. 相关记录

《服务规范检查表》

B/0　　编号:AHSTQM－CX－06

安全保卫控制程序

1. 目的

保护公共建筑设施和国有资产安全，保障读者和职工的人身财产安全。

2. 范围

适用于全馆公共建筑设施、设备、文献资源和读者、工作人员人身财产。

3. 职责

3.1 安全保卫部负责消防、监控设施的配置、应用和系统运行维护，对全馆范围内的国有资产及读者与职工的人身财产提供安全保护。

3.2 后勤服务部负责对馆内基础设施和电器设备的安全维护保养。

3.3 历史文献部、典藏部、借阅部等有典藏文献职责的部门，负责典藏文献的安全保护，延长文献保存寿命；服务部门负责借阅文献的安全保护。

3.4 网络技术部、参考咨询部负责计算机网络设备和存储文献信息的安全。防止网络不良信息的浏览、下载、传播。

4. 程序

4.1 安全保卫部按照《值班巡查制度及值班纪律规定》每天做好巡查监控；明确巡查重点，注意巡查方式，提高监管效果。

4.1.1 保安发现可疑人员要盯防、跟踪、盘问。

4.1.2 保安发现扰乱公共秩序和恶意损坏公共财产的行为要及时勇敢制止。

4.1.3 确保易损、易盗物品在位和技防、物防设备运行正常。

4.1.4 对重点区域、重点物品要加强监控防范。如少儿部、历史文献部、开水房等区域；电梯、字画、砖雕等物品。

4.1.5 每天下班后，各防盗报警系统全面布防，严禁无关人员进入藏书区域。

4.1.6 下班后确需出入馆舍的人员，要确认身份，问清目的，记录备案。

4.1.7 在闭馆期间和节庆假日等特殊时段要加强值班，技防、人防并重。

4.1.8 监控室确保安全监控录像保存时限，发生治安案件时能及时提供图像取证。

4.1.9 组建志愿消防队，每年举办消防知识讲座，组织消防演练。

4.1.10 制订突发事件和重大读者活动的应急预案，采取必需的防范措施。发生火灾或案件时及时报警。

4.1.11 读者暂存物品保护执行《读者财产保护控制程序》。

4.2 后勤服务部做好日常馆内基础设施和机电设备的运行维护和安全保养。

4.2.1 对电梯、中央空调等大型设备明确维保单位，细化维保责任，确保安全正常运行。

4.2.2 定期检查电气设备，确保用电安全。

4.2.3 督促保洁、花草公司履行合同，保持馆舍环境的整洁优美。

4.2.4 对损坏的桌椅、龙头、水阀等及时进行更换，保证读者正常安全使用。

4.2.5 对于违规用电要坚决制止。对确需用电的部门、单位要及时提供专业服务。

4.2.6 每年定期清扫屋面排水沟、疏通地面排水管道，防止屋面和地面积水。

4.3 历史文献部、典藏部、借阅部等部门的典藏文献保护。

4.3.1 负有典藏文献责任的部门，要制订文献保护制度，明确文献保护要求，充分利用现有条件，力争通过利用物理、化学等多种技术手段，确保文献的长期保存。

4.3.2 规范典藏文献的借阅使用制度，要明确批准权限和归还责任人，确保文献有效安全利用。

4.3.3 各部门要组织力量清点藏书，并登记造册备案，做到心中有数，并至少在业务馆长新、老交接时进行一次全面清查核实，以保证交接的完整和典藏文献数据的准确。

4.3.4 各部门主任交接时或典藏书库管理人员岗位变动时，要做好交接清点工作，特别要明确交接典藏文献利用归还入库情况，做到责任明确，催还有据，并要有分管业务馆长签字确认留档。

4.3.5 古籍典藏书库的管理人员必须接受消防安全技能培训方可上岗。

4.3.6 配置二代身份证识别器的重点部门，要制订识别器使用规定，有效发挥识别器辨别读者身份的作用。

4.4 历史文献部的缩微胶片要根据胶片收藏的温、湿度要求，定制度、明责任、添设备、登记造册、专人负责，做好保护利用。

4.5 服务部门的流通文献保护

4.5.1 明确文献的流通保护职责。

4.5.2 要加强对损坏文献的修补、去污、整理工作。

4.5.3 规范文献破损丢失责任确定，明确赔偿价格，按合法标准追缴赔偿款。

4.5.4 定期盘存流通文献，对丢失及破损不宜继续流通的文献登记造册，并交采编部及时增补，保证流通文献的数量与质量。

4.6 本馆全体职工主动参与安全保卫工作。

4.7 全馆消防安全工作执行《安徽省图书馆消防管理制度》，部门主要负责人与馆长签订《部门消防安全责任书》，提高员工消防“四个能力”。

5. 相关文件

5.1《机关、团体、企业、事业单位消防安全管理规定》

5.2《公共文化场所和文化活动突发事件应急预案》

5.3《安徽省图书馆应急预案》

5.4《安全保卫部突发事件处置预案》

5.5《值班巡查制度及值班纪律规定》

5.6《监控室工作程序》

5.7《安徽省图书馆部分物资价格赔偿表》

5.8《安徽省图书馆消防管理制度》

6. 相关记录

6.1《保安值班记录表》

6.2《综治工作检查表》

6.3《来馆施工、维修、租展管理登记表》

6.4《消防安全检查表》

B/0 编号:AHSTQM—CX—07

读者沟通控制程序

1. 目的

建立良好的读者沟通渠道,了解读者合理需求。

2. 范围

适用于本馆读者服务部门和相关部门开展有关读者满意度与需求调查、读者投诉处理,以及读者意见收集等读者沟通活动。

3. 职责

3.1 读者服务部门负责拟定、发放、收集本部门读者满意度信息调查表,详细记录本部门读者投诉与处理情况,汇总后将材料提交至办公室。

3.2 网络技术部负责图书馆网站读者满意度调查的网页制作,办公室负责对结果进行统计分析。

3.3 办公室负责记录全馆读者投诉与意见反馈,拟定、发放全馆读者满意度信息调查表,并对各部门提交的材料进行汇总、统计,形成分析报告上报分管馆长。

3.4 分管馆长对办公室上报的统计分析报告进行审核,提出指导意见;办公室根据分管馆长的指导意见,制订相应的整改措施并反馈给相关部门。

4. 程序

4.1 读者满意度调查

4.1.1 读者服务部门结合本部门服务内容,每年进行不少于一次读者满意度与需求调研,及时回收调查表格并进行统计分析,将结果提交至办公室。

4.1.2 办公室每年进行一次全馆读者满意度与需求调研,通过线上微信平台与线下两种方式发放不少于300份《读者问卷调查表》,回收率不得低于80%。

4.1.3 办公室根据各部门材料与《读者问卷调查表》统计结果,撰写《安徽省图书馆读者满意度调查分析报告》并报馆领导。

4.1.4 馆领导根据《安徽省图书馆读者满意度调查分析报告》提出整改

意见，办公室将整改意见形成文件印发给相关部门。

4.1.5 相关责任部门结合本部门情况制定整改措施并上报质量管理办公室，质量管理办公室进行跟踪和验证。

4.2 读者意见收集

4.2.1 各读者服务部门负责本部门个别读者意见收集整理。

4.2.2 办公室每年举办一次“读者座谈会”，读者代表由各服务部门负责推荐。

4.2.3 馆内设立“读者意见箱”，收集读者对服务过程的意见、表扬、建议和要求。

4.2.4 办公室每年年底对各类读者意见进行统计、分析，并将统计分析结果反馈至相关部门。

4.2.5 相关责任部门针对读者意见进行整改，将整改结果反馈给读者，质量管理办公室进行跟踪。

4.3 读者投诉和建议的处理

4.3.1 读者服务部门接到读者对本部门的投诉和建议后，分析投诉的原因和建议的可行性，采取对应的纠正和预防措施，并将处理结果统一登记在《读者投诉记录表》上，上报办公室。

4.3.2 办公室接到对本馆服务、环境、卫生、安全、保卫等的投诉和建议后，通知并协助相关责任部门妥善处理读者投诉，及时向读者反馈处理结果。

4.3.4 办公室每年对全馆接到的读者投诉和建议进行整理汇总，统计分析读者投诉的原因，读者建议是否具有可行性，撰写《安徽省图书馆读者投诉建议分析报告》并上报馆领导。

4.3.5 馆领导根据《安徽省图书馆读者投诉建议分析报告》提出整改意见，相关责任部门根据意见制定整改措施并上报质量管理办公室，质量管理办公室进行跟踪和验证。

5. 相关文件

5.1《读者服务规范表》

5.2《读者服务控制程序》

5.3《不合格服务控制程序》

6. 相关记录

6.1《读者投诉记录表》

6.2《读者问卷调查表》

特色服务品牌控制程序

1. 目的

创新服务方式,拓展服务内容,提升公共文化服务品质。

2. 范围

适用于安徽省公共图书馆联盟中心馆特色服务品牌的创建和推广。

3. 职责

3.1 读者服务部门明确创建特色服务品牌的目的、意义。

3.2 办公室、读者服务部门制订特色服务品牌计划。

3.3 相关部门配合特色服务品牌的创建和持续发挥作用。

3.4 特色服务品牌建设部门填写《安徽省图书馆读者活动记录表》《安徽省图书馆读者活动统计表》。

3.5 办公室和特色服务品牌建设部门负责特色服务品牌的宣传、推广以及社会反馈意见征集和分析。

3.6 相关部门根据反馈意见,持续改进,保证特色服务品牌的持久性。

4. 程序

4.1 撰写策划书

内容包括目的和意义、效益分析、可行性、经费预算、资源保障等。

4.2 组织论证

相关部门组织论证,补充完善后,报分管馆长审批。

4.3 协同实施

各部门根据工作任务的要求,积极支持配合,确保特色服务品牌活动如期举办。

4.4 记录备案

每次服务活动完成后,填写《安徽省图书馆读者活动记录表》。数字资源部根据要求采用摄像或摄影等方式记录活动过程,并交相关部门归档保存。

4.5 监控与维护

4.5.1 相关部门对特色服务品牌的推广情况进行监督控制，并根据社会效益进行分析评价。

4.5.2 相关部门针对特色服务品牌内容，选择合理的维护策略，完善特色服务品牌的内容和服务方式，保持特色服务品牌的生命力和社会美誉度。

5. 相关文件

5.1 相关部门工作手册

5.2《读者服务控制程序》

5.3《读者沟通控制程序》

5.4《读者服务监视和测量控制程序》

5.5《安全保卫控制程序》

6. 相关记录

6.1《安徽省图书馆特色服务品牌项目策划书》

6.2《安徽省图书馆读者活动记录表》

6.3《安徽省图书馆读者活动统计表》

B/0　　编号:AHSTQM—CX—09

文献采购控制程序

1. 目的

建立符合本馆职能需求的藏书体系,最大限度满足读者需求。

2. 范围

适用于本馆所有文献资源的采购。

3. 职责

3.1 采编部负责中外文图书、中外文报刊、地图、图片、视听资料等文献的采购。

3.2 数字资源部负责数字资源的采购。

3.3 历史文献部负责缩微文献资源的采购。

4. 程序

4.1 根据本馆文献采选方针、上年度文献入藏以及读者借阅情况、本年度文献购置经费情况等,相关职能部门每年初制订年度采购计划。年度采购计划需经文献资源建设委员会讨论通过后正式执行。

4.2 文献信息的获得

4.2.1 通过安徽省图书馆官网、微信平台、读者调查表等各种渠道广泛征集读者需求信息。

4.2.2 采编部及时了解各类获奖书目及排行榜书目信息。

4.2.3 各文献采购职能部门要求供应商及时、准确、全面提供本馆需求的文献目录。

4.2.4 对于地方文献给予重点关注。

4.2.5 历史文献部根据拍摄进度及时提取补缺文献目录,报分管馆长批准后予以采购胶片资源。

4.3 供方的选择

4.3.1 属于图书政府采购项目的,采编部于每次招标前制订相关需求报政府采购中心,按照正常的招投标程序选择供应商。

4.3.2 根据相关采购政策，报刊采购以邮局为主要供应商，邮局不能供应的个别报刊通过馆内自主招标的方式确认供应商。

4.3.3 对于政府采购确认的供应商，相关部门应进一步收集其基本信息及业内口碑等情况。

4.3.4 每年底，各文献采购职能部门对当年的供应商进行全面评价，并将评价情况报分管馆长和文献信息资源建设委员会，为下一年度招标提供一定的参考依据。

4.3.5 采购金额超过1万元人民币（含1万元）的零星采购项目，须经分管馆长同意后，签订正式采购合同。

4.3.6 临时性、特殊性（非正式出版物）的低定价文献，各职能部门根据工作需要自主采购。

4.4 采购方式

4.4.1 书目订购

a. 根据各类获奖书目、排行榜书目和书商书目进行报订，报订前需对每条书目信息进行认真查重，确认本馆无馆藏或确需加订时，形成报订清单。

b. 根据全国图书馆文献缩微复制中心提供的缩微文献总目，与本馆的历史文献目录、馆藏缩微文献资源目录进行准确查重，编制购买缩微文献资源目录。

4.4.2 现场选购

现场采购时，应使用查重仪对备选图书进行查重。

4.4.3 征集

对于地方文献和一些特藏图书，应采取以征集为主的采购方式，地方文献的征集依据安徽省人民政府办公厅1985年第103号文《关于做好地方文献资料征集和收藏工作的通知》和中共安徽省委宣传部2006年所发的《关于呈缴出版物的通知》，特藏图书的征集根据掌握的信息随时进行。

4.4.4 邮购、网购

对于常规渠道无法购买的文献，应通过邮购或网购的方式来获得，邮购或网购时一定要注意资金和发票的安全和真实。

4.5 采购文献的验收

4.5.1 采购的文献到馆后，相关职能部门应按合同要求进行验收，并作出详细记录。

4.5.2 书刊验收时应确认订购文献的到货率。对于订购未能到馆的文献作出记录，并通过其他渠道予以补订。

4.5.3 对于验收不合格的文献予以退货，并作详细记录。对于退回给供应商的文献尽力通过其他渠道重新获得。

4.6 采购文献质量的反馈

4.6.1 采编部每年初对上年度的书刊入藏情况进行统计分析，并向藏书建设委员会提交书面报告；数字资源部对上年度采购的数字资源情况进行统计分析，并向藏书建设委员会提交书面报告。

4.6.2 典藏部、读者服务部门等不定期向文献采购部门反馈所接收文献质量等情况。

4.6.3 在《文献采购读者意见调查表》中设置文献入藏和借阅情况调查，掌握读者对文献的需求。

5. 相关文件

5.1《公共图书馆评估指标 第2部分：省、市、县级公共图书馆》

5.2《关于做好地方文献资料征集和收藏工作的通知》

5.3《关于呈缴出版物的通知》

5.4《安徽省图书馆文献采访工作条例》

5.5《安徽省图书馆地方文献征集工作条例》

5.6《文献采购读者意见调查表》

6. 相关记录

6.1《安徽省图书馆文献供应商基本信息表》

6.2《采编部图书加工作业流水单》

6.3《采编部图书验收单》

6.4《安徽省图书馆中外文报刊记到、催缺、册送规则》

6.5《安徽省图书馆缩微文献资源采购合同》

6.6《安徽省图书馆缩微文献资源验收单》

B/0 编号:AHSTQM—CX—10

文献编目加工控制程序

1. 目的

规范文献的编目及加工工作,提高文献编目水平和加工质量。

2. 范围

适用于本馆入藏文献的编目及加工环节。

3. 职责

3.1 采编部负责中外文普通图书、中外文报刊、视听资料、地图、图片等文献的编目及加工。

3.2 历史文献部负责古籍、民国文献、缩微文献的编目及加工。

4. 程序

4.1 初加工

4.1.1 中外文图书、视听资料、地图、图片等到馆验收无误后,初加工人员应对每批文献进行手工初加工,包括盖馆藏章、贴条码、装磁针、贴电子标签等。

4.1.2 初加工各环节的质量,依据相关部门相应岗位质量要求执行。

4.2 查重

4.2.1 初加工后的文献分批移交给文献编目人员,由文献编目人员进行查重处理。

4.2.2 查重应至少根据ISBN号和题名两种途径进行,复本的确定依据《安徽省图书馆文献分类工作细则》和《安徽省图书馆中外文报刊著录规则》,复本文献沿用原索书号。

4.3 书目数据套录

4.3.1 文献编目人员对确认本馆无馆藏的新书,从全国图书馆联合编目中心套录书目数据。

4.3.2 对套录命中的数据,文献编目人员须依照本馆的分编细则进行必要的修改,加录本馆馆藏信息,进行到书分配。

4.4 分类标引

4.4.1 文献编目人员对从全国图书馆联合编目中心没有套录到数据的文献进行分类标引。

4.4.2 中外文图书、视听资料、地图、图片、民国文献等的分类标引依据《中国图书馆分类法(第五版)》。

4.4.3 报刊的分类标引依据《中国图书馆分类法·期刊分类表》。

4.4.4 古籍的分类标引依据四部分类法。

4.5 主题标引

4.5.1 对从全国图书馆联合编目中心没有套录到数据的文献,由文献编目人员进行主题标引。

4.5.2 中外文图书、视听资料、地图、图片等的主题标引依据《中国分类主题词表(第二版)》及其电子版和《安徽省图书馆文献主题标引工作细则》;报刊不进行主题标引。

4.6 文献著录

4.6.1 对从全国图书馆联合编目中心没有套录到数据的文献,由文献编目人员进行著录。

4.6.2 中文图书、视听资料、地图、图片等文献的著录依据《中国文献编目规则(第二版)》《新版中国机读目录格式使用手册》和《安徽省图书馆中文图书著录规则》。

4.6.3 外文图书的著录依据《英美编目规则(第二版)》《MARC21 书目数据格式使用手册》和《安徽省图书馆西文图书著录规则》。

4.6.4 中文报刊的著录依据《中国文献编目规则(第二版)》《新编中国机读目录格式使用手册》和《中文连续出版物机读目录细则》。

4.6.5 外文报刊的著录依据《英美编目规则(第二版)》《MARC21 书目数据格式使用手册》和《安徽省图书馆外文报刊著录规则》。

4.6.6 分编完成的文献移交数据审校人员。

4.7 数据审校

4.7.1 数据审校人员对所有套录命中的数据和自编数据进行审校,以确保书目数据的质量。

4.7.2 应对每条数据的字段、分类号、主题词、录入文字及馆藏分配等信息进行严格审校，发现问题立即修改，问题较大的数据退回相关人员修改。

4.7.3 每条数据审校完毕，数据审校人员应立即将审校无误的书目数据转入本馆中央书目数据库。

4.8 文献册送人员应对经过审校的中外文图书、视听资料、地图、图片等文献按规范的格式打印书标。

4.9 将已输出书标的文献交由贴书标人员及时贴书标，做到书标对应，书标粘贴整齐。

4.10 将册送到各借阅部门的中文图书书目信息转换成电子标签。

4.11 文献册送

4.11.1 文献册送人员对已加工完毕的文献进行最后的清点与核对，重点核对索书号、条码号及馆藏分配信息，发现问题及时发回相关人员修改，修改后立即随原有批次册送。

4.11.2 文献册送人员应对每批册送的文献填写《采编部图书册送统计表》和《安徽省图书馆图书册送单》。

4.11.3 文献册送人员根据馆藏分配信息，将每册文献移交给相应部门。

5. 相关文件

5.1《中国图书馆分类法(第五版)》

5.2《中国文献编目规则(第二版)》

5.3《中国机读书目格式》

5.4《中国分类主题词表(第二版)》

5.5《克特著者号码表》

5.6《MARC21书目数据格式使用手册》

5.7《新编中国机读目录格式使用手册》

5.8《中国分类主题词表(第二版)》电子版

5.9《英美编目规则(第二版)》

5.10《安徽省图书馆文献分类工作规则》

5.11《安徽省图书馆文献主题标引规则》

5.12《安徽省图书馆中文图书著录规则》

5.13《安徽省图书馆西文图书著录规则》

5.14《安徽省图书馆录像制品著录规则》

5.15《安徽省图书馆录音资料著录规则》

5.16《安徽省图书馆外文报刊著录规则》

5.17《采编部工作手册》

6. 相关记录

6.1《采编部图书加工作业流水单》

6.2《安徽省图书馆图书册送单》

6.3《采编部图书册送统计表》

读者服务控制程序

1. 目的

对读者服务过程进行控制,确保服务质量,满足读者阅读需求。

2. 范围

适用于全馆内所有与读者服务有关的过程。

3. 职责

3.1 读者服务部门负责制订读者服务具体规则。

3.2 相关部门负责为读者服务提供保障。

4. 程序

4.1 服务环境

4.1.1 根据文献资源的特点,图书馆设立不同的借阅和服务区域(如图书借阅室、报刊阅览室、少儿借阅室、残障人士阅览室、古籍阅览室、数字文献阅览室,等等),为有不同需求的读者提供相应的服务。

4.1.2 相关部门应保障服务场所环境卫生和消毒,营造良好的阅读环境。

4.1.3 在读者进馆大厅显要位置设置图书馆功能示意图,各服务区域标识清晰。

4.1.4 根据老年人、少年儿童、残疾人等阅读人群的特点,建设无障碍设施。

4.1.5 读者服务部门可根据服务区域馆藏文献资源的特点,制订相应的服务说明和读者准入要求,并在服务区域和图书馆网站公开。

4.1.6 读者服务场所应配备便民箱。

4.1.7 读者活动区域应纳入录像监控管理,并张贴明显的监控提示。

4.2 咨询服务

4.2.1 读者服务部门应主动热情服务到馆读者,解答读者咨询。

4.2.2 工作人员应主动向读者宣传图书馆,听取读者意见和建议,并及时向相关部门或馆领导汇报。

4.3 办证服务

4.3.1 根据《安徽省图书馆办证须知》规定，为读者办理不同类型借阅证。

4.3.2 读者登记卡保管完善，确保读者信息安全。

4.3.3 根据《安徽省图书馆办证须知》规定，为读者办理挂失、补办及退证等相关手续。

4.4 借阅服务

4.4.1 工作人员有责任按照入馆要求核验读者信息，并维护正常的借阅环境。

4.4.2 读者服务场所提供计算机查询系统（OPAC）服务。

4.4.3 阅览室书架上应有相应的标识，方便读者查阅文献。

4.4.4 书刊按《中国图书馆分类法》分类号顺序、报纸按邮发代号顺序排列整齐。

4.4.5 指导读者利用自助借还、检索等电子信息设备。

4.4.6 为读者提供书刊电话续借、预约/预借、网借、馆际互借等服务。

4.4.7 书刊的退库、剔除、赠送等工作遵循文献处置办法。

4.5 电子阅览服务

4.5.1 阅览室内应配有电子阅览设备。

4.5.2 加强电子阅览设备管理，防止上机读者发表不当言论或下载封建迷信、暴力、教唆犯罪等违反国家法律法规的信息，产生不良社会影响。

4.6 延伸服务

4.6.1 为读者提供电话续借、网上预约/预借、网借服务。

4.6.2 建立分馆、图书馆服务点，为读者提供服务指导。

4.6.3 依照《读者沟通控制程序》，进行读者服务质量的信息收集和反馈。

4.7 特色服务

4.7.1 馆藏文献推荐，定期在网站和阅览室宣传展板上推出“热门书评”“新书推荐”等，指导读者阅读。

4.7.2 针对少儿读者开展阅读活动，免费提供社会实践平台。

4.7.3 为老年人、农民工、残障、服刑人员等特殊群体提供阅读服务，在阅览室设置专门阅览座位、送书上门、增加借阅册数、延长借阅时间等。

4.7.4 为读者提供专题文献、知识讲座、文化展览、视听播放服务。

5. 相关文件

5.1《中华人民共和国公共图书馆法》

5.2《中华人民共和国公共文化服务保障法》

5.3《公共图书馆服务规范》

5.4《安徽省实施〈中华人民共和国公共图书馆法〉办法》

5.5《安徽省基本公共文化服务实施标准》

5.6《安徽省图书馆读者须知》

5.7《安徽省图书馆办证须知》

6. 相关记录

6.1《服务规范检查表》

6.2《安徽省图书馆读者咨询记录表》

6.3《安徽省图书馆读者特色服务品牌活动记录表》

6.4《读者书刊荐购表》

6.5《读者预约/预借单》

B/0　　　　编号：AHSTQM—CX—12

参考咨询控制程序

1. 目的

规范本馆参考咨询服务工作，提高参考咨询服务水平和能力。

2. 范围

适用于本馆读者服务部门和各行政管理部门。

3. 职责

3.1 借阅部负责回复总咨询台读者咨询。

3.2 办公室负责回复读者在本馆网站、微信、微博上提出的咨询。

3.3 各阅览室负责回复读者现场咨询。

3.4 各部室负责回复读者来电咨询。

3.5 参考咨询部除负责回复现场咨询、电话咨询以外，还应及时回复各类专业咨询。

4. 程序

4.1 参考咨询应遵守法律法规与服务原则。

4.1.1 遵守知识产权及保护用户利用信息权利的相关法律法规。

4.1.2 以最大限度满足用户的信息需求为原则。

4.1.3 坚持开放性、便利性、及时性，以合作形式开展的参考咨询服务应体现协作性。

4.1.4 坚持知识自由的原则。

4.1.5 保护用户隐私。

4.2 实时咨询

4.2.1 现场咨询

a. 总咨询台工作人员应热情回答读者咨询的问题，对不清楚的问题，应及时咨询相关部门后回复读者。

b. 各阅览室工作人员应热情回答现场读者提出的问题，对不清楚的问题，应及时咨询相关部门后回复读者。

c.本馆工作人员，在馆内遇到读者咨询，应及时回复；对不清楚的问题可引导读者前往相关部门再作咨询。

4.2.2 电话咨询

a.总咨询台工作人员应及时回复读者来电咨询，并作好记录、存档等工作。

b.各部室在接到读者电话咨询时，应及时回复，对不清楚的问题，可告知读者相关部门电话再作咨询。

c.参考咨询部工作人员应及时回复读者来电咨询，并作好记录、存档等工作。同时，配合各部室答复读者咨询。

4.2.3 网上咨询

a.办公室应及时回复读者在本馆网站、微信、微博上提出的咨询。

b.参考咨询部负责全国图书馆参考咨询联盟网站上的读者咨询工作（包括QQ咨询）。

4.3 非实时咨询

4.3.1 信件咨询

a.本馆收到的咨询信件，由办公室负责将咨询内容传送到相关部室，各部室及时办理，由办公室统一答复读者。

b.各部室收到的咨询信件，将由收件部室答复，相关部室配合。

4.3.2 电子邮件咨询

各部室收到的电子邮件咨询，由各部室完成，相关部室配合。

4.3.3 表单咨询

参考咨询部负责参考咨询网站上表单咨询工作。

4.3.4 读者留言咨询

办公室负责读者留言咨询工作，相关部室配合。

4.4 专题性咨询

参考咨询部负责本馆专题性咨询工作。

4.4.1 事实型查询：查找包含在一种或多种信息源中的具体信息。

4.4.2 信息查证：根据用户需求，为用户提供馆藏文献复制证明、文献收录、引用证明等。

4.4.3 定题服务：针对用户提出的信息需求，查找中外文图书、报刊及各类型数字资源中的相关内容，为用户提供书目索引与文献资料汇编、科技查新等定题服务，还须出具相应的咨询服务报告。

4.4.4 文献信息开发：运用各种技术手段对文献资源的内容进行多层次的加工揭示和有序化，根据用户需求和信息市场营销策略以多样化的产品形式提供给用户。

4.5 不提供的咨询服务

4.5.1 替代性工作。如作业、论文、考试及报告的写作等。

4.5.2 须具有专业准入资质方可从事的咨询。如财经投资、医学、法律、工程指导等。

4.5.3 危害国家安全、机构或个人利益和隐私的咨询。

4.5.4 其他与图书馆资源及服务无关的咨询。

4.6 参考咨询员能力

4.6.1 信息获取能力

a. 了解信息载体的多样性和复杂性，熟练运用各种信息源。

b. 具备较强的逻辑分析、判断能力与信息挖掘能力，能从纷繁庞杂的信息来源中提取隐藏的、潜在的有效信息。

4.6.2 交流沟通能力

有较强的理解能力、表达能力及引导用户充分表达其需求的能力。

4.6.3 寻求合作能力

对于超出参考咨询馆员能力范围的咨询，应利用其他参考咨询馆员或参考咨询合作单位的力量。

4.6.4 计算机应用能力

a. 能熟练使用常见计算机操作系统以及办公软件、浏览器软件、文件管理软件等常用应用软件。

b. 熟练掌握图书馆数字服务平台的使用。

c. 开展数字参考咨询服务的图书馆，参考咨询馆员应熟练掌握数字参考咨询服务平台的各项功能。

4.7 咨询员工作状态

4.7.1 在服务过程中须注意仪容仪态，使用文明用语。

4.7.2 语言宜通俗易懂，避免使用非通用专业术语。

4.7.3 在与用户实时交流时，须悉心倾听，避免打断对方。

4.7.4 耐心解答，使用户可感知服务态度亲切、诚恳。

4.7.5 服务中注重沟通、互动，不得对用户进行批评说教。

4.7.6 理性交流，避免带情绪沟通。

4.8 咨询答复

4.8.1 实时咨询须即时响应，非实时咨询的响应为 2 个工作日以内。

4.8.2 实时咨询要求即时解答，如无法即时给出咨询结果的，可根据咨询问题的具体情况与用户协商约定解答时限。

4.8.3 对非实时咨询的解答须在 7 个工作日内提交咨询结果，或视具体情况由双方约定解答时限。

4.9 建立咨询档案

4.9.1 对咨询问题须逐条记录，建立咨询档案。

4.9.2 记录内容包括咨询问题、咨询来源、咨询用途、检索过程和提供咨询结果的情况。

4.9.3 定期对咨询档案进行统计分析，为以后服务的改进提供依据。

4.9.4 在所有的咨询记录中，选择常见问题、有参考借鉴意义的咨询及回复归入知识库。并定期对知识库进行维护更新。

5. 相关文件

5.1《中华人民共和国公共图书馆法》

5.2《中华人民共和国著作权法》

5.3《中国知识产权法》

5.4《公共图书馆评估指标 第 2 部分：省、市、县级公共图书馆》

6. 相关记录

6.1《参考咨询部简单咨询记录表》

6.2《参考咨询部读者服务登记表》

6.3《参考咨询部政府信息查询记录表》

6.4《参考咨询部文献信息服务记录表》

6.5《参考咨询部专题文献编制记录表》

6.6《安徽省图书馆文献信息服务反馈表》

文献典藏控制程序

1. 目的

规范典藏文献的入藏、管理及流通。

2. 范围

适用于 1949 年 10 月以后出版的馆藏文献。

3. 职责

3.1 采编部负责将加工好的文献册送给典藏部、借阅部、少儿部、参考咨询部、历史文献部。

3.2 借阅部负责中、外文报刊典藏工作。

3.3 典藏部负责保存本文献入库后的管理及调阅工作。

3.4 历史文献部负责缩微胶片、新修家谱及本部门入藏的影印整理类图书的管理及调阅工作。

4. 程序

4.1 图书

4.1.1 接收

采编部将加工好的图书分别册送给典藏部、借阅部、少儿部、历史文献部,双方清点无误后填写《安徽省图书馆图书册送单》。

4.1.2 上架

a. 典藏部、借阅部、少儿部、历史文献部及时将接收到的文献整理上架供读者使用。

b. 如发现分编、册送错误,及时返回采编部;如有涨架、乱架现象,要及时倒架、顺架。

4.1.3 借阅

a. 保存本图书仅供读者阅览,不外借。读者调阅保存本图书时,需填写《典藏图书调阅单》,工作人员凭《典藏图书调阅单》,为读者从保存本书库中取出图书供读者阅览。

b. 外文图书凭参考借阅证借阅，借阅时读者需填写《典藏图书调阅单》，工作人员凭《典藏图书调阅单》为读者从外文书库中取出图书，提供借阅服务。

c. 开架借阅的社会科学与自然科学类图书、文学类图书、少儿图书，凭有效身份证阅览，凭借阅证办理借阅。

d. 外借图书，工作人员提示读者认真检查图书是否有污损、残缺或撕页等现象，如有上述情况，由工作人员加盖“残缺”章。

e. 读者还书后，工作人员将图书及时归库上架。

f. 若读者需复印、拍照的，按《安徽省图书馆基本公共文化服务以外的服务项目及费用标准》收费。

4.1.4 保护

a. 严禁将任何食物带入书库及阅览室内，严防虫、鼠对图书的危害。

b. 慎重开启书库的窗户，严防尘土及室外潮气的侵入。根据《图书馆建筑设计规范》要求，把书库温度尽可能控制在5°～30°之间，相对湿度控制在40%～65%以内。

c. 严防图书被太阳光直接照射，安全使用书库照明用灯。

d. 每年做好一次书库清洁工作。

e. 书库管理员每周巡视书库一次；部门主任每月巡视书库一次。

f. 阅览过程中工作人员加强巡视、检查，以免图书有遗失、撕页、污损现象出现；读者归还图书时，工作人员要认真检查，若发现明显损坏现象，按图书馆有关规定处理。

g. 有缺损图书，待修补后再典藏；如有无法修补图书，提交清单由采编部补充采访。

4.2 报刊

4.2.1 接收

采编部将加工好的期刊册送给借阅部、少儿部，双方清点无误后填写《安徽省图书馆图书册送单》。

4.2.2 上架

分类好的报刊逐一上架；已加工的保存本、呈缴本、赠送期刊送入期刊辅助库并按照分类号上架。在上架过程中，及时整理涨架、乱架现象。

4.2.3 借阅

a.现报刊实行开架借阅。

b.过期报刊和合订报刊，需由工作人员填写《报刊调阅单》后入库调阅。

c.读者阅览后，工作人员及时将典藏报刊入库、上架。

d.工作人员积极指导读者熟悉排架规则。馆员主动解答读者咨询。

e.工作人员随时巡架，整理乱架；及时制止不文明阅览行为。

f.积极收集读者对报刊订购品种或数量的建议和意见，供订购人员参考。

4.2.4 下架

a.报纸阅览室工作人员根据各种报纸版面多少、页数厚薄的不同，区别各种报纸的下架频率。下架的报纸，如需装订的，先按照装订规格进行整理；无需装订的，统一存放，按照本馆文献处置程序处置。

b.期刊阅览室工作人员根据装订目录，对流通期刊按一年一次，闭架期刊按半年下架一次的频率进行下架。下架的期刊，按照装订规格进行整理，并送去装订；无需装订的期刊，下架后统一存放，按照本馆文献处置程序处置。

4.2.5 合订本处理

a.装订好的报刊(合订本)送来后，工作人员进行数量统计并做好记录。

b.工作人员对报刊合订本进行验收，如发现有装订错误，退回重装。

c.报纸当年合订本按所在辅助库位置进行分类上架，供读者调阅。隔年合订本，从辅助库下架，并在"邮发代码目录"中分别进行加续，然后归入中文报纸期刊库，供典藏、调阅。期刊合订本先由工作人员将刊名、年代、期数和条形码号制成中刊草卡，再将草卡交给采编部在Interlib系统中进行中刊馆藏项录入、条形码输入、装订交送程序，由期刊书库管理人员在期刊目录正式卡片上加续，最后将期刊合订本按类别进行排序，入辅助库上架，并定期归入中文报纸期刊库，供典藏、调阅。

4.2.6 保护

参见4.1.4。

4.3 影像资料

采编部按《安徽省图书馆图书册送单》交送影像资料。

4.4 电子图书、数据库镜像资源

4.4.1 清点

a.工作人员按年度订阅电子图书、数据库资源，对照订单清点核对当年订购资源，并对数字资源量进行分类统计。

b.数字资源部经常对电子图书、数据库资源能否正常点击阅览和下载进行检查，掌握电子图书、数据库使用情况。

c.数字资源部对电子图书、数据库资源点击阅览量和下载量进行统计，掌握电子图书、数据库使用情况，对使用情况按月进行统计，并对年度数字资源使用情况进行统计分析。

4.4.2 阅览与利用

a.读者可在本馆配置电脑的阅览部门自行查阅、下载数字资源。工作人员负责接待并提供数字资源的查询服务。

b.读者可通过远程访问系统在馆外登录，查阅数字资源。

c.读者可在参考咨询部接受辅导，使用数字资源，工作人员负责接待并提供数字资源的查询服务。

d.读者可免费查阅、下载电子图书、数据库镜像资源。

e.参考咨询部可提供资料的打印、刻录等收费服务。收费标准按《安徽省图书馆基本公共文化服务以外的服务项目及费用标准》执行。

f.工作人员服务完成后，须完善相关记录。

4.5 缩微胶片

4.5.1 交接

a.历史文献部缩微室按《订购缩微胶片目录清单》核对无误后签收。

b.核对国家缩微复制中心返还的自主拍摄的二代母片无误后签收。并拷贝成缩微胶片正片。

c.标签注明的内容要与实物及财产登记一致。

4.5.2 入库上柜

工作人员按缩微品分类入库上柜，依次摆放。

4.5.3 调阅

a.读者通过缩微制品目录检索缩微胶片信息，入室须填写调阅登记表，工作人员入库提调缩微胶片。

b.工作人员负责在阅读机上安装缩微胶片，指导读者熟悉胶片阅读机的使用方法。

c.工作人员根据读者提调情况在调阅单上注明卷、种数。

d.如遇原缩微品有污损、缺签等情况，工作人员应当在调阅单上或记录本上注明，及时作出相应处理。

e.在读者阅读完毕后，工作人员入库前均需逐卷进行清点，以防丢失、损坏或调换。

4.5.4 清点

缩微制品库房工作人员按年度进行目录清点核对缩微胶片，发现胶片有缺损，提交清单，上报分管领导，补充入库。

4.5.5 保护

a.库房内严禁吸烟，严禁携带和存放易燃、易爆、放射性物品。落实防高温、防潮、防光、防盗、防霉、防有害气体、防有害生物等措施。定期打扫卫生，保持库房干净整洁。

b.缩微胶卷母片应与拷贝片分柜进行保存、管理。银—明胶型缩微品不应与其他类型胶片的缩微品(如重氮胶片、微泡胶片等)存储在同一包装物内，也不应与磁带、光盘存放在一起。

c.库房管理人员必须每天检查库内温、湿度，并认真做好记录。库房内适宜温度夏季最高为21°，相对湿度为20%～30%。春秋两季最高温度为15°，相对湿度为20%～40%。冬季最高温度为10°，相对湿度为20%～50%。发现异常，须及时上报部门负责人，并与有关部门联系解决。如因设备原因达不到要求，要及时上报购置设备申请，以便尽快购置，确保胶片安全。

d.库存缩微品应有计划地分批翻检、清点，防止粘黏。发现问题要及时解决，如无法解决的，应及时上报，并做好记录。

e.母片必须进行密闭存储。读者阅读只提供拷贝片，禁止使用缩微母片对外调阅。如必须提取母片需上报部门主任批准。

5. 相关文件

5.1《中国图书馆分类法(第五版)》

5.2《中国图书分类法·期刊分类表》

5.3《图书馆建筑设计规范》JBJ38—99

5.4《安徽省图书馆基本公共文化服务以外的服务项目及费用标准》

6. 相关记录

6.1《安徽省图书馆图书册送单》

6.2《安徽省图书馆读者登记表》

6.3《电子图书、数据库镜像资源记录单》

6.4《典藏图书调阅单》

6.5《报刊调阅单》

B/0　　编号:AHSTQM－CX－14

历史文献控制程序

1. 目的

规范历史文献的征集、整理、分编、入藏、保护、阅览服务、研究出版等工作流程。

2. 范围

1949年10月之前刊印、钞录、出版的古籍线装书、经卷、碑帖、舆图、金石拓片、旧平装书、中华人民共和国成立前的图书、报纸、期刊等。

3. 职责

3.1 历史文献部负责制订历史文献征集、整理、分编、入藏、机读书目数据制作、原生性与再生性保护、研究出版和开发利用工作的各项计划。

3.2 历史文献部分编室负责对历史文献进行整理分编、普查登记、数据回溯、书目审校,编制二、三次文献书目,编制文献整理出版计划,参与编制文献展览和宣传计划,督导全省古籍普查、民国时期各类文献普查工作,参与编制《中华古籍总目·安徽卷》。

3.3 历史文献部书库专管员负责历史文献的妥善保管与出入库管理,负责征集文献入藏和书库财产申报,参与历史文献分编普查和目录编制,制订年度文献分编计划、古籍修复计划、文献展览和宣传计划,协助本馆安全保卫部做好安全防护,协助后勤服务部做好空调维保,接受部门主任的工作安排和检查指导。

3.4 历史文献部修复组负责对馆藏破损历史文献进行原生性修复保护,并接受部主任或委派专人的审核与验收。开展修复课题研究,负责策划开展中华优秀传统文化宣传推广活动,传习中华经典,传习修复技艺。

3.5 历史文献部缩微室负责对历史文献进行缩微复制并完成缩微胶片数字化的再生性保护,制作缩微拷贝片,管理馆藏缩微品库,为读者提供缩微品的阅览和复制服务,制订文献缩微年度计划,编制缩微品目录,并接受部主任审核。

3.6 历史文献部数字化加工室负责对历史文献进行数字化复制，制作著录、标引、管理元数据，提供数字资源平台发布，接受分管审校。管理数字资源库，提交计算机网络部异地备份，编制数字资源目录，制订历史文献数字资源加工项目计划，接受部主任审核。

3.7 历史文献部阅览室负责向读者提供历史文献的到馆阅览指导、咨询服务，接受采编部工具书册送及部门工具书日常管理，接待文献捐赠与登记造册，编制部门工具书目录，参与文献分编普查、专题文献目录编制，并接受部主任的工作安排和检查指导。

3.8 安全保卫部负责历史文献的安全控制，对历史文献部书库进行安全管理。

3.9 后勤服务部负责历史文献库房的环境控制，对历史文献部古籍书库恒温恒湿空调风机房进行安全管理。

4. 程序

4.1 历史文献征集

4.1.1 根据本馆馆藏资源建设的原则和方针，历史文献部主任编写征集工作计划书，制订馆藏历史文献的征集规划，并确定征集方式。

4.1.2 部主任将征集计划书上报馆领导，经批准后联合采编部实施。

4.1.3 部主任部署历史文献到馆后的相关工作。

4.2 历史文献到馆验收

4.2.1 部主任索取到馆历史文献的相关资料。

4.2.2 部主任安排专人清点、核对到馆历史文献的种数、册数。

4.2.3 部主任办理到馆登记、填写回执等相关手续。

4.2.4 部主任带领或指定相关人员接收到馆历史文献并妥善放置。

4.3 历史文献分编

4.3.1 部主任安排专人负责处理到馆历史文献，依据四部分类法分编古籍线装书及影印本丛书，依据《中国图书馆分类法(第五版)》分编民国时期图书和报刊。

4.3.2 分编人员正确、规范填写书签和书目卡片。

4.3.3 部主任或部主任指定专人负责审核分编工作。

4.4 历史文献入藏

4.4.1 分编人员将已分编文献按照分类排序。

4.4.2 书库专管员根据《书库财产登记表》的记录，向分编人员提供正确的各类入藏文献排架起始号。

4.4.3 分编人员按照分类顺序及要求，认真、仔细地逐册标记排架书号，同时按要求加盖馆藏印章及其他印章。

4.4.4 分编人员将每部书的书号准确、规范地记录在对应的书目卡片和书签上。

4.4.5 分编人员将本批次到馆历史文献的分编工作统计汇总，由部主任审核记录。

4.4.6 书库专管员将已完成分编的本批次历史文献入库，按照每部书分类排架号及时上架，准确更新《书库财产登记表》的记录，针对新的入藏排架号调整书库内相应标记。

4.5 入藏历史文献书目数据制作

4.5.1 部主任安排专人依据《中国机读目录格式》和《中国机读目录规范格式》的要求，制作入藏历史文献的机读书目数据。

4.5.2 数据录入人员在部门业务网段Interlib系统上按照书目卡片顺序准确、规范地制作机读书目数据。

4.5.3 部主任或部主任指定专人进行机读书目数据的审校。

4.5.4 书目数据经审校向系统总数据库提交，读者可通过联机检索系统进行网上书目查询。

4.6 历史文献的读者服务

4.6.1 古籍阅览室和缩微品阅览室工作人员根据《历史文献阅览室阅览规则》《缩微文献阅览室阅览规则》《历史文献部文献复制管理办法》的规定，提供馆藏历史文献的读者到馆阅览、文献复制和课题咨询服务。

4.6.2 古籍阅览室为读者提供机读目录检索方式，并要求准确填写《安徽省图书馆历史文献调阅单》(一式两联)，由阅览室工作人员核对后，交书库专管员入库调书。

4.6.3 书库专管员核对《安徽省图书馆历史文献调阅单》并作确认记录，

调书出库。书库保留《安徽省图书馆历史文献调阅单》第一联存档，将有出库确认记录的第二联返还给阅览室，并据此与阅览室工作人员核对、交接出库图书。

4.6.4 阅览室工作人员依据有出库确认记录的第二联《安徽省图书馆历史文献调阅单》与读者交接所调出库图书。阅览室读者调阅前按要求填写《历史文献部读者登记表》《历史文献室读者阅览情况调查表》，提交读者信息。

4.6.5 阅览室工作人员依据有出库确认记录的第二联《安徽省图书馆历史文献调阅单》与读者核对阅毕归还图书。

4.6.6 阅览室工作人员将读者阅毕图书与《安徽省图书馆历史文献调阅单》第二联及时归还书库专管员。书库专管员及时核对，将历史文献归库上架并作记录，将有确认已还记录的第二联《安徽省图书馆历史文献调阅单》交阅览室保存。

4.6.7 阅览室工作人员填写《历史文献部调阅文献统计表》。

4.7 历史文献保护

4.7.1 历史文献原生性保护。

a. 书库专管员依据《安徽省图书馆古籍书库管理条例》的规定，常年保障古籍书库的清洁、温湿度、光照度等历史文献保管条件，及时发现书册霉变、虫蚀等危害并采取措施控制，定期记录《古籍书库检查登记表》。对破损图书中止借阅出库，记录破损程度，及时制订修复计划上报部门主任。

b. 修复组根据部门下达的修复计划填写《古籍修复文献出入库记录》(两联单)，与书库专管员办理调书出库手续。修复人员根据各种书的破损情况，制订出修复方案并报部门主任批准后，再依据《古籍修复技术规范与质量标准》和《古籍修复技术规范与质量要求》的规定，按照古籍修复流程对破损图书进行妥善修复。修复完成后，经部门主任验收并依据质量标准评定为合格等次后，再及时与书库专管员办理归库手续。修复人员记录《安徽省图书馆古籍文献修复档案》并定期存档。

4.7.2 历史文献再生性保护。

a. 为了避免读者对历史文献的直接接触，基于再生性保护的原则，由部主任制订对馆藏历史文献全文数字化转换的整体工作规划,分配专人根据规划制订数字化工作预案,报请馆领导批准。部主任根据馆领导批准的工作预案监督实施情况。历史文献全文数字化工作流程包括确认数字化转换的目标文献、填写《古籍书库图书出入库记录》并与书库专管员办理调书出库手续、整理并标记相关书页、扫描制作图片文件集合、编写关联文字说明、页面制作与连接调试。全文数字化后的电子文献由部主任负责验收并提交,供读者通过浏览器阅览或下载使用。数字化制作人员核对《古籍书库图书出入库记录》,与书库专管员及时办理历史文献的归库手续。

b.基于文献信息保存介质的稳定性和长效性,用缩微影像技术将历史文献信息复制于胶片上,读者可以在缩微阅览室的缩微阅读还原机上浏览缩微品上的历史文献信息,避免与原件的直接接触,对馆藏历史文献进行有效的再生性保护。历史文献部根据馆下达的馆藏历史文献缩微复制计划填写《古籍普本书出库记录表》,交由书库专管员办理调书出库手续。缩微复制流程严格依照《缩微摄影技术》系列国家标准的规定,填写不同类别历史文献拍摄、冲洗、质检、拷贝的各种表单记录。缩微室定期对拍摄、冲洗、阅读还原机等设备进行保养并填写检测记录,对胶卷、冲洗药水等耗材使用、库存信息及时记录,负责缩微胶片库的妥善保管。负责准确、规范地制作馆藏缩微品机读目录数据,经部主任审校,向系统总数据库提交,读者可通过联机检索系统进行网上缩微品目录查询。缩微室在复制完成后与历史文献部书库专管员核对《古籍书库图书出入库记录》,由书库专管员及时办理历史文献的归库手续。

4.8 历史文献的整理和开发

4.8.1 历史文献部制订馆藏历史文献各类书目、题录等选题,报请馆领导批示,编辑出版、宣传馆藏历史文献的二、三次文献。部主任根据馆领导批示,制订编辑出版项目的策划方案,并安排专人整理、录入、排版、校对、统稿。由部主任监督项目实施。经馆领导及有关专家审核后印刷、出版、发行。

4.8.2 历史文献整理出版工作。根据馆领导下达的工作计划或研究课题,部主任制订对馆藏历史文献进行整理、点校出版的课题项目计划书,安排专人负责完成。部主任监督实施并负责统稿。

4.8.3 历史文献部负责整理、开发馆藏历史文献，制作馆藏特色电子资源。根据馆领导部署的项目选题，部主任制订特色电子资源加工的项目计划书，策划、组织相关馆藏历史文献资源，填写《古籍书库图书出入库记录》，与书库专管员办理调书出库手续。安排专人围绕选题编辑、整理、标记馆藏历史文献内容，依据策划方案撰写文稿，拍摄书影，精心制作页面，调试链接。部主任负责电子专题项目提交前的最终审核并上报馆领导。相关人员在项目结题后，核对《古籍书库图书出入库记录》，与书库专管员及时办理历史文献的归库手续。

4.9 历史文献安全控制

4.9.1 书库专管员严格遵守《历史文献部古籍书库管理条例》，负责历史文献的安全。在调阅出库、归还入库的过程中，避免书页、附件、签条、装具等受污、受潮、受热、受损或缺失。对阅览室提交的不符合阅览条件的索书单，书库专管员有权不予办理调阅出库，在《安徽省图书馆历史文献调阅单》"调阅情况说明"一栏填写拒调原因，返还给阅览室工作人员。

4.9.2 在读者阅览过程中，阅览室工作人员负责提示读者遵守《历史文献阅览室阅览规则》，爱护图书，使用正确的阅读方法，预防并制止一切危害历史文献安全的行为，避免书页、附件、签条、装具等受污、受潮、受热、受损或缺失。

4.9.3 历史文献的安全控制执行《安徽省图书馆安全保卫控制程序》。

5. 相关文件

5.1《古籍特藏破损定级标准》WH/T22—2006

5.2《古籍普查规范》WH/T21－2006

5.3《古籍数字化工作手册(试用本)》

5.4《历史文献阅览室阅览规则》

5.5《缩微文献阅览室阅览规则》

5.6《历史文献部文献复制管理办法》

5.7《历史文献部古籍书库管理条例》

5.8《安全保卫控制程序》

6. 相关记录

6.1《古籍书库图书出入库记录》

6.2《待修历史文献出入库记录》(一式两联)

6.3《历史文献修复记录》

6.4《古籍书库检查登记表》

B/0　　　　　　　　　　　　　　　　　　　　　编号：AHSTQM－CX－15

读者财产保护控制程序

1. 目的

保证读者寄存物品安全。

2. 范围

适用于存包柜的使用和管理。

3. 职责

3.1 后勤服务部负责存包柜的购置、维护。

3.2 安全保卫部负责存包柜的日常管理。

4. 程序

4.1 安全保卫部制订存包柜的使用、管理办法，明确公告读者。

4.2 值班保安人员每日巡查存包柜使用情况，纠正不当操作。发现卡纸、无纸情况，及时解决。

4.3 因读者操作不当无法取出物品时，值班保安人员确认登记后取出物品。

4.4 值班保安人员每天闭馆后清空所有存包柜。

4.5 下班后清柜清理出来的物品，能够联系到本人的，安全保卫部及时通知读者领取，联系不便的按《存包柜管理规定》处理，一般存放到"失物招领柜"中，等待物主领取。

4.6 读者反映物品被盗、丢失等情况，安全保卫部积极帮助寻找，主动利用本馆技术手段查明情况，尽量减少读者财产损失。本馆无法解决的，协助读者及时报案，积极配合公安机关破案。价值重大的案件要及时向馆领导报告。

4.7 监控室利用监控技术手段，协助保安人员对存包柜进行管理。

5. 相关文件

5.1《存包柜管理规定》

5.2《存包柜使用须知》

5.3《安全保卫部工作手册》

6. 相关记录

6.1《存包柜管理登记表》

6.2《失物领取登记表》

6.3《来馆施工、维修、租展管理登记表》

B/0　　编号：AHSTQM－CX－16

数字资源建设控制程序

1. 目的

对数字资源建设工作进行有效控制，确保所建设的数字资源的质量，满足用户要求，提高用户的满意度。

2. 范围

适用于本馆数字资源建设工作，包括制定商业数据库的建设方案和采购需求、全国智慧图书馆体系资源建设、自建专题资源。

3. 职责

3.1 数字资源部统筹全馆资源建设工作，负责全国智慧图书馆体系资源建设项目、负责制定商业数据库的建设方案和采购需求，承担视频、图片、文本等对象数据的加工，以及在资源发布平台中元数据的编目工作。

3.2 借阅部负责制定馆藏报纸数字化建设计划和数字化前期整理工作。

3.3 典藏部负责制定馆藏地方文献数字化建设计划和数字化前期整理工作。

3.4 历史文献部负责馆藏历史文献的数字化建设工作。

3.5 采编部负责 Marc 数据的著录和维护工作。

3.6 网络技术部负责数字化平台的维护、管理等技术支持工作以及数字资源的发布工作。

4. 程序

4.1 商业数据库的采购

数字资源部负责制定商业数据库的建设方案、采购需求和管理工作，部门负责人确定单个商业数据库的项目负责人。

4.1.1 采购方针

采购重点为国内著名的文献数据库、电子图书；侧重采购数字化学术期刊、国家标准数据库、法律数据库、重要新闻资讯、文史哲电子图书等；注重连续性，尽量避免内容重复。

4.1.2 采购计划

数字资源部通过需求调研、问卷统计等方式确定采购计划，提交馆学术委员会和馆办公会审议后，实施采购。

4.1.3 采购

由数字资源部制订采购需求，经分管馆长审批后实施政府采购。

4.1.4 签订合同

套用政府采购标准合同，签订采购合同和廉政协议。

4.1.5 安装与发布

包库资源由项目负责人与资源供应商对接，确定资源发布事宜；本地镜像资源由项目负责人和资源供应商填写数字资源安装单后，交网络技术部协助资源供应商安装发布资源。

4.1.6 验收

由项目负责人召集馆验收小组实施验收。

4.2 全国智慧图书馆体系资源建设项目

数字资源部负责全国智慧图书馆体系资源建设项目，其中涉及互联网信息采集的项目由参考咨询部具体实施。

4.2.1 项目策划

项目负责人撰写项目策划书，经部门主任审核修改，提交分馆馆长审批后，提交馆办公会议审核。

4.2.2 项目评审

数字资源部负责组织全国智慧图书馆体系资源建设项目评审工作。

a.确定专家组成员

由分管馆长、馆纪委书记、数字资源部负责人共同根据项目内容特点，从安徽省智慧图书馆体系建设专家库中选择专家。

b.评审专家根据项目负责人的情况介绍，审查申报材料，确定项目是否通过评审。

4.2.3 项目申报

数字资源部统计汇总通过评审的申报项目，上报安徽省文化和旅游厅审核，经审批后上报国家图书馆、全国公共文化发展中心。

4.2.4 项目批复

收到项目批复文件后，数字资源部负责通知项目实施部门，各部门根据项目批复情况作出分项目资金预算，数字资源部汇总项目资金预算后，报财务部，经馆办公会审核后实施。

4.2.5 实施项目

项目实施部门按照项目资金预算情况采取自建或委托第三方服务机构具体实施项目。

4.2.6 项目验收

数字资源部负责组织项目验收。

a. 确定专家组成员

由数字资源部主任、分管馆长和馆纪委人员共同根据项目内容特点，从安徽省公共数字文化工程专家库中选择专家。

b. 评审专家根据项目负责人的情况介绍，审查验收材料和建设成果，确定项目是否通过验收。

4.2.7 资源发布

数字资源部负责组织资源发布。

4.3 馆自建资源建设项目

4.3.1 项目策划

文献所在部门负责自建资源建设项目的策划，项目策划书应包含项目建设的意义、可行性分析、项目建设方案、版权解决方案、项目进度安排、项目资金预算安排、项目团队安排等内容。

4.3.2 项目评审

数字资源部负责组织馆自建资源建设项目评审工作，项目经专家评审通过后，提交馆办公会审议。

a. 确定专家组成员

由数字资源部负责人、分管馆长和馆纪委人员共同根据项目内容特点，从安徽省公共数字文化工程专家库中选择专家。

b. 评审专家根据项目负责人的情况介绍，审查申报材料，确定项目是否通过评审。

4.3.3 实施项目

项目实施部门按照项目资金预算情况采取自建或委托第三方服务机构具体实施项目。

4.3.4 项目验收

项目实施部门负责组织项目验收。

a.确定专家组成员

由项目负责人、分管馆长和馆纪委人员共同根据项目内容特点,从安徽省公共数字文化工程专家库中选择专家。

b.评审专家根据项目负责人的情况介绍,审查验收材料和建设成果,确定项目是否通过验收。

4.3.5 资源发布

数字资源部负责组织资源发布。

5.相关文件

5.1《公共数字文化工程数字资源联合建设著录规则》

5.2《公共数字文化工程数字资源联合建设项目建设标准》

5.3《全国文化信息资源共享工程资源建设标准规范》

5.4《讲座资源征集与编辑加工的办法》

5.5《优秀地方戏资源征集、加工标准》

5.6《数字资源建设技术标准》

6.相关记录

6.1《读者登记表》

6.2《读者咨询登记表》

6.3《专题文献编制记录表》

6.4《专题咨询记录表》

B/0　　编号:AHSTQM—CX—17

公用电子信息设备控制程序

1. 目的

确保安徽省图书馆公用电子信息设备的正常运行,提升读者阅读体验。

2. 范围

适用于本馆用于提供读者服务的各类自动化设备。

3. 职责

3.1 网络技术部负责电子信息设备的基础软硬件维护,包括设备的软硬件系统是否正常启动、网络连接是否有效等。

3.2 党群工作部负责内容的整体监管工作,固定资产所在部门负责电子信息设备日常管理与信息发布和解答读者咨询。

3.3 参考咨询部负责政务查询机的使用指导。

3.4 数字资源部负责数字阅读体验设备的内容管理、日常巡查及使用指导。

3.5 后勤服务部和安全保卫部配合对公共区域的电子信息设备进行日常管理和读者使用管理。

4. 程序

4.1 本程序电子信息设备包含:

4.1.1 电子大屏等各类一体机显示屏(西一楼电子大屏、西楼各阅览室门口一体机显示屏),用于发布全馆或各部门的重要活动、图书馆的读者流量信息、节日庆祝标语、欢迎标语等。

4.1.2 自助办证和自助借还书设备(24小时自助还书机、西一楼大厅自助办证设备、各阅览室自助借还设备),用于到馆读者自助办证和读者可凭读者卡进行操作的自助借还书设备。

4.1.3 政务信息检索查询机(西一楼大厅图书检索机、政务查询机和各公共阅览室图书检索机),用于到馆读者查询本馆馆藏文献信息、本人借阅情况、安徽省政务网公开信息。

4.1.4 数字阅读体验设备[西一楼大厅读报(刊)机、VR等数字体验设备、各阅览室电子阅读机等],用于到馆读者自助阅览期刊、报纸、视频、VR等数字阅读体验。

4.1.5 电子阅览区读者用机(各阅览室读者电子阅览服务设备),用于给到馆持证读者提供电子阅览服务。

4.1.6 其他用于服务类的电子信息设备。

4.2 电子信息设备巡查

4.2.1 网络技术部负责每日巡查各窗口电子信息设备,对发生故障的机器及时进行检修,如遇硬件故障不能及时维修,应做有效标识告知读者。

4.2.2 数字资源部负责对数字阅读体验设备进行定期内容有效性巡检。

4.3 电子信息设备使用管理

4.3.1 固定资产所在部门每个窗口需指定1到2名日常管理人员,由网络技术部进行设备专业使用指导,并定期对管理人员进行培训。

4.3.2 网络技术部负责相关电子信息设备后台软硬件运行情况监控,对电子信息设备(固定资产)所在部门指定的日常管理人员,进行设备专业培训和日常管理指导。

4.3.3 党群工作部负责西一楼LED电子大屏等内容的整体监管工作。内容涉及的相关部门各负其责。办公室负责西一楼电子大屏中馆务公告、活动预告版块信息发布工作,数字资源部负责其中宣传片版块信息发布工作,少儿部、借阅部负责其中新书推荐版块信息发布工作。其他一体机显示屏由固定资产所在部门负责发布信息。

4.3.4 数字资源部负责数字阅读体验设备的内容管理,并指导读者使用数字阅读体验设备。

4.3.5 参考咨询部负责指导读者使用政务查询机,通过相关检索网页进行政务信息检索和查询。

4.3.6 借阅部、少儿部、参考咨询部、典藏部、历史文献部分别负责对各自部门所属电子信息设备进行日常管理和读者使用管理,主要内容如下:

a. 做好设备的安全卫生和巡视工作,上班后及时打开电源,下班时及时关闭电源。

b.设备所在部门值班人员须注意设备电源的连接、网络接口的物理连接（网络技术部连接好，各窗口保持）。

c.及时更换自助办证和自助借还书设备中所需易耗品。

d.对使用设备有困难的读者，进行现场操作指导。

4.3.7 网络技术部负责电子信息设备的硬件定期维护工作，为电子信息设备设置加电自启动，并及时响应各部门和窗口的软硬件故障报修事项。

4.4 电子信息设备监管

4.4.1 网络技术部通过网络设备对读者上网行为进行审查，发现不良上网行为及时通知现场工作人员给予警戒或制止。

4.4.2 网络技术部负责对读者阅览用机设置待机屏幕读者提示，实施USB禁用，禁止修改IP，上机时间和次数限制等措施，保障正常的上机秩序。

4.4.3 后勤服务部和安全保卫部负责督促读者在使用本馆各类电子信息设备时自觉爱护公共设备，严格遵守操作规程，合法合规操作；告知读者在使用过程中有任何问题，与前台工作人员联系，勿擅自处理。

5.相关记录

5.1《网络技术部应用系统维护表 》

5.2《网络技术部综合管理安全巡查记录表》

5.3《公共区域计算机设备巡检记录表》

5.4《网络技术部维护服务表》

三、部门作业指导书(工作手册)

(一)规章制度

- 文献采访工作条例
- 商业数字资源采选程序
- 阅读推广活动品牌控制程序
- 讲座工作管理办法
- 专题文献编制作业指导书
- 历史文献数字化控制程序
- 网络安全应急预案
- 读者投诉建议管理规定
- 文化志愿服务管理规范

(二)流程

- 图书处理流程
- 数字资源采选流程
- 图书借阅流程
- 中文期刊处理流程
- 阅读推广活动流程
- 新安百姓讲堂工作流程
- 继续教育培训工作流程
- 专题文献编制流程
- 业务调研流程
- 古籍修复流程
- 古籍数字化流程
- 地方文献开发利用处理流程
- 图书入藏处理流程
- 计算机、网络故障报修工作流程

· 专业技术岗位竞聘流程

· 中央空调维护保养流程

· 招标采购活动流程

· 安防、消防系统故障处理流程

（一）规章制度

文献采访工作条例

1. 目的

规范本馆文献采访工作，确保采访工作的科学持续进行。

2. 范围

适用于本馆中文普通书刊、外文普通书刊、视听资料、缩微资料、数字资源等文献的采访工作。

3. 职责

3.1 采编部负责中外文图书报刊、地图、视听资料、图片等文献的采购。

3.2 历史文献部负责缩微资料的采购。

3.3 数字资源部负责数字资源的采购。

4. 程序

4.1 确定采访方针

4.1.1 充分考虑读者需求，以为本省政治、经济、文化、教育、生产和科研服务作为出发点，并考虑到本馆的馆藏基础，有计划、有重点地采购、补充馆藏，逐步形成具有安徽地方特色的藏书体系。

4.1.2 各类文献资源应协调采购，相互补充。

4.1.3 与兄弟馆、地方馆等统一协调，分工合作，为实现真正意义上的资源共建共享作准备，建立本馆的重点藏书体系。

4.2 确定采访原则

4.2.1 严格防范意识形态风险，采访文献必须确保正版、内容健康。

4.2.2 文献采访应根据本馆的图书采购经费指标，制订科学的采购计划，合理使用购书经费。

4.2.3 科学分配各学科文献的采购比例，在保证藏书结构稳定的前提下，侧重采购重点学科文献。

4.2.4 对重要的工具书、多卷书、丛书等应力求齐全、配套，确保该类图书入藏的稳定性和连续性。

4.2.5 各类文献根据馆藏基础和读者需求，确定订购复本数。一般情况下，中文普通图书中的社科类图书的复本数为2～3册，文艺类及少儿图书2～10册，地方文献3册以上，科技类图书1～2册；外文图书、电子资源、音像资料的复本数为1册(件)。畅销图书根据读者需要确定复本数。

4.2.6 报刊采访遵循连续性、完整性、实用性的原则，针对各报刊的不同特点，具体确定复本基数。借阅频率高的报纸复本为2～3份，期刊为7～8份。

4.3 中文普通图书采访范围和重点

国内正式出版的普通中文图书是本馆的主要入藏对象，但在具体采购时，应有所侧重，有的须重点采购，有的可选择性采购，有的则不予采购。

4.3.1 以下学科内容的图书应重点采购：

a. 马克思、恩格斯、列宁、斯大林、毛泽东、邓小平著作及党和国家领导人著作应完整入藏。

b. 党和国家的政策、法令、指示等指导性文件及本省政府出版物，应全面入藏。

c. 安徽地方文献，应尽力全面入藏。

d. 综合性工具书应全面入藏。

e. 本省经济建设、工农业生产和科学研究所需的学科图书，应全面入藏。

f. 各学科的基础理论书籍、名家专著以及获奖作品，应尽量保全品种。

g. 有关图书馆学、目录学、文献学、情报学及信息管理等方面的著作应全面入藏。

h. 国家规划重点出版项目的图书，应全面入藏。

i. 少儿读物，应着力采选。

4.3.2 以下学科内容图书选择性采购：

a. 专业性工具书。

b. 有关其他各省的地方出版物。

c. 各类体裁的文学、文艺作品及其研究和评论。

d. 重点高等院校教材。

e. 香港、澳门特别行政区和台湾地区及国外出版的中文图书。

f. 医学、医药、卫生类主要入藏预防保健类以及科普性、知识性的图书，学术理论性专著以保障品种为原则。

g. 内容较专深的学科，主要入藏科普性、知识性图书。如军事技术、矿业工程、能源工程、武器工业、航空航天等。

h. 中小学教辅用书。

i. 公共考试类辅导用书。

4.3.3 以下学科内容图书不予采购：

a. 中小学教材。

b. 各类考试及各学科习题解答。

c. 专利类图书。

d. 科研报告、技术报告。

e. 各类台历、挂历、交通时刻表、空白书等。

4.4 外文图书采访范围和重点

4.4.1 外文图书的采访应侧重社会科学领域，重点选购哲学、政治、法律、经济、文学、艺术、历史等类图书。

4.4.2 自然科学领域的基础理论图书选择性采购，时效性较强的学科原则上不予采购。

4.4.3 对于重点采访的外文图书应保持连续性。

4.4.4 外文图书的年采购量原则上应不低于1000种。

4.5 中外文报刊采访范围和重点

4.5.1 社会科学期刊注重史料性、信息含量、收藏价值。自然科学期刊以新技术、新学科、应用科学为主。

4.5.2 中央一级公开发行的报纸，全面入藏。

4.5.3 涉及自然科学、新学科、新技术、应用科学、工业技术、新兴行业方面的报纸，一般以中央一级发行的为主要入藏对象；某省或某市重点发展项目和特色学科、技术，可适量入藏。

4.5.4 本省出版的邮发报刊尽量订齐；非邮发报刊尽量搜集齐全，以形成地方文献特色。

4.6 电子资源采访范围和重点

4.6.1 电子资源的采购重点为国内著名的文献数据库、电子图书。

4.6.2 侧重采购数字化学术期刊、国家标准数据库、法律数据库、重要新闻资讯、文史哲电子图书等。

4.6.3 采购数据库时必须有连续性。

4.6.4 各类内容相近的数据库应避免重复采购。

4.7 音像资料采访范围和重点

4.7.1 音像资料的采访应充分考虑用户需求，侧重采购用户需求量大的电影、电视剧、各类科普资料及具有史料价值的音像资料。

4.7.2 优先采购通用格式的音像资料。

4.8 采访渠道

4.8.1 中文图书采购以预订和现场采购为主要途径。

4.8.2 图书预订以出版社、书商提供书目等订购目录为主，及时按期订购。多卷书、丛书等连续出版的图书和专业冷僻的图书，以书目订购为主要途径。其他图书以定期现场采购为主。

4.8.3 现场采购应选择规模大、实力雄厚、图书品种全的书店为经常性的采购点，定期现场采购，并同时选备几家书店作临时补充采购点。

4.8.4 接受单位或个人的捐赠。

4.8.5 和有关单位或个人进行图书交换。

4.8.6 报刊订购以邮发目录为主、自办发行的报刊目录为辅。邮局订购每年 10～11 月预定下一年度邮局发行的期刊。除新增邮发刊物和新创刊的刊物外，其余为续订品种。

4.8.7 零购图书采访方式与渠道

a. 零购中文图书采购以现场采购和读者推荐为主要途径。

b. 年鉴、统计年鉴、地方志等特殊图书原则上选择有过合作的配书能力强的供应商。

c. 读者急需的图书原则上就近从国有新华书店购买。

d. 对于订购漏到或无法面购的图书，尤其是多卷书或丛书等连续出版图书中的某些卷(册)，应及时从相应的出版社或专业的经销机构采购。

e. 实体书店不能购买的图书从孔夫子旧书网、京东、当当、徽采商城等网上书店购买。

f. 有重要价值、符合本馆典藏标准的非正式出版物，供书单位不能提供正式发票时，购买前应与财务和相关领导充分沟通后定夺。

4.9 采访方式

4.9.1 采访人员采购。

4.9.2 采访人员与借阅部工作人员共同采购。

4.9.3 采访人员与读者代表共同采购。

4.10 采访要求

4.10.1 做好读者需求调查

a. 采购人员应熟悉本馆馆藏，并经常深入图书借阅部门了解图书的借阅流通情况，直接听取读者的意见。

b. 定期发放读者需求调查表，广泛征求读者意见，分析读者阅读倾向，适时调整采购方针。

4.10.2 采购人员应根据实际的出版发行情况，处理好预购和现场采购的关系。

4.10.3 采购人员对所需采购的文献，首先应进行查重，避免不必要的重复。

4.10.4 新订文献到馆后，应由采购人员和验收人员共同对图书进行验收。

4.10.5 严格财经手续，廉洁自律。

商业数字资源采选程序

1. 目的

对数字资源建设工作进行有效控制，确保所建设的数字资源的质量，满足用户要求，提高用户的满意度。

2. 范围

适用于本馆商业数字资源的建设方案和采购。

3. 职责

3.1 数字资源部负责制定商业数字资源的建设方案和采选工作。

3.2 数字资源部负责商业数字资源的内容管理。

3.3 网络技术部负责商业数字资源服务平台的建设、维护、系统管理和发布工作。

4. 程序

4.1 采选方针

采选重点为国内著名的文献数据库、电子图书；侧重采购数字化学术期刊、国家标准数据库、法律数据库、重要新闻资讯、文史哲电子图书等；注重连续性，尽量避免内容重复。

4.2 采选计划

4.2.1 对本馆正在使用的数据库通过安徽省图书馆官网、微信平台发布安徽省图书馆数字资源使用情况问卷调查，了解读者需求。

4.2.2 数字资源部征询本馆业务部门的数字资源采选意见，相关业务部门根据部门业务需求并结合读者需求填写安徽省图书馆数字资源采选推荐单。

4.2.3 数字资源部根据上一年度数字资源使用情况的统计数据撰写数字资源使用情况统计分析报告。

4.2.4 数字资源部根据读者需求、相关业务部门需求和数字资源使用情况统计分析报告制定年度采选计划，报分管馆长审批确定。

4.2.5 安徽省图书馆文献信息资源建设委员会召开会议审议数字资源年度采选计划，讨论并提出修改意见。

4.2.6 数字资源部根据文献信息资源建设会议提出的意见修改年度采选计划。

4.2.7 年度采选计划经馆党政联席会审议同意后，数字资源部实施采选工作。

4.3 采选

由数字资源部制订采选需求，经分管馆长审批后实施采购。

4.3.1 续费购买的数字资源可在不改变采购内容的情况下续签合同（不超过三年），超过三年，重新实施政府采购。

4.3.2 新购数字资源实施政府采购。

4.4 安装与发布

包库资源由数字资源供应商开通 IP 访问权限，数字资源部在安徽省图书馆数字资源服务平台添加链接，提供读者服务。

本地镜像资源由项目负责人和数字资源供应商填写数字资源安装单后，交网络技术部协助完成数字资源的线上发布。

4.5 验收

数字资源完成安装与发布后由项目负责人召集馆验收小组按照合同要求进行验收。

数字资源采购推荐单

<table>
<tr><td colspan="4">推荐部门填写</td></tr>
<tr><td>推荐部门</td><td colspan="3"></td></tr>
<tr><td>资源名称</td><td></td><td>文献种类</td><td></td></tr>
<tr><td>资源供应商</td><td></td><td>价　　格</td><td></td></tr>
<tr><td>资源供应商
联系方式</td><td></td><td></td><td></td></tr>
<tr><td colspan="4">推荐理由：(请结合读者需求和工作需要方面填写)

推荐部门：

年　　月　　日</td></tr>
</table>

阅读推广活动品牌控制程序

1. 目的

规定本馆阅读推广活动品牌创建与运营的职责和程序。

2. 范围

适用于馆内阅读推广活动品牌创建、运营、考核的全过程。

3. 职责

品牌创建部门负责品牌运营，并能够持续改进创新，保证品牌的稳定发展。

品牌运营部门开展相关活动时，需向分管馆长提交活动策划方案，包括活动主题、主要内容、经费预算等，分管馆长审核通过后方可施行。

办公室配合品牌运营部门进行品牌宣传、推广以及社会反馈意见征集和分析。

相关部门为品牌活动开展提供必要的支持与保障。

4. 程序

4.1 品牌建设

各部门应结合馆藏优势、服务特色、空间环境、读者需求等因素，创设阅读推广品牌，可涵盖讲座、展览、沙龙、培训、阅读分享等多种形式。

品牌应持续二年以上，有较为完整的服务模式，具有较高的服务品质和较大的影响力。

品牌应具有确定的名称、定位、标识和内涵。

品牌标识的构成包含但不限于文字、标记、符号、图案和颜色等单一要素或其组合。

品牌需经过馆长办公会研究通过确立。

4.2 品牌管理

品牌运营部门应制定品牌发展计划，建立品牌发展长效机制，确保活动举办所需的场所、人力、文献、经费等资源。

品牌运营部门应组建专业工作团队，定期开展人员业务培训，提升组织策划、读者分析、活动宣传等能力。

品牌运营部门应联合办公室通过数字媒体、海报、展板等多种形式，向公众宣传活动内容、规则、报名方式等活动信息，扩大品牌影响力。

品牌运营部门应做好活动的前期策划、活动过程、报道总结等相关文字、图片、音频资料的整理存档工作。

品牌每年应至少开展一次相关活动，确保品牌的延续性。

若品牌的活力与影响力持续下降，由品牌运营部门向分管领导申请，经馆办公会研究通过，废止该品牌。

4.3 监控与维护

相关部门对品牌的推广情况进行监督控制，并根据社会效益进行分析评价。

相关部门针对品牌内容，选择合理的维护策略，完善品牌的内容和服务方式，保持品牌的生命力和社会美誉度。

阅读推广活动记录表

活动时间		活动主持人	
活动主题		活动地点	
参与人员签到			
活动评价			

讲座工作管理办法

为更好发挥图书馆的社会教育职能，推进公益性讲座管理的规范化、制度化、科学化，结合实际特制定如下管理办法。

1. 指导思想

以马克思列宁主义、毛泽东思想、邓小平理论、“三个代表”重要思想、科学发展观、习近平新时代中国特色社会主义思想为指导，增强“四个意识”、坚定“四个自信”、做到“两个维护”，落实全面从严治党战略部署，防范政治风险，营造昂扬向上、和谐团结的舆论环境。

2. 任务目标

(1)充分发挥公益性讲座的社会教育职能，体现公共图书馆“精神高地”和“文明窗口”的作用。

(2)保证本馆讲座工作有序、合法地进行，为联盟成员馆树立讲座管理示范。

3. 管理办法

(1)选题把关。关注读者需求和社会热点，坚持围绕中心、服务大局、立足安徽、彰显特色。重大研究选题要请示、送审。

(2)内容把关。坚持党性原则，以正确的舆论引导读者、以高尚的精神塑造读者、以优秀的案例鼓舞读者、以科学的理论武装读者。坚决杜绝歪曲党和国家的基本政治制度、重大方针政策、社会管理法规制度的讲座内容。

(3)现场把关。与主讲人签订《承诺书》，现场提示主讲人做负政治责任的演讲。讲座主持人对涉及敏感话题要及时控制。不得传播错误观点或与中央精神相悖的言论，坚决杜绝舆论“噪声”和“杂音”。

(4)巡讲把关。做好讲座联盟基层巡讲成员馆的对接工作，落实成员馆的监督职责，及时征求巡讲反馈意见。

(5)素质把关。讲座工作人员加强学习，提高自身政治、业务素质。正确理解和把握《中华人民共和国公共图书馆法》《中国共产党纪律处分条例》，严格遵守党的纪律，规范和约束自身行为。

4. 保障措施

(1)加强组织领导。成立讲座监管工作领导小组，负责选题策划和内容审核。

(2)健全工作制度。完善《社会教育部职责、岗位要求》《社会教育部工作制度》《社会教育部安全管理制度》《社会教育部工作流程》等制度，保证讲座管理工作有章可依。

(3)落实工作责任。相关部门按照自身职能，认真履行职责，形成工作合力，确保讲座监管工作落到实处。

讲座内容审核表

主讲人 及简介	
讲座主题	
讲座时间	
讲座地点	
主办单位	
合作单位	
讲座内容 部门审核 意见	负责人签字： 部门(盖章) 年　月　日
讲座内容 领导审核 意见	审核人签字： 年　月　日

专题文献编制作业指导书

1. 目的

规范各类专题文献编制，确保专题文献质量。

2. 适用范围

适用于参考咨询部编制的各类专题文献。

3. 职责

3.1 部门负责人与内审员共同制定本规程，并监督其有效实施。

3.2 部门负责人负责专题策划，专题负责人负责与客户沟通、专题文献编辑及印发。

3.3 资料搜集人负责从规定的载体中搜集与专题相关的文献资料。

3.4 校对人员负责专题文献的文字、图片、格式等的校对。

3.5 部门负责人负责专题的审核。

4. 作业内容

4.1 策划要求

策划包含目标规划与目标实现的途径与手段。

4.1.1 通过与客户充分沟通或深入调研确定和发现专题主题或主要目标。专题策划应具有较为普遍的社会意义，同时兼顾实用价值、市场标准与道德准则。

4.1.2 体现侧重，抓住线索。专题涵盖内容广，报道方式多样。按专题的内容来划分，可以分为三个层次：核心信息，周边信息，辐射信息。专题内容策划重点在于核心信息的确定与策划。

4.2 资料搜集要求

搜集文献资料按照专题策划要求有目的、有计划地进行，尽可能全面、多样。

4.2.1 知识适用。搜集的文献资料必须是对所编制的专题有一定用途。

4.2.2 内容丰富。对所编制的专题而言，既要有正面材料，又要有反面材料；既要有国内文献，又要有国外文献。在强调时效性的同时，也要选择一些有重要历史意义的文献资料。

4.2.3 形式多样。既要搜集各种电子资料，也要搜集各种印刷资料。

4.2.4 时间及时。搜集与专题有关的各种新资料、新信息，以提高专题的时效性和实用价值。

4.2.5 保存规范。搜集的文献资料应标明来源和时间，做好资料整理和保存工作。

4.3 编辑要求

4.3.1 从面到点，注意深度挖掘。通过比较、分析、判断、概括、演绎等方法编辑资料。

4.3.2 严格把关，提高真实性。要求编辑考证资料内容真假，确定图片是否合格等。

4.4 校对要求

4.4.1 应按校对基本常识进行校对。

4.4.2 编辑好的专题文献至少校对三遍。

4.4.3 同篇文字每次校对应为不同人员。

4.5 印发

4.5.1 印制前要得到部门负责人审核批准。

4.5.2 对印刷品及其合订本进行验收。

4.5.3 按要求将印刷品寄送相关单位。

5. 记录

5.1 专题文献、《信息参考》《文化聚焦》完成后填写《专题文献编制记录表》

5.2《文化剪报》完成后填写《文化剪报编制记录表》

6. 搜集反馈意见

专题文献编制记录表

年　月　日

专题名称	
主要内容	
资料来源	
责任编辑	
校对	
审校	
审核	

历史文献数字化控制程序

1. 目的

依据本馆文献资源建设的总体方案，执行《古籍数字化工作指南》（DB34/T 433—2022）要求，规范馆藏历史文献数字化的计划制定、前期整理、图像采集、元数据著录、数据验收等工作流程，按照古籍珍本善本、地方文献资料和读者需求优先的方针，妥善进行馆藏历史文献的再生性保护，并将历史数字化成果面向社会提供服务。

2. 范围

适用于馆藏历史文献的数字化加工流程控制，遵循“整体设计、长期建设、严守底线、严格管理”的原则。

3. 职责

3.1 历史文献部主任负责申报古籍数字化项目、选择数字化加工来源和方式、制定项目实施计划、管理数字化产品的采集、输出、标引、发布、存档、备份和各项统计档案，管理与过程相关的人员、设备、财产，确保古籍文献和电子资源的安全。

3.2 历史文献部、数字资源加工部图像采集与数字化加工岗位负责落实古籍数字化方案的前期整理准备工作，按照 DB34/T 433 的要求进行古籍图像的采集、输出、标引、发布、存档、备份和各项统计，按照数字化加工计划表与书库管理员办理古籍原件的出入库交接核对，对数字化设备做好日常维护保养工作。

3.3 历史文献部书库管理员负责按照下达的历史文献数字化计划登记调书，与修复组制定历史文献数字化前的修复计划，做好修复历史文献的交接验收记录，按时做好与数字化加工岗位的历史文献交接工作。

3.4 历史文献部修复组负责制定古籍数字化前的整理修复计划，及时与库管员办理交接核对，保障数字化工作的顺利进行。

3.5 历史文献部缩微阅览室根据全国图书馆文献缩微复制中心提供的

缩微文献总目，与本馆的历史文献目录、馆藏缩微文献资源目录准确查重，提取编制购买缩微文献资源目录。

4. 程序

4.1 历史文献数字化工作中应遵守《安徽省图书馆古籍书库管理条例》的相关规定，首先核查数字化计划中古籍或缩微胶片的保存状况，如缩微胶片质量达标并满足数字化要求的可以优先选择数字化；对于质量不合格或无馆藏缩微胶片的古籍应该提取古籍文献原件进行数字化。数字化加工过程中应当始终注重对历史文献的保护和安全的防护。

4.2 数字化加工前期古籍出库整理准备

历史文献数字化书况检查是通过对历史文献原本的逐叶翻检，了解文献每叶的保存状况，为历史文献保护与修复提供依据，为数字化的后续环节提供指导。通过书况检查，可以了解每一叶历史文献的保存情况，对文献现状情况进行详细记录。同时，结合历史文献的版本、版式、装帧形式、中缝宽度、透字等情况，确定历史文献图像数字化方式和使用的设备。

在书况检查过程中完全按书叶原貌统计总叶数，记录文献的缺叶、漏叶、错叶、重叶、空白叶等情况，注明是否需要补配、去重、变更叶码顺序等，确定扫描或拍摄的叶数，形成较为完整的书况检查记录。书况检查记录将作为数字化加工、质检、标引等后续环节的参考和依据。

4.2.1 历史文献部书库管理员按照下达的文献数字化计划登记调书出架，存放于古籍书库中数字化古籍专柜。仔细检查古籍书况，严格把关，对于不适合进行数字化加工的文献，提醒数字化工作人员做好与修复组文献修复人员的交接工作。负责历史文献出入库的安全，填写随书提交的历史文献数字化出库清单，按时做好与数字化加工人员的文献交接工作。

4.2.2 古籍修复完成后再进行数字化。历史文献部修复组负责对不适合数字化加工的古籍进行书叶修复整理，以满足数字化加工的技术要求。

古籍的修复，依据中华人民共和国国家标准《古籍修复技术规范与质量要求》(GB/T 21712—2008)执行。普通古籍的修复，由具有相关资质的单位和人员进行，确保修复质量；入选《国家珍贵古籍名录》古籍的修复，原则上只能由国家级古籍修复中心组织开展。古籍数字化进行书况检查时如发现需要修复的此类古籍，应做好记录，并与负责本地区古籍修复工作的国家级古籍修复中心取得联系，履行相关手续。

4.2.3 古籍出库后，进行初步检查。数字化加工人员按照古籍库房指定的时间、地点取书，办理出库手续后，直接送到古籍数字化暂存柜暂存。

数字化加工人员应认真阅读随书提交的出库工作单，对照工作单核对题名、部次、册数，对缺叶、错叶、重叶等要逐一核查。

4.2.4 缩微胶片状况检查与登记。

在数字化之前，应对缩微胶片进行检查，判断胶片是否适合数字化。如不符合下列情况，可先对缩微胶片进行处理后再进行数字化加工，以确保数字图像的质量。

(1)缩微胶片物理形态无卷曲、变形、脆裂、粘连、乳剂层脱落等情况。

(2)缩微胶片密度、解像力等技术指标应满足以下规定：

①原底片背景密度值为0.9～1.2；

②第二代负片背景密度值为0.9～1.2；

③各代正片背景密度值应不高于0.25；

④在同一画幅内，不同位置影像的背景密度差不应超过0.40；

⑤各代缩微品的最低解像力应达到下表所给的数值。

缩(小比)率	二号解像力测试图		
	第一代	第二代	使用拷贝片
1∶7	11.0	10.0	9.0
1∶8	10.0	9.0	8.0
1∶9	9.0	8.0	7.1
1∶10	9.0	8.0	7.1
1∶11	9.0	8.0	7.1
1∶12	8.0	7.1	6.3
1∶13	8.0	7.1	6.3

续表

缩(小比)率	二号解像力测试图		
	第一代	第二代	使用拷贝片
1:14	7.1	6.3	5.6
1:15	7.1	6.3	5.6
1:18	6.3	5.6	5.0

(3)缩微胶片无可见性微斑、变色、生霉等情况。

(4)影响缩微胶片图像可读性的情况。

(5)古籍缩微胶片破损处理。缩微胶片扫描之前应进行检查,若发现胶片存在问题不适合进行数字化处理,则应查看是否保存有上一代胶片,若存在则可直接使用上一代胶片扫描或使用上一代胶片重新制作胶片后再进行扫描。若本单位未保存上一代胶片,则需检查胶片来源,若是全国图书馆文献缩微复制中心制作的胶片,则需尽快联系该中心进行修复或重新制作胶片。

4.2.5 文献整理登记要求。

(1)详细登录文献版面状况,包括文献书目信息、原书状况、文献规格、卷信息及数量等。

(2)古籍数字化文献整理登记表文件格式:Microsoft Office Excel、Access 等。

4.3 古籍图像数字化

(1)古籍页面划分

古籍页面(以线装为例)划分类型主要有筒子页(叶)、半叶、双半叶等。古籍数字化根据古籍的装帧、版面等实际情况,按上述划分类型选定后再数字化采集图像。

(2)数字图像采集方式

①数字扫描(拍照)

每日扫描(拍照)前进行数字化设备的基本色彩校正,测量数字输入设备和数字输出设备的色彩属性。

②缩微胶片数字转换

使用专业级缩微胶片数字转换设备。当缩微胶片整体密度较为均匀、图像质量较好、图像大小基本相同时，宜采用高速扫描仪对其进行快速整卷/盘扫描，否则宜采用低速扫描仪逐画幅扫描。

③数字图像制作规格

执行DB34/T 433要求。

4.4 数字图像采集要求

(1)古籍原件扫描/拍照

古籍扫描时严禁拆书。避免透光，要求扫描图像清晰，不透字。扫描后的图像文件叶码连续，没有重叶、缺叶、错叶、折叶等情况(原书缺叶、错叶除外)。补扫缺叶图像要与同册图像文件的大小一致，颜色接近。

①IT8标准色彩导表(带尺寸标尺)与原件的距离为0.1～1厘米，色标放置于古籍首页画面左侧。

②按1∶1比例扫描，叶面外围要求留白，宽度不超过1厘米；书叶间距不超过0.1厘米。

③以原书的上边沿为基准，以中缝为中心线，保持原文献的天头、地脚的尺寸不变，左右两边的尺寸基本不变。叶面与标尺平行，图像倾斜角度不大于0.2°。

④原件表面有其他粘贴物件时，先将原件与粘贴物(即粘贴物覆盖于文献)一起扫描，然后将粘贴物掀开，再次扫描原件。

⑤原件透背叶字迹，有虫蛀、漏洞时，需垫上古籍适用的衬纸后扫描。

⑥在分画幅扫描时，各扫描区域边缘必须有3厘米(含)以上的重复扫描区。

⑦数字图像文件用Photoshop软件检查，图像不失真(图像放大至实际尺寸100%)，检查清晰度。

⑧数字图像文件与古籍原件颜色不一致，须先进行设备色彩校正，再重新进行扫描或拍照工作。

(2)缩微胶片数字化转换

①胶片的选择。建议选择(工作母片)第二代负像缩微品进行数字化。

②缩微胶片的保护：

a. 在扫描过程中，注意对缩微胶片的保管和保护，注意防火、防水、防光。

b. 在扫描过程中，工作人员应戴洁净的棉质薄手套，轻拿缩微胶片的边缘。

③倍率选择。按照缩微胶片拍摄时的缩小比率来选择对应的放大倍率进行还原，理论上要求还原后的图像尺寸与原件尺寸相同。

④对比度选择。在扫描过程中，应根据缩微胶片图像的密度、解像力进行调整和设定。

⑤亮度选择。根据缩微胶片图像的密度、解像力进行调整和设定。若整卷扫描，建议每卷正式扫描前进行预扫描，依照预扫描结果，调整数字化加工设备的扫描亮度参数。

4.5 古籍元数据著录

4.5.1 著录内容

(1)描述元数据

①书目数据

<table>
<tr><th>序号</th><th colspan="2">中文名称</th></tr>
<tr><td>1</td><td colspan="2">名录号</td></tr>
<tr><td>2</td><td colspan="2">普查编号</td></tr>
<tr><td>3</td><td colspan="2">加工记录标识号</td></tr>
<tr><td>4</td><td colspan="2">书目记录标识号</td></tr>
<tr><td>5</td><td colspan="2">索书号</td></tr>
<tr><td>6</td><td>分类(依据全国古籍普查登记手册分类标准)</td><td></td></tr>
<tr><td rowspan="3">7</td><td rowspan="3">题名项</td><td>题名卷数</td></tr>
<tr><td>存卷</td></tr>
<tr><td>其他题名</td></tr>
</table>

续表

序号	中文名称		
8	责任者项	第一责任者	朝代/姓名/著作方式
		其他责任者	朝代/姓名/著作方式
9	版本项(含补配)		
10	载体形态项	册数	
		合订状态	
		装帧形式	
11	版式项	版框、分栏、行款、书口、边栏等	
12	从编项		
13	附注项		
14	批跋		
15	馆藏单位		
16	制作单位		

②卷目数据

序号	中文名称	备　注
1	加工记录标识号	
2	子目题名	从书分目信息
3	层级号	格式为"加工记录标识号—子目顺序号—卷顺序号"
4	卷号	
5	卷名	
6	叶码	对应图像序号
7	属性	(1)"分卷"属性为"1" (2)"不分卷",属性为"2" (3)每册书除第一条记录外,其余记录的属性默认值为"0"

(2)管理元数据

①外字

使用《汉语文古籍机读目录格式使用手册》(中国国家图书馆编,北京图书馆出版社,2001 年 10 月第 1 版)中 393 字段系统外字附注的外字描述方法进行描述。

②数字化加工过程管理信息

序号	中文名称	注　释
1	加工记录标识号	数字化加工记录标识号。
2	技术信息	与信息资源的创建、加工、使用相关的物理参数、技术手段与标准以及硬件环境。
3	格式	信息资源的内容形式,包括资源内容与其元数据的类型。
3	分辨率	分保存数据、中间数据、发布数据等不同的分辨率。
4	色彩	图像真彩色、Web 色彩、灰度、黑白等。
5	色彩位深	图像采样的色彩位深。
6	压缩	若有必要分别表示压缩方法和压缩率,可进一步细分为“压缩方法”和“压缩率”。
7	加工方式	数字信息资源的加工方式。如扫描、拍照、缩微转换、格式转换等。
8	事件类型	独立加工或委托加工。
9	操作	包括扫描、图像处理、复制、修改、删除、合并等。
10	操作日期时间	图像采集时间、图像处理日期等。

4.5.2 元数据著录要求

应符合《古籍元数据规范》(WH/T 66—2014)和《古籍数字化工作指南》(DB34/T 433—2022)相关要求。

4.5.3 数字图像处理要求

数字图像文件的档案典藏级不进行图像处理。图像处理只针对图像衍生文件的复制加工级和发布服务级文件。处理内容及要求如下：

(1)纠偏处理。对出现偏斜的图像进行纠偏处理,对方向不正确的图像进行旋转还原,以符合阅读习惯。

(2)图像拼接。对大幅面文献进行分区扫描形成的多幅图像,服务级文件进行拼接处理,合并为一个完整的图像,以保证数字文件的整体性。

(3)图像剪裁。拍摄物外边缘裁至0.5～0.75厘米。

(4)不能进行锐化或者图像增强处理,不能更改图像的颜色,尽量减少对图像文件的后期处理。

4.5.4 数字图像检查要求

根据本馆历史文献资源数字化和古籍数字化任务书的要求,数字化加工需检查各级别图像数据的质量,并在扫描完成后立即进行质检。数据检查的内容和要求如下：

(1)图像文件(各种格式)放大到1∶1状态,逐叶检查。检查文件是否有透光、透字、有彩点、彩线、太淡、太浓、黑边、污点、歪斜、模糊(马赛克等)或图像内容不完整等现象。若不符合图像质量要求应进行图像校正或重新扫描(拍照)。

(2)发现文件漏扫时,应及时补扫并正确插入图像。

(3)检查是否符合扫描规格要求和技术参数。

(4)所有文件保存位置正确,可以有效打开和显示。

(5)检查图像叶码是否连续,不得跳叶。

(6)文献以册/件为单位检查标引(描述和管理)数据是否完整、准确。

(7)按照命名规则,检查目录、文件、数据库、文档、介质等名称是否正确。

(8)检查各类说明、统计、验收等文档是否齐全。

4.6 数据命名

4.6.1 数字化古籍文献整理登记表

电子文件表格命名:1801+加工年(4位)+项目编号

4.6.2 加工记录标识号

根据数字化项目的具体要求统一分配和管理。

4.6.3 图像数据保存目录和文件名

古籍数字图像的保存目录及文件名由四级构成：

第一级目录名称为加工记录标识号；

第二级目录名称为丛书标识号，由多位数字和“_”组成，基本格式为A_B_C，A为丛书标记，“1”表示丛书，“2”表示非丛书，B表示子目流水号，用非定长数字表示，当丛书的子目仍为丛书时，使用“_C”，可重复，C表示子目流水号，用非定长数字表示；

第三级目录名称为卷册号，由4位数字组成，从0001至9999，为流水号；

第四级保存数据文件为古籍叶号，由4位数字组成，从0001至9999，为流水号。

4.7 数据提交与验收

4.7.1 数据提交

数字化产品按照任务书规定将目录和数据保存至硬盘，提交审校，填写《古籍数字资源提交单》(一式两份)。

4.7.2 数据验收

根据本馆文献资源数字化和古籍数字化任务书的要求，核对《古籍数字资源提交单》进行数据审校，填写数据审校清单，合格数据进入存档和发布；不合格数据发回数字加工室重新制作。

严格管理数字化成品，标识存储硬盘，汇总数据，建立数字化工作档案。

4.8 历史文献入库归架

4.8.1 数字化加工人员根据数据验收合格通知，将历史文献原件与库房管理员办理交接归库手续。

4.8.2 库房管理员认真核对出库清单后，将完成数据化加工的文献原件从数字化专柜下架，按索书号归入原存放架。

网络安全应急预案

为切实做好本馆网络及信息突发事件防范和应急处理工作，提高本馆预防和控制突发事件的能力和水平，减轻或消除突发事件的危害和影响，确保本馆网络与信息安全，结合本馆工作实际，制定本预案。

1. 总则

(1)本预案所称“突发事件”，是指自然因素或者人为活动所引发的危害全馆网络设施及信息安全的各类灾害。

(2)本预案的指导思想是按照“预防为主，积极处置”的原则，不断完善本馆网络及信息安全管理机制，提高突发事件的应急处置能力。

(3)本预案适用于发生在本馆局域网内的突发应急事件。

(4)应急处置工作原则：统一领导、各司其职、整体作战、保障安全。

2. 组织指挥和职责任务

(1)相关应急处置工作在本馆网络安全和信息化领导小组领导下进行，办公室设在网络技术部。

(2)主要职责与任务是统一领导全馆信息网络的灾害应急工作，全面负责馆信息网络可能出现的各种突发事件处置工作，协调解决灾害处置工作中的重大问题等。

(3)各部门信息发布员、信息审核员和网络安全员应按照本馆相关管理制度严格落实日常工作；组织定期开展网络安全应急演练和网络安全检查，及时进行网络安全漏洞检测、修复和整改网络意识形态检查中存在的问题。

3. 事件分类分级

(1)事件分类：网络安全突发事件是指自然灾害、事故灾难和人为破坏引起的网站网络与信息系统的损坏。自然灾害是指地震、台风、雷电、火灾、洪水等；事故灾难是指电力中断、网络损坏或者是软件、硬件设备故障等；人为破坏是指人为破坏网络线路、通信设施、黑客攻击、病毒攻击、恐怖袭击等事件。

(2)网络与信息安全突发公共事件分为三级：Ⅰ级（重大）、Ⅱ级（较大）、Ⅲ级（一般）。Ⅰ级　（重大）：网站网络与信息系统造成全局性瘫痪，对国家安全、社会秩序、经济建设和公共利益造成严重损害需要跨部门协同处置的突发公共事件。Ⅱ级（较大）：某一部分的网站网络与信息系统瘫痪，对国家安全、社会秩序、经济建设和公共利益造成一定损害，但不需要跨部门、跨地区协同处置的突发公共事件。Ⅲ级（一般）：网站网络与信息系统受到一定程度的损坏，对公民、法人和其他组织的权益有一定影响，但不危害国家安全、社会秩序、经济建设和公共利益的突发公共事件。

4. 处置措施和处置程序

(1)处置措施分灾害发生前与灾害发生后两种情况

①在灾害发生前，网络技术部要预先对灾害预警预报体系进行建设，开展灾害调查，编制灾害防治规划，建设专业监测网络并规划建设灾害信息管理系统，及时处理灾害汛情信息。

加强灾害险情巡查：网络技术部要充分发挥专业监测的作用，进行定期和不定期的检查，加强对灾害重点部位的监测和防范，发现有不良险情时，要及时处理并向馆网络安全和信息化领导小组报告。属于Ⅰ级灾害的，同时还应向市公安局计算机信息安全监察处报告。

建立灾情速报制度，保障突发灾害紧急信息报送渠道畅通。

②在灾害发生后，立即启动应急预案，采取应急处置程序，判定灾害级别，并立即向馆网络安全和信息化领导小组报告，在处置过程中，应及时报告处置工作进展情况，直至工作结束。

(2)处置程序

·发现情况：

网络技术部要严格执行值班制度，做好本馆局域网信息系统安全的日常巡查及其日志保存工作，以保证最先发现灾害并及时处置此突发事件。

·预案启动：

一旦灾害发生，立即启动应急预案，进入应急预案的处置程序。

·处置措施：

①网站出现非法言论及有害、涉密信息等意识形态突发事件紧急处置措施。

a. 网页由网络安全设备随时密切监视信息内容，网络管理员及时检查安全日志。

b. 发现各种非法言论及有害、涉密信息等意识形态突发事件时，网络管理员应立即向网络技术部负责人通报情况。情况紧急的应先及时采取删除等处理措施，再按程序报告。

c. 网络技术部负责人应在接到通知后立即赶到现场，做好必要记录，清理有害或非法信息，强化安全防范措施，将网站网页重新投入使用。

d. 网站维护员应妥善保存有关记录及日志或审计记录。

e. 网站维护员应立即追查非法信息来源，并将有关情况向馆网络安全和信息化领导小组汇报，其他相关部门要在该小组的统一领导下，积极参与事件的应急处置工作。

f. 网络安全和信息化领导小组召开会议，根据此次意识形态突发事件可能造成社会影响的大小采取不同的善后处理措施，如研判事态严重，应保留证据，及时向有关上级机关和公安部门报告。

②黑客攻击事件紧急处置措施

a. 当网站维护员发现网页内容被篡改，或网络管理员通过入侵检测系统发现有黑客正在进行攻击时，应立即向网络技术部负责人通报情况。

b. 网络技术部负责人应在接到通知后立即赶到现场，并组织网络管理员将被攻击的服务器等设备从网络中断网隔离，保护现场，同时向网络安全和信息化领导小组汇报。

c. 网络管理员负责被破坏系统的恢复与重建工作。

d. 网络管理员协同有关部门共同追查非法信息来源。

e. 网络安全和信息化领导小组会商后，立即向公安部门或上级机关报备。

③病毒事件紧急处置措施

a. 发现计算机感染病毒后，应立即将该机从网络上断网隔离。

b. 对该设备的硬盘进行数据备份。

c. 启用杀毒软件对该机进行杀毒处理，同时使用病毒检测软件对其他机器进行病毒扫描和清除工作。

d. 如现行杀毒软件无法清除病毒，应立即向网络技术部负责人报告。

e. 网络管理员在接到通报后，应在十五分钟内赶到现场。

f. 经技术人员确认无法查杀该病毒后，应做好相关记录，同时立即向网络安全和信息化领导小组报告，并迅速联系有关产品商研究解决。

g. 网络安全和信息化领导小组会商后，若判断情况极为严重，应立即向公安部门和上级机关报告。

h. 若服务器或者主机系统感染病毒，经该领导小组批准，应立即告知各部门做好相应的清查工作。

④应用服务异常紧急处置措施

a. 一旦发现某项应用服务有异常，应立即向系统管理员、网络管理员报告。

b. 系统管理员、网络管理员检查网络及服务器状态，若服务器处于死机状态则重启服务器，非死机状态则重启服务。

c. 排除上一条两种错误，需检查客户端。

d. 如若服务器出现系统错误，则报知网络安全和信息化领导小组同意后，告知各服务部门停止使用此项服务。

e. 系统管理员和网络管理员负责重新装载操作系统和应用系统。

⑤软件系统遭破坏性攻击的紧急处置措施

a. 重要的软件系统平时必须存有备份，与软件系统相对应的数据必须按本单位容灾备份规定的间隔按时进行备份，并将它们保存于安全处。

b. 一旦软件遭到破坏性攻击，应立即向系统管理员、网络管理员报告，并将系统停止运行。

c. 系统管理员负责软件系统和数据的恢复。

d. 系统管理员和网络管理员检查操作系统日志、网络安全设备日志等资料，确认攻击来源。

e. 经网络安全和信息化领导小组判断情况极为严重的，应立即向上级机关和公安部门报告。

⑥数据库安全紧急处置措施

a. 核心业务数据库系统应按双机热备设置，各数据库系统至少须准备两个以上数据备份。

b. 若数据库崩溃，值班人员应立即与系统管理员联系，并向网络技术部负责人报告。

c. 系统管理员须对主机系统进行维修，如遇无法解决的问题，立即向网络安全和信息化领导小组汇报或向软硬件提供商请求支援。

d. 系统修复启动后，将第一个数据库备份取出，按照要求将其恢复到主机系统中。

e. 如第一个备份损坏，导致数据库无法恢复，则须使用第二套数据库备份加以恢复。

f. 若两个备份均无法恢复，应立即向有关厂商请求紧急支援。

⑦局域网中断紧急处置措施

a. 局域网中断后，网络管理员应立即判断故障节点，查明故障原因，并向网络安全和信息化领导小组汇报。

b. 经该小组同意后，应通告各部门相关原因，并暂缓服务。

c. 如属线路故障，应重新安装线路。

d. 如属电信部门管辖范围，应立即与电信维护部门联系，请求修复。

e. 如属路由器、交换机等网络设备故障，应立即与设备提供商联系更换设备，并调试畅通。

f. 如属路由器、交换机配置文件破坏，应迅速按照要求重新配置并调试畅通，如遇无法解决的技术问题，应立即向上级单位或有关厂商请求支援。

g. 其他网络异常：检查终端网卡是否正常，检查终端至楼层交换机的线路是否正常。

⑧核心设备安全紧急处置措施

a. 服务器、存储等关键设备损坏后，有关人员应立即向网络管理员和系统管理员汇报。

b. 网络管理员和系统管理员应立即查明原因。

c. 如果能够自行恢复，须立即用备件替换受损部件。

d. 如果不能自行恢复，应立即与设备提供商联系，请求派员前来维修。

e. 若设备短时间不能修复，应向网络安全和信息化领导小组汇报，并告知各相关部门，暂缓服务。

⑨人员疏散与机房灭火预案

a. 若机房发生火灾，应遵照下列原则：

首先确保人员安全。其次确保数据、关键设备安全。最后保证一般设备安全。具体方法包含：硬盘的拔出与保存，设备的断电与拆卸、搬迁等。

b. 人员疏散程序：机房值班人员立即按响火警警报，并通过 119 电话向公安消防请求支援，所有人员戴上防毒面具，不参与灭火的人员按照预先确定的线路，迅速从机房中撤出。

c. 人员灭火的程序：切断所有电源，启动自动喷淋系统，灭火值班人员戴好防毒面具，从指定位置取出泡沫灭火器进行灭火。

⑩外电中断后的设备

a. 外电中断后，机房值班人员应立即检查 UPS 供电情况，检查能否正常切换。

b. 机房值班人员应立即查明原因，并向值班领导汇报。

c. 如因机关内部线路故障，须报请后勤服务部迅速恢复。

d. 供电局的原因导致断电，应联系配电房了解送电时间。若供电局告知需长时间停电，应做如下安排：

·预计停电 2 小时以内，由 UPS 供电。停电前 2 小时，监控停电时 UPS 供电状况。检查服务器和存储设备是否正常工作，配合系统管理员做好

Interlib数据等相关应用备份。

·预计停电4～6小时,应做如下处理流程:网络管理员随时观察UPS电源状态,在停电前2小时,配合系统管理员做好Interlib数据等相关应用备份。

·若4小时不能送电,网络管理员和系统管理员关闭除业务系统以外的所有服务器、存储、网络设备。超过6小时,关闭所有设备。

e. 恢复通电时应做如下处理流程:

·观察UPS电源状态。

·确定状态正常后,开启网络设备、服务器、存储设备。

·开启服务器,启动服务器上各项服务(完成约需30分钟)。

·按顺序开启设备及服务(完成约需30分钟)。

·检查服务是否全部启动。

·测试Interlib,测试各种数字资源数据库。

⑪关键人员不在岗的紧急处置措施

a. 对于关键岗位做好人员储备,确保一项工作有两人能操作。

b. 一旦发生关键人员不在岗的情况,由备用人员上岗操作。

c. 其他未列出的不确定因素造成的灾害,结合具体情况,作出简单应急处置,无法处置则联系厂家专业人员处置。

(3)情况报告

在灾害发生时,在按照应急处置方法进行处置的同时需要判定灾害级别,第一时间向馆网络安全和信息化领导小组汇报。在Ⅰ级灾害发生时或上级机关通知的特殊时间内发生灾害,可以同时向市公安局相关部门汇报。Ⅱ级、Ⅲ级的灾害,及时向网络安全和信息化领导小组汇报,并报告处置工作进展情况,直至处置工作结束。

报告内容包括:灾害发生的时间、地点,灾害的级别,灾害造成的后果,应急处置的过程、结果,灾害结束的时间,以及防范类似灾害发生的建议与方案等。

(4)发布预警

灾害发生时,可根据灾害的危害程度适当发布预警,特别是一些在其他地方已经出现,或在安全相关网站发布了预警而本馆网络还没有出现的相应灾害,除在技术上进行防范以外,还应当向网络信息用户发布预警,直至灾害警报解除。

(5)预案终止

经专家组鉴定，灾害险情或灾情已消除，或者得到有效控制后，须由网络安全和信息化领导小组宣布险情或灾情应急期结束，并予以公告，同时预案终止。

5. 保障措施

灾害应急防治是一项长期性、持续性、跟踪式且深层次的和各阶段相互联系的工作，是有组织的科学与社会行为，而不仅仅随每次灾害的发生而开始和结束。因此，必须做好应急保障工作。

(1)应急装备保障

重要系统在建设时应事先预留一定的应急设备，建立网络硬件、软件、应急救援设备等应急物资库。

(2)数据保障

重要信息系统均应建立异地容灾备份系统和相关工作机制，保证重要数据在受到破坏后，可紧急恢复。

(3)人员保障

按照一专多能的要求重视人员的建设与保障，确保在灾害发生前的人员值班，灾害处置过程和灾后重建中的人员在岗战斗力。

(4)技术保障

重视网络信息技术的建设和升级换代，在灾害发生前确保网络信息系统的强劲与安全，灾害处置过程中和灾后重建中加强相关技术支撑。

(5)物资保障

要根据近三年全国甚至全世界网络信息系统安全防治工作所需经费情况，将本年度灾害应急经费纳入本馆年度财政计划和预算，购买相应的应急设施。建立应急物资储备制度，保证应急抢险救灾队伍技术装备的及时更新，以确保灾害应急工作的顺利进行。

(6)训练和演练

加强全馆网络信息用户的防灾、减灾知识的宣传普及，增强用户的防灾意识和自救互救能力。有针对性地开展应急抢险救灾演练，确保发生灾害后应急救助手段及时到位和有效。

网络维护服务表

申请部门：

<table>
<tr><td>维护地点</td><td colspan="6"></td></tr>
<tr><td>现象描述</td><td colspan="6"></td></tr>
<tr><td>申请时间</td><td colspan="2"></td><td colspan="2">完成时间</td><td colspan="2"></td></tr>
<tr><td colspan="7">处理过程描述：

故障维护人员：</td></tr>
<tr><td>完成情况
意见反馈</td><td>满意</td><td></td><td>较满意</td><td></td><td>一般</td><td></td></tr>
<tr><td>故障申请人
签字</td><td colspan="6"></td></tr>
<tr><td colspan="3">网络技术部负责人签字</td><td colspan="4">年　月　日</td></tr>
</table>

读者投诉建议管理规定

1. 目的

本规定明确了针对读者投诉建议处理的程序及要求，确保相关人员及时有效地处理各类读者投诉建议。

2. 适用范围

本规定适用于读者对图书馆工作提出的投诉建议处理。

3. 职责

办公室统一负责接收和回复读者投诉建议，每年撰写一份全年读者投诉建议统计分析报告，并妥善保管相关材料。

4. 程序

4.1 读者投诉建议的接收

4.1.1 上级部门转交。

4.1.2 本馆邮箱、投诉电话、微信、微博、现场等反馈渠道。

4.2 读者投诉建议的登记

工作人员接到读者投诉建议后，应对下列内容作出登记。

4.2.1 读者姓名。

4.2.2 读者联系电话。

4.2.3 投诉建议内容概要。

4.2.4 投诉建议记录人。

4.2.5 投诉建议受理时间。

4.3 投诉建议的处理

4.3.1 分析读者投诉建议内容，反馈至相关责任部门。

4.3.2 责任部门开展调查取证工作，了解事实情况，提出处理意见，作出整改措施。

4.3.3 办公室通过电话或邮件联系读者，进行沟通，并告知处理结果和整改措施。如是上级部门转来的投诉建议，及时将书面回复提交上级部门。

4.4 整改

对读者提出的每件投诉建议，应在投诉建议处理结束后进行原因分析，提出防止问题再次出现的纠正措施，投诉建议相关的责任部门根据纠正措施进行整改。

4.5 档案管理

办公室将读者投诉建议按年度分类汇总存档。

4.6 处理原则

4.6.1 维护读者权益：坚持“读者至上”的理念，以维护读者正当权益为根本出发点和目的。

4.6.2 实事求是：对投诉建议进行深入细致的调查，坚持不偏袒、不夸大，坚持公平公正。

4.6.3 温和礼让：亲切、友善地对待投诉者，换位思考，创设和谐的沟通方式。

4.6.4 满足读者合理需求：在服务能力范围内尽量满足读者合理诉求，如因客观条件确实无法满足的，需向读者作出合理解释，化解读者抱怨情绪。

文化志愿服务管理规范

1. 适用范围

本规范规定了文化志愿者(团体)注册登记、管理培训、服务规范、服务评价、表彰激励等内容。适用于安徽省图书馆(以下简称"本馆")内的文化志愿者(团体)、文化志愿服务组织及其文化志愿服务活动。

2. 术语和定义

(1)文化志愿服务组织

本规范所指的文化志愿服务组织,为管理型文化志愿服务组织,由本馆人力资源部和党群工作部负责,人力资源部统筹协调志愿服务工作,工作职责包括文化志愿工作的宣传和志愿者(团体)的招募、注册、协调、考核、评价和激励等日常运行管理。党群工作部工作职责包括统一管理本单位馆员志愿者,结合党、团建设定期策划开展党团员志愿服务活动。

(2)文化志愿者(团体)

本规范所指的文化志愿者(团体),是指具有志愿服务精神,热爱公益事业,并具备一定的文化专业知识或文艺专长,自愿提供无偿服务,利用自己的时间、知识、技能等,围绕本馆文化工作项目为社会或他人提供公益性服务和帮助的各界人士和社会团体。

(3)文化志愿服务

本规范所指的文化志愿服务,是指文化志愿服务组织和文化志愿者(团体)自愿、无偿地参与公共文化服务体系建设,服务人民群众享受公共文化生活,促进社会文明与发展的行为。

3. 文化志愿者(团体)的权利、义务

(1)基本条件

①年满16周岁至65周岁(未满16周岁的须经其法定监护人同意,并在法定监护人的陪同下签订安徽省图书馆未成年人志愿者服务承诺书)。

②热爱公益文化事业,自愿参加志愿服务活动,具有从事志愿服务的时

间和相应的服务能力，具有相关志愿服务所需要的身体和心理健康条件。

③具备与所参加的文化志愿服务项目及活动相适应的人文素养和身体素质以及专业知识或服务技能。

④具有文化志愿服务经历者优先。

(2)权利

①自愿加入或退出本馆文化志愿服务组织。

②根据自己的意愿、时间和能力提供文化志愿服务。

③知悉志愿服务活动真实、准确、完整的信息。

④在提供服务期间获得参加志愿服务活动必要的条件和保障。

⑤参加本馆文化志愿服务组织提供的培训和其他相关活动。

⑥无偿获取本人的志愿服务记录证明。

⑦对文化志愿服务组织进行监督，提出意见和建议。

⑧相关法律、法规及制度规定的其他权利。

(3)义务

①遵守法律、法规，以及本规范的相关规定。

②提供本人真实、准确、完整的基本信息。

③履行文化志愿服务承诺或协议约定，服从管理，及时认真完成安排的文化志愿服务工作。

④因故不能参加或完成预先约定的文化志愿服务活动时，提前告知文化志愿服务组织。

⑤不得以文化志愿者(团体)的身份从事任何以营利为目的或违背社会公德的活动。

⑥自觉维护志愿服务形象和声誉，提升志愿服务质量。

⑦尊重志愿服务对象的人格、隐私等权利，保守在志愿服务活动过程中获悉的国家秘密和有关服务对象的隐私、秘密，以及其他受法律保护的信息。

⑧每人每年参加本馆文化志愿服务的累计时间不少于20小时。

⑨承担相关法律、法规及其他规章制度规定的其他义务。

4. 文化志愿服务规范

(1)服务内容

①社会教育服务：参与各种公益性文化讲座、公益展览、培训辅导、交流体验等读者活动；参与群众性或公益性文化活动的演出或服务。

②专业服务：参与各类阅读推广活动的策划、组织、实施；参与文创开发、专业研究、文献翻译等。

③辅助管理服务：参与阅览室、书库的日常辅助管理，协助工作人员进行书刊整理、读者管理、阅读辅导、文献推荐、检索咨询、数字化服务等工作；协助、参与本馆读者调查；为老年人、未成年人、残疾人、农民工和生活困难群众等群体提供公益性文化服务。

④其他需要的临时性活动。

(2)服务项目

立足现有文化助残志愿服务项目、新安百姓讲堂志愿项目、古籍普查志愿项目、公共数字文化志愿项目等业务工作，各部门面向读者服务和业务建设设计新的志愿服务项目，将图书馆日常工作与志愿者个人才艺相结合。

(3)服务形象

在参与文化志愿服务时，文化志愿者(团体)应真诚热情、仪表端庄、穿着整洁、统一着装或佩戴统一的标识。

(4)服务纪律

参与文化志愿服务时，应遵守约定的服务时间，服从文化志愿服务组织的指导和安排，履行志愿服务承诺，完成志愿服务。

5. 文化志愿者(团体)招募

(1)志愿项目信息发布

文化志愿服务组织根据本馆岗位工作和本馆文化志愿者(团体)实际需求，通过安徽省图书馆网站、微信平台方式发布有关文化志愿者(团体)需求数量、岗位工作要求和报名方式等招募信息，也可深入社区、学校、单位等机构有针对性地开展文化志愿者(团体)招募工作。

文化志愿服务组织以经常性招募和应急性招募相结合、现场报名与网络报名相结合的方式，接受文化志愿者(团体)的报名。

经常性招募，主要是为了通过不断吸收和退出机制，建立相对稳定的志愿者（团体）人才队伍，在实践中发现和培养志愿者（团体）中的业务骨干，不断提高志愿者（团体）队伍的能力和水平。

应急性招募，主要解决大型活动时对志愿者的需求。

（2）报名

①现场报名：文化志愿服务组织设定报名点，有意参加志愿服务且符合条件的公民携带有效身份证件、在职或在校证件，在报名点领取并填写《安徽省图书馆文化志愿者申请表（个人）》；社会团体负责人携带有效身份证件、在职或在校证件及团体资料，领取并填写《安徽省图书馆文化志愿者服务报名表（团体）》，由文化志愿服务组织审核。

②网络报名：登录安徽省图书馆网站在线注册登记报名。

（3）审核登记

文化志愿服务组织对申请对象进行资料审查，审核合格后，将有关信息录入文化志愿者（团体）数据库备案。安排活动前，文化志愿服务组织通过电话、邮件等形式通知申请对象。

6. 文化志愿者（团体）培训

被服务部门负责对文化志愿者（团体）进行岗位业务知识、工作流程、规章制度、服务理念、实践技能培训以及礼仪培训，提升文化志愿者（团体）服务水平及专业技能。

（1）培训类别

通用培训：面对全体文化志愿者（团体），使其掌握与志愿服务工作有关的基本理论知识、服务礼仪、服务规范和实践技能的培训。

岗位培训：面对指定服务岗位的文化志愿者（团体），使其掌握与服务岗位相关的岗位细则、工作任务、业务流程等知识和技能培训。

专业培训：根据服务岗位的专业要求，使文化志愿者（团体）掌握相关专业知识和技能的培训。

（2）培训方式

包括知识讲座、辅导培训、个案培训、实践培训与网络自学等。

7. 文化志愿服务日常管理

(1)需求申报

①日常服务招募:每季度组织一次。各部门在上一季度末的最后一月填写下一季度《安徽省图书馆志愿者(团体)服务需求申请表(日常计划)》,经分管领导审定后,交文化志愿服务组织。

②大型活动招募:在大型活动前一个月,由活动发起和组织部门填写《安徽省图书馆志愿者(团体)服务需求申请表(大型活动)》,经分管领导审定后,交文化志愿服务组织。

文化志愿服务组织确定文化志愿者(团体),确定志愿者(团体)的相关身份信息、联系方式、服务时间、服务内容等基本情况,为需求部门和志愿者(团体)进行有效沟通和对接。

(2)服务考核与记录

被服务部门的负责人按《安徽省图书馆文化志愿者服务情况登记表》要求,对志愿者(团体)进行考勤登记,并记录服务时间、服务岗位及内容、服务满意度、评语等信息。在志愿者(团体)服务结束时,反馈给文化志愿服务组织。反馈前,使用部门可采用一定的形式,征求读者意见,并将读者评价直接写入考核记录。

(3)服务反馈

服务活动结束后,文化志愿服务组织将志愿服务开展情况反馈给志愿者(团体)以及志愿者(团体)所在单位。有较多志愿者(团体)结束服务时,由被服务部门和志愿服务组织共同召开服务活动总结会议。

(4)宣传推广

利用安徽省图书馆网站“志愿者服务”专栏,加强对文化志愿者(团体)的宣传,营造良好的舆论氛围。

(5)退出机制

①自愿退出。志愿者可以自愿退出,向服务部门提交申请,服务部门应在收到申请后一个工作日内提出受理意见,交文化志愿服务组织,在三个工作日内,审核并回复本人。

②劝退。有下列行为之一的,可以取消其志愿者资格,并办理退出、注销

手续,并通知其本人。

a.违反本馆文明服务规章制度,违反文化志愿服务守则行为,造成严重后果的。

b.因故意或者过失造成服务对象或者第三人受到重大损害的。

c.以本馆文化志愿服务组织名义组织或参与违反志愿服务精神的活动,并损害本馆名声的。

d.累计两次以上(含两次)无故不参加文化志愿服务的。

(6)其他

有下列情形之一的,文化志愿服务组织与文化志愿者(团体)签订志愿服务书面协议:

①连续三个月以上专门从事志愿服务的。

②任何一方要求签订书面协议的。

③为大型公益文化活动提供文化志愿服务的。

④法律、法规规定应签订书面协议的。

8.文化志愿者(团体)服务评价和表彰激励

(1)建立文化志愿服务档案

建立文化志愿者(团体)工作档案,记录文化志愿服务情况,保存《安徽省图书馆文化志愿者(团体)服务情况登记表》,出具文化志愿服务相关证明,并为表彰激励回馈提供依据。

(2)建立文化志愿者(团体)荣誉授予制度

依据文化志愿者(团体)服务时间和服务业绩定期开展文化志愿者评选活动。经各部门推荐,对在服务时间、服务质量上表现突出、社会公论好的优秀文化志愿者(团体),给予以下奖励:

①颁发安徽省图书馆年度优秀文化志愿者(团体)荣誉证书,同时在安徽省图书馆网站进行公告。

②提供参观交流机会。

③其他奖励。

(二)流程

图书处理流程

过程流程	内容描述	采用表单
图书采访 ↓	1. 调查读者及借阅部门文献采购需求。 2. 制定采访计划(确定采访方针、原则、重点学科、复本量等)。 3. 实施采访过程(包括书目订购、现场采购、征集、网购、接受捐赠)。	《文献采购部门意见征询表》 《文献采购读者意见征询表》
图书初加工 ↓	1. 盖馆藏章(包括骑缝、题名页2处)。 2. 贴磁针(300页以下每册装1根磁针,300页以上每册装夹2根磁针)。 3. 贴条码。	
图书验收 ↓	1. 导入订单。 2. 在图书馆集群管理系统中新建验收单,并扫码验收。 3. 核对图书金额、册次、破损情况及内容是否符合入藏标准。 4. 对于破损、无订单、不符合入藏标准的图书,予以退书处理。 5. 对于金额、册次与订单不符的图书,根据实体书修改。 6. 保存验收,并生成验收单。 7. 定期催缺。	《采编部图书验收单》
图书著录 ↓	1. 查重,如为复本则直接增加馆藏。 2. 从国家图书馆联合编目中心(以下简称联编中心)下载书目数据,并按照本馆著录规则进行修改。 3. 如联编中心无书目数据,则复制供应商书目数据,并按照本馆著录规则进行修改。 4. 对于无可用书目数据者,自行编目。 5. 在题名页填写索书号,在封底填写馆藏代码。 6. 对发现问题的历史记录,及时修改。 7. 著录过程中发现多卷书缺失情况,予以记录并反馈给采访人员。	

续表

过程流程	内容描述	采用表单
图书审校 ↓	1. 对照实体文献，按照著录规则核对各著录字段，核对索书号是否正确，并及时修改。 2. 种数、册数、条码号是否与机读记录一致。 3. 实施每批图书的编目统计及数据转库工作。 4. 对发现问题的历史记录，及时修改。 5. 审校过程中发现多卷书缺失情况，予以记录并反馈给采访人员。 6. 如图书为地方文献，则增加地方文献库记录。	
打印与粘贴书标 ↓	1. 打印书标。 2. 粘贴书标并覆盖以透明胶带。 3. 检查每批图书的种数、册数、书标等是否符合要求。 4. 如发现书标数量与图书数量不符、书标与图书实体上的索书号不一致等问题，反馈给审校人员找出原因并修改。	
粘贴电子标签并转换数据 ↓	1. 对拟册送到外借部门的图书，粘贴电子标签。 2. 转换数据。 3. 如发现馆藏输入错误或分类错误，反馈给审校人员修改。	
总校册送	1. 实施图书的分库册送工作。 2. 实施册送图书的数据统计工作。 3. 如发现分类错误，反馈给审校人员修改。	《安徽省图书馆图书册送单》《采编部图书册送统计表》

数字资源采选流程

过程流程	内容描述	采用表单
读者需求 业务部门需求 资源使用情况统计分析报告 ↓	1. 对本馆正在使用的数据库通过安徽省图书馆官网、微信平台发布《安徽省图书馆数字资源使用情况问卷调查》，了解读者需求。 2. 数字资源部征询本馆业务部门的数字资源采选意见，相关业务部门根据部门业务需求并结合读者需求填写《安徽省图书馆数字资源采选推荐单》。 3. 数字资源部根据上一年度数字资源使用情况的统计数据撰写数字资源使用情况统计分析报告。	《安徽省图书馆数字资源使用情况问卷调查》 《安徽省图书馆数字资源采选推荐单》
制定年度采选计划 ↓	数字资源部根据读者需求、相关业务部门需求和数字资源使用情况统计分析报告制定年度采选计划，报分管馆长审批确定。	
↑修改 馆文献资源建设会审议 ↓通过	馆文献信息资源建设会议审议数字资源年度采选计划，讨论并提出修改意见。	
↑修改 馆党政联席会审议 ↓通过	年度采选计划经馆党政联席会审议同意后，数字资源部实施采选工作。	
采购数字资源 ↓	1. 由数字资源部制订采选需求，经分管馆长审批后实施采购。 2. 续费购买的数字资源可在不改变采购内容的情况下续签合同（不超过三年），超过三年，重新实施政府采购。 3. 新购数字资源实施政府采购。	
签订采购合同 ↓	与资源供应商签订采购合同。	

续表

过程流程	内容描述	采用表单
安装调试 ↓	1. 包库资源由数字资源供应商开通IP访问权限,数字资源部在安徽省图书馆数字资源服务平台添加链接,实现读者服务。 2. 本地镜像资源由项目负责人和数字资源供应商填写数字资源安装单后,交网络技术部协助完成数字资源的线上发布。	
↑整改 验收 ↓合格	数字资源完成安装与发布后由项目负责人召集馆验收小组按照合同要求进行验收。	
资源发布	读者通过安徽省图书馆 PC 端、移动端访问数字资源。	

图书借阅流程

过程流程	内容描述	采用表单
接收新书 ↓	工作人员按照当日图书册送清单，核对数量并签字确认。	《安徽省图书馆图书册送单》
新书入库上架 ↓	到馆新书按照类别入库上架。	
读者借书 ↓	1. 指导读者利用自助借还设备外借图书。 2. 遇有问题图书不能外借的，须送交采编部重新处理。	《安徽省图书馆各阅览室反馈采编部处理图书记录表》
读者续借 ↓	1. 读者在图书借阅期限内可以续借 1 次，借期从续借当日起算。 2. 读者续借可到馆办理，也可拨打阅览室电话或电话语音服务系统办理。	《安徽省图书馆________部电话续借登记表》
读者还书 ↓	1. 读者所借图书应在期限内归还，逾期按相关规定交纳逾期费。 2. 读者还回图书须检查有无污损现象，如有，则按照相关规定收取污损费用。	《安徽省图书馆读者借阅逾期费登记表》
还回图书入库上架	读者还回图书及时入库上架。	

中文期刊处理流程

过程流程	内容描述	采用表单
接收新刊 ↓	工作人员按照当日中文期刊册送清单，核对新刊并签字确认。	《采编部中外文期刊册送单》
期刊载架 ↓	1. 按照中文期刊阅览室区域划分，将新刊分配到外借区、入藏区、闭架区及交送本和赠送本专架区。 2. 外借区期刊须粘贴排架号标签（贴标签区域一般在封面正中偏下部）方可上架。	
期刊下架 ↓	每年分 2 次对期刊进行下架（当年 10 月下架上半年期刊，次年 1 月下架下半年期刊）。	
期刊装订 ↓	上一年度期刊下架完成后，装订公司按照合同要求完成期刊装订工作。	《借阅部中外文报刊送装单》
合订本验收 ↓	1. 工作人员对装订后的期刊合订本进行验收（拆包、分类、排序），对发现问题的期刊合订本，及时反馈给装订公司重装。 2. 排序完成后，将期刊合订本送至辅助书库上架。	《借阅部中外文报刊装订验收单》
抄写目录草卡 ↓	对完成验收的期刊合订本进行目录草卡的登记工作（包括记录分类号、刊名、年代、卷期号和条码号）。 草卡送至采编部进行信息录入。	
期刊合订本卡片目录标注 ↓	1. 中文期刊书库管理岗工作人员负责将采编部完成信息录入的目录草卡信息进行卡片目录标注（包括分类号、刊名、年代、卷期号）。 2. 如发现电脑装订信息与卡片登记信息不符，须反馈给采编部进行核对修改。	
送至总书库	辅助书库中文期刊合订本定期入总库。	《借阅部中外文报刊总库入藏单》

阅读推广活动流程

过程流程	内容描述	采用表单
了解用户需求 ↓	通过读者调查问卷、日常沟通问询、专业学习等方式了解少儿、家长、学校、合作单位等用户在阅读推广活动方面的需求。	《少儿部读者调查问卷》
策划方案 →修改→ 调整改进 ↓通过 批准 ↓	制定阅读推广活动方案： 1. 常规阅读推广活动方案，需经部门主任确认后执行。 2. 特别策划的主题阅读推广项目方案，须结合部门主任、合作单位意见进行调整改进，提交分管馆长批准后执行。 3. 主题内容等策划严格执行《安徽省图书馆意识形态工作管理办法》。	《安徽省图书馆特色服务品牌项目策划书》
活动前期宣传 ↓	1. 撰写活动预告。 2. 通过馆网、微信、微博、宣传屏、新闻媒体等平台发布信息。 3. 吸引读者关注和参与。	《安徽省图书馆新媒体平台信息发布申请表》
活动前期准备 ↓	1. 任务分解及分工。 2. 联系相关部门配合。 3. 活动相关物料准备。 4. 活动场地布置。	《安徽省图书馆活动拍摄申请表》 《安徽省图书馆广告宣传品(印刷品)制作清单》 《安徽省图书馆货物服务类采购申请单》 《安徽省图书馆场地服务申请表》
活动组织实施 ↓	1. 线上活动按活动流程开展。 2. 线下活动按读者签到、活动主持、活动开展等流程，分工进行。 3. 做好安全防范，及时发现并排除安全隐患。	《少儿部读者活动签到表》
总结整理	1. 活动统计和反馈收集。 2. 活动实施后的宣传。 3. 图文资料归档。 4. 活动评价与持续改进。	《少儿部读者活动签到表》 《安徽省图书馆读者活动统计表》

新安百姓讲堂工作流程

过程流程	内容描述	采用表单
确定主题 ↓	1.全面调研读者需求,结合年度社会时事热点、重大节日、重大事件纪念日等策划讲座选题,征求合作单位意见,确定主讲嘉宾。 2.报部门主任初审,报分管馆长审核、批准实施。	《社会教育部讲座内容审核表》
前期准备 ↓	1.发布讲座信息(馆网、微信公众号、宣传展板、宣传册、新闻媒体等)。 2.预定场地、联系相关部门配合,做好场地布置等活动相关准备。	
组织实施 ↓	1.与主讲嘉宾签订《主讲人承诺书》。 2.讲座活动主持、现场服务、拍照、录像等。	
活动总结	1.收集听众反馈,做好活动记录。 2.发布小结报道,图文资料归档,活动持续改进。	《安徽省图书馆读者活动记录表》

继续教育培训工作流程

过程流程	内容描述	采用表单
培训需求调研 ↓	调研相关专业技术人员的培训需求，结合省级继续教育培训要求设计课程。	
确定课程和老师 ↓	确定线上或线下培训课程和授课老师。	
起草培训通知 ↓	起草线上或线下培训通知，报送领导审查。	
发布通知 ↓	在馆网站发布和寄送培训通知。	
培训报到 ↓	线下培训：学员报到，发放培训材料；线上培训：学员注册。	《安徽省专业技术人员继续教育登记表》
发放证书 ↓	开展线上或线下培训结业考试，发放证书。	
材料归档	归档线上或线下培训图文资料。	

专题文献编制流程

过程流程	内容描述	采用表单
策划方案 ↓	1. 加强意识形态风险防范。 2. 制定专题文献编制方案(确定文献编制负责人及参与人员)。	《参考咨询部专题文献编制记录表》
资料搜集筛选 ↓	1. 从国内主流媒体网站、各大报纸网络版、报纸杂志及本馆各类馆藏资源中搜集与专题相关的文献资料。 2. 有针对性地对收集来的资料进行精选。	《参考咨询部专题文献编制记录表》
专题编辑 ↓	1. 专题以热点问题为中心。 2. 编辑有参考价值的信息。 3. 保证时间上的及时性。 4. 提高专题的时效性和实用价值。 5. 仔细把关,提高专题的真实性。	《参考咨询部专题文献编制记录表》
专题校对 ↓	1. 对专题内容进行校对,注意意识形态问题。 2. 注意文章的标题、小标题、内容字体的规范应用。 3. 规范使用标点符号。 4. 规范使用图片、表格。	《参考咨询部专题文献编制记录表》
专题审核 ↓	1. 对专题意识形态审核把关。 2. 对专题文字、标点符号、图片、表格等规范化使用的审核。	《参考咨询部专题文献编制记录表》
完成专题记录	按照ISO部门手册中各类二三次文献编制记录表进行记录。	《参考咨询部专题文献编制记录表》

业务调研流程

过程流程	内容描述	采用表单
拟定调研选题和方案	依据馆工作安排，结合安徽省公共图书馆现状，拟定业务调研选题和方案。调研方案主要包括以下几个方面。 1. 调研目的，明确调研要解决的问题及预期效果。 2. 调研范围和调研进度安排。 3. 根据调研对象及实际需要选定调研形式。 4. 组建调研团队，确定参与调研人选，明确职责分工。	《安徽省图书馆业务调研选题申报表》
审核（修改→重新拟定） 通过↓ 开始调研工作	调研选题和方案需在拟定后 7 个工作日内上报馆领导审核批准。经馆领导批准后，开始调研工作。	《安徽省图书馆业务调研选题申报表》
收集调研数据（修改→补充数据） 通过↓ 分析调研数据 撰写调研报告	根据调研方案，利用相关调研方法，收集调研数据。对调研数据进行分析，形成调研报告。	
审核（修改→修改完善） 通过↓	调研报告须对调研中发现的问题或相关经验进行归纳总结并提出对策意见，经馆领导审核通过后，业务调研方可完成。	
资料归档	建立业务调研档案，保证调研相关数据（纸质文档及电子文档）的系统性、完整性。	《安徽省图书馆业务调研记录表》

古籍修复流程

过程流程	内容描述	采用表单
制定修复计划 修复方案→批准 出库交接	古籍修复前,需制订科学的修复方案。 1.普通古籍修复方案,需经修复中心负责人及部门主任确认后执行。 2.珍贵古籍的修复方案,需经修复专家及部门主任确认后执行。 3.严格执行《古籍修复交接管理制度》。	《待修历史文献出入库记录》
修复管理	修复人员需认真填写修复记录。古籍修复过程需有图片记录,珍贵破损古籍修复过程需有影像记录。 1. 严格执行《古籍修复安全管理制度》。 2. 修复人员需按照《古籍修复技术规范与质量要求》实施古籍修复。 3. 制定《古籍修复应急预案》。	《安徽省图书馆历史文献修复记录》
修复验收	古籍修复完毕,需按照《古籍修复质量验收标准》进行质量验收。 1.普通古籍由修复中心负责人或部门主任进行验收。 2.珍贵古籍由修复专家及部门主任进行验收。验收不合格修复品应由修复人返工重修,如修复质量存在严重问题,造成修复事故的,应追究其责任。	《安徽省图书馆历史文献修复记录》 《年度验收统计表》
古籍入库	严格执行《古籍修复交接管理制度》 1.对验收合格的古籍修复品,需经过1～2个月的冷冻处理后再办理入库交接。 2.出入库运送过程,应有2名工作人员参与。古籍须叠放整齐,作适当防护,平稳运输。 3.入库时,书库管理员需仔细对照出库记录,核对无误后,在入库记录上签字,归架。	《待修历史文献出入库记录》 《古籍书库图书出入库记录》

古籍数字化流程

过程流程	内容描述	采用表单
古籍数字化计划 ↓	依据本馆文献资源建设的总体方案，执行《古籍数字化工作指南》(DB34/T 433—2022)要求，制定馆藏历史文献数字化计划。 1. 根据本馆古籍再生性保护计划提交数字化需求。 2. 对读者预约数字化阅读的古籍，提交数字化计划。	《历史文献数字化复制读者预约单》 《文献复制前整理情况登记表》
数字化预约 → 批准 → 古籍出库 ↓	1. 满足读者的古籍文献复制需求，执行《历史文献复制管理办法》。 2. 书库管理员按照下达的数字化计划登记调书出库，存放于古籍书库中数字化古籍专柜。负责文献出库的安全，填写随书提交的历史文献数字化出库清单，按时做好文献交接工作。 3. 对古籍进行逐叶翻检，了解保存状况，填写《文献复制前整理情况登记表》，对文献现状进行详细记录。同时，结合历史文献的版本、版式、装帧形式、中缝宽度、透字等情况，确定历史文献图像数字化方式和使用的设备。 4. 修复组负责对不适合数字化加工的古籍进行修复，以满足数字化加工的技术要求。	《历史文献调阅索书单》 《文献复制前整理情况登记表》 《历史文献数字化部门工作单》 《待修历史文献出入库记录》
数字化制作 ↓	执行DB34/T 433、《历史文献数字化控制程序》进行图像采集与数字化加工。 1. 数字扫描(含拍照)。 2. 缩微胶片数字转换。 3. 严格执行《古籍数字化工作室管理条例》。	《历史文献数字化部门工作单》 《普通图书摄制清单》 《胶卷拷贝记录表》

续表

过程流程	内容描述	采用表单
元数据管理 ↓	元数据用于数字资源检索和导引，按照DB34/T 433要求进行著录标引并符合下列要求。 1. 文件格式：Microsoft Office Excel 2003。 2. 文字处理依据GB/T 31219. 2进行质量控制。 3. 使用GB 18030信息技术 中文编码字符集。 4. 标引信息应严格按照文献实际内容进行描述。	《汉语文古籍机读目录格式使用手册》 《古籍元数据规范》
数据验收 ↓	由部门负责人按照《古籍数字资源提交单》各项数据如图像质量、标引数据等进行验收，合格数据进入存档和发布，不合格数据发回数字化工作室重新制作。	《古籍数字资源提交单》 《历史文献部数字化工作质检表》
数据安全 ↓	数字化产品按照任务书规定将目录和数据保存至硬盘，填写《古籍资源拷贝记录》(一式两份)。严格按照DB34/T 433要求管理数字化成品，标识存储硬盘，备份数据，建立数字化工作档案。	《古籍资源拷贝记录》
古籍归库	严格执行《历史文献阅览室阅览规则》《历史文献部库管员守则》。 在入库时，书库管理员需仔细对照出库记录，核对无误后，在入库记录上签字，归库。	《待修历史文献出入库记录》 《古籍书库图书出入库记录》

地方文献开发利用处理流程

过程流程	内容描述	采用表单
确定选题、项目计划与数据库设计 ↓	1. 根据读者需求、总体规划或其他来源，确立地方文献开发利用的主题。 2. 编写项目计划书：明确开发利用项目在时间、人员及其他资源上的计划。 3. 确定数据库的字段设计。	《典藏部文献开发利用项目策划书》
明确涉及图书范围与编制文献清单 ↓	1. 根据开发利用主题，确定涉及文献的范围及对应的中图法分类。 2. 利用OPAC系统或已有数据库，检索、导出涉及图书清单，清单中必须含有索书号、馆藏地点信息。	《典藏部文献出库单》
图书出库 ↓	1. 根据出库单，在书库中获得图书并集中出库。 2. 出库图书在出库单中作明确标注。 3. 在出库过程中发现可利用但未纳入出库单的图书，先出库后在出库单中补充。 4. 所有图书存放在事先约定的统一位置。	《典藏部文献出库单》
文字数据录入 ↓	1. 根据实体图书或OPAC中的图书信息，在事先创建好的数据库中著录图书信息及附加关键字等数据。 2. 如有大段文字数据，可以采用扫描后OCR识别的方式录入。 3. 文字数据录入完成的图书存放在事先约定的统一位置。 4. 记录工作量。	《地方文献专题数据库》《典藏部工作确认单》
多媒体数据录入 ↓	1. 按项目规定的分辨率、色彩位数等规格，对图书相关页面进行扫描。 2. 按事先约定的规则，对多媒体文件的名称与文件结构进行整理。 3. 扫描过的图书存放在事先约定的统一位置。 4. 记录工作量。	《地方文献专题数据库》《典藏部工作确认单》

续表

过程流程	内容描述	采用表单
数据核对 ↓	1. 由数据录入之外的工作人员负责数据的核对工作。 2. 对照实体图书对录入的数据进行校核。 3. 对发现的问题立即纠正。 4. 对核对完成的数据添加状态标识。 5. 记录工作量。	《典藏部工作确认单》
数据提交 ↓	1. 整理前述工作所得的数据、多媒体文件。 2. 将最终数据提交给数据产品的制作者。	《地方文献专题数据库》
工作收尾	1. 备份前述工作产生的图书、多媒体数据及项目文档。 2. 对数据进行定期统计、分析。 3. 明确对后续新增加图书的处理流程与负责人员。	《典藏书库图书错架率检查表》

图书入藏处理流程

过程流程	内容描述	采用表单
图书接收 ↓	1. 工作人员按事先约定的时间，到达图书存放位置。 2. 对图书进行分类清点。 3. 清点无误后在《安徽省图书馆图书册送单》上签收。	《安徽省图书馆图书册送单》
图书初整理 ↓	1. 将图书按语言、馆藏地点分类。 2. 将图书按中图法顺序整理、顺号。	
地方文献挑选与著录 ↓	1. 翻阅图书，挑选其中的安徽地方文献内容。 2. 在地方文献电子表格中，录入图书信息和地方文献信息。 3. 在图书书标上加盖地方文献标识。 4. 如发现馆藏地点错误、OPAC图书信息错误、印刷错误等问题的图书，集中并作记录。	《地方文献数据库》 《典藏入藏文献问题记录表》
专题数据库挑选与著录 ↓	1. 根据在建或已有的专题数据库选题，在入藏图书中挑选适合的图书。 2. 按照事先约定的技术规格，对图书封面、签名页等进行扫描。 3. 按专题数据库设计，在数据库电子表格中录入图书信息或其他数据。 4. 如发现馆藏地点错误、OPAC图书信息错误、印刷错误等问题的图书，集中并作记录。	《专题数据库》 《典藏入藏文献问题记录表》
图书上架 ↓	1. 按年初规划的保存本文献周转位置，依据架标进行图书上架。 2. 后续接收的图书，按中图法顺序插入正确位置。 3. 如上架过程中发现馆藏地点错误的图书，集中并作记录。	《典藏入藏文献问题记录表》
整架与错架率抽查 ↓	1. 如周转书架存在胀架，则定期进行倒架、整架。 2. 每月对周转书架上的图书按照中图法顺序进行错架率抽查，并对抽查结果与整改情况进行记录。	《典藏书库图书错架率检查表》

续表

过程流程	内容描述	采用表单
向采编反馈有问题的图书 ↓	1.每月对在之前工作中发现的存在问题的图书进行集中，同时填写《典藏入藏文献问题记录表》与《安徽省图书馆各阅览室反馈采编部处理图书记录表》。 2.将涉及图书连同表格交由采编部处理。 3.接收采编部处理完成的图书，记录表存档。	《典藏入藏文献问题记录表》 《安徽省图书馆各阅览室反馈采编部处理图书记录表》
保存本密集排架 ↓	1.年初对上一年存放在周转位置的图书集中顺号，记录顺号中发现的问题并及时纠正。 2.顺号完成后转移至图书存放的最终位置，同时作密集排架处理。	《典藏书库图书错架率检查表》
统计与分析	1.定期统计接收图书的种类、数量及各类别占比等数据。 2.定期统计挑选的地方文献及各专题数据库新增数据量等数据。 3.形成相关数据的统计、分析文档。	《典藏部业务统计月报表》 《典藏部保存本入藏年度统计分析》 《典藏部地方文献年度统计分析》

计算机、网络故障报修工作流程

过程流程	内容描述	采用表单
用户发现故障，电话或OA报修网络技术部值班人员	发现故障，电话或 OA 报修。	
值班人员做好值班记录	值班人员做好故障描述记录。	《网络技术部综合管理安全巡查记录表》
排查故障→给出解决方案 无法排除故障，报告故障分管人员	1. 可以明确排除故障的，给出解决方案并解决。 2. 不能明确排除故障的报告系统负责人员。	
现场处理硬件故障←判断故障种类→现场处理系统故障	1. 判断属于普通软件系统故障，现场解决。 2. 判断属于硬件故障，进入下一步流程。 3. 判断属于网络故障，进入下一步流程。	
提供故障解决方案 现场处理恢复网络故障	1. 网络故障可现场排查后处理。 2. 遇到短期不能解决的硬件故障。	
上报分管领导审批后联系厂家进行维修←是否保修 交由厂家保修	1. 硬件设备处于保修期的情况，交厂家售后保修。 2. 硬件设备已过保的，汇报分管领导同意后，联系厂家有偿维修。	
故障恢复，填写维护服务表（记录故障处理结果），用户签字确认	故障恢复后，报修用户完成签字确认等处置程序。	

专业技术岗位竞聘流程

过程流程	内容描述	采用表单
岗位公布 ↓	人力资源部公布专业技术岗位现有空缺情况，公布《安徽省图书馆专业技术岗位竞聘实施办法》《安徽省图书馆专业技术岗位任职条件》《安徽省图书馆专业技术人员能力业绩考评办法》等文件。	
个人评价和申报 ↓	申报人填写《安徽省图书馆专业技术岗位竞聘申报表》《安徽省图书馆专业技术人员能力业绩量化评分表》等，形成个人综合成绩，同时提交业绩成果、工作报告、论著等材料，以及专业技术资格证书原件及复印件等材料，并对申报材料真实性情况作出书面承诺，在规定时间内报送至人力资源部，逾期视为放弃。	《安徽省图书馆专业技术岗位竞聘申请表》 《安徽省图书馆专业技术人员能力业绩量化评分表》
初核公示 ↓	依据《安徽省图书馆专业技术岗位任职条件》以及《安徽省图书馆专业技术人员能力业绩量化评分实施细则》进行初核，初核内容主要是申报人申报材料的数量和形式上是否完整齐备，自评是否准确。对通过初核的人员信息在馆内公告栏进行公示，公示期为 3 个工作日。	
提交竞聘述职报告 ↓	公示无异议的竞聘人员针对本人现岗位任期内的政治思想、工作情况和业绩成果等情况撰写述职报告。	
民主评议 ↓	了解申报人员符合《安徽省图书馆专业技术岗位任职条件》“基本条件”情况，主要是对申报人员遵纪守法、诚实守信、职业道德、爱岗敬业、团结协作、认真履职及工作能力等情况进行评议。人力资源部负责组织职工民主评议推荐，参加评议的人员为申报人员聘任现专业技术岗位所经历部门的负责人、工作人员以及与其工作密切相关岗位人员，总数一般不少于 6 人。一般情况下，民主评议在 1 年内已完成并有评分结果的，不再重复组织。	《职称申报(岗位竞聘)民主评议表》

续表

过程流程	内容描述	采用表单
评议推荐	组织召开专业技术岗位竞聘述职评议推荐会，聘任委员会委员以及申报人参会。 1. 由聘任委员会对公示无异议的竞聘人员任职条件证明材料和述职报告进行讨论。 2. 对申报人员填写的《安徽省图书馆专业技术人员能力业绩量化评分表》及相关材料进行评价和认定。 3. 依据相关文件规定进行评分，提出聘任推荐意见。	《岗位竞聘评议推荐会评委评分表》
确定拟聘人选	馆长办公会根据聘任委员会的评议推荐意见、个人量化评分情况及民主评议得分，研究确定各岗位拟聘人选。	
对拟聘人选进行公示及报批	对各岗位拟聘人员公示5个工作日。按照管理权限报主管部门、人社部门审核。	
岗位聘用	根据人社部门批复意见，在馆内发布聘任通知，与受聘人员签订岗位聘用合同。	《聘用合同变更书》

中央空调维护保养流程

过程流程	内容描述	采用表单
中央空调维护保养计划 ↓	依据中央空调维保合同要求，在中央空调停机换季期间，做好中央空调的维护保养工作计划。 1. 后勤服务部空调岗位人员，列出中央空调换季期间维保计划内容，并通知到维保单位。 2. 维保单位负责人做好人员、材料、设备工具等准备工作，后勤服务部专人做好监督管理，全程参与维保。	《技术服务单》
主机保养 ↓	主机部分保养主要有：上海富田中央空调主机组压缩机、主控系统、电气线路更换冷冻油、补充氟利昂、易损件、检查电路电器、、冷凝器、蒸发器、外观清洁、基座震动，美的多联机等。	《安徽省图书馆中央空调运行监测表》
末端保养 ↓	末端设备保养主要有：室内落地式变风量空调器、新风系统、末端风机盘管、循环水管道、风道、内部控制电气检查、风(水)过滤网、散流器的清洗清扫、外观防腐，换空调循环水等。	《安徽省图书馆风机房、恒温恒湿空调设备巡查表》
维护记录归档	保养完毕，做好记录归档。开机试运行2小时。停机状态保持主机通电、冷冻油温加热等，最终满足开机条件。	《技术服务单》

招标采购活动流程

过程流程	内容描述	采用表单
采购项目申请 ↓	2 万元及以上或工程类项目在 5 万元及以上的采购项目，需求部门编写采购需求，在必要时组织专家论证。	
采购需求及采购方式确认 ↓	馆长办公会或党政联席会批准确认项目的采购需求及采购方式。	《安徽省图书馆馆长办公会议题确认表》《安徽省图书馆党政联席会议题征求表》
采购部门确认采购任务 ↓	1. 后勤服务部与相应代理公司对接。 2. 集采及分散采购项目，待财政指标下达后，后勤服务部在安徽省财政厅"徽采云"平台进行任务确认。	《安徽省图书馆招标采购活动记录表》
确认采购文件并发布采购信息 ↓	1. 除集采外，后勤服务部会同招标代理机构编制招标文件，经需求部门确认后，进入采购程序。 2. 代理机构及后勤服务部同时发布采购、中标(成交)公告。集采或分散采购须在安徽省政府采购网发布。	
合同签订后，需求部门监督中标单位履行合同并及时组织验收 ↓	1. 中标通知书发出之日 7 个工作日内，需求部门确认合同，经审核后，交分管馆长签订。 2. 集采及分散采购项目合同在签订后 2 日内，将 PDF 格式合同交后勤服务部在"徽采云"平台进行"合同备案"。	
项目验收，登记固定资产 ↓	1. 需求部门召集馆验收小组进行验收。馆纪委全程监督；对于专业性、技术性较强的采购项目，需邀请技术专家，组成验收小组进行验收。 2. 验收合格后，需求部门完成固定资产登记，并按照财务制度相关规定及时履行报销手续。	《安徽省图书馆纪检工作联系单》《安徽省图书馆部门工作联系单(新)》《安徽省图书馆项目验收会议纪要》《安徽省图书馆项目验收报告》

续表

过程流程	内容描述	采用表单
采购资料存档	项目结束后，需求部门的采购资料（包括招标文件、合同、验收报告、质疑变更等）原件交后勤服务部，由后勤服务部汇总移交馆办归档。	

安防、消防系统故障处理流程

过程流程	内容描述	采用表单
发生故障 ↓	安防、消防设施设备发生故障。	
现场复核 ↓	监控室当班人员或保安队员前往故障点进行现场查看及复核。	
故障确认 ↓	现场复核非误报后，确认故障设备、故障位置及可能故障原因。	
记录上报 ↓	填写《消防及安防系统故障维修单》，注明设备名称、型号及数量，同时将相关信息上报部门领导。	《消防及安防系统故障维修单》
联系维修 ↓	联系安防、消防维保单位，说明故障情况，要求其尽快来馆维修故障设备。	
加强巡逻 ↓	屏蔽故障的安防、消防设备，安排保安队员对故障位置加强巡逻巡查，确保安全。	
故障维修 ↓	安防、消防维保单位派人来馆进行维修，需要更换设备的可从部门仓库取出相应备件进行更换，无备件的由维保单位提供。	
修复确认	故障设备修复完毕，安防平台、消防主机报警消除，设备功能恢复正常，维保人员签字并与当班人员确认。	《消防及安防系统故障维修单》

四、业务工作风险评估分析表

- 办公室质量管理风险评估分析表
- 人力资源部质量管理风险评估分析表
- 安全保卫部质量管理风险评估分析表
- 后勤服务部质量管理风险评估分析表
- 采编部质量管理风险评估分析表
- 历史文献部质量管理风险评估分析表
- 典藏部质量管理风险评估分析表
- 数字资源部质量管理风险评估分析表
- 网络技术部质量管理风险评估分析表
- 参考咨询部质量管理风险评估分析表
- 借阅部质量管理风险评估分析表
- 少儿部质量管理风险评估分析表
- 社会教育部质量管理风险评估分析表
- 研究辅导部质量管理风险评估分析表

办公室质量管理风险评估分析表

序号	风险项目	风险描述	风险评估						风险控制措施	应对的基本措施			
			可能性（频率）			损失影响程度							
			小	中	大	低	中	高		回避	降低	分担	承受
1	公章刻制风险	因公章刻制流程不规范，未向上级主管部门与公安部门备案，导致公章无效或被认定为虚假公章。	√					√	依据《安徽省图书馆公章管理制度》，规范公章的刻制、保管和使用。	√			
2	公章保管风险	因公章保管不善，不使用时未锁于抽屉或文件柜内，擅自将公章带离办公室，导致公章遗失或公章被盗用。	√				√			√			
3	公章使用风险	因加盖公章未严格履行审批登记手续，导致公章滥用，给单位造成损失。	√					√		√			
4	档案征集风险	因档案收集不及时，导致本馆档案不健全，需要调阅时查找不到相关档案。		√		√			依据《安徽省图书馆档案管理办法》，规范档案的征集、保存和管理。		√		
5	档案保存风险	因档案室环境未达标准或者调阅时操作不当，导致纸质版档案损坏。		√		√				√			
6	档案调阅风险	因调取档案未严格按照程序履行审批登记手续，导致档案丢失。	√				√			√			
7	档案管理风险	因档案管理不善，没有进行分类立卷、按专题按年度存放，导致档案杂乱无章，调阅不便，易损坏丢失。	√				√			√			
8	会议室管理风险	因会议室没有专人负责打扫保洁、电子设备管理，导致会议室环境杂乱，设施设备损坏；因各部门使用会议室未提前预约，导致会议时间冲突，会议无法正常进行。	√			√			依据《安徽省图书馆会议室管理规定》，规范会前准备、会议安排。		√		

续表

序号	风险项目	风险描述	风险评估						风险控制措施	应对的基本措施			
			可能性（频率）			损失影响程度				回避	降低	分担	承受
			小	中	大	低	中	高					
9	会议经费风险	因没有做好经费预算，导致会议费用超过限额，违反相关规定。		√			√			√			
10	会议组织风险	因没有做好会前各项准备工作，导致会议中出现突发情况而没有应对措施，会议中断。	√				√		依据《安徽省图书馆会议管理制度》《安徽省图书馆接待服务工作制度》，制定会议方案，严格落实。	√			
11	会务接待风险	因未了解参会人员的生活习惯与民族特点，制订了不合理的食宿安排、车辆安排的方案，导致参会人员不满，发生冲突。	√			√					√		
12	会务安全风险	因会议前未检查会场设施电路安全等问题，会议期间没有及时统计签到情况，未关注现场情况，导致会议发生安全事故。	√				√			√			
13	数据征集风险	因数据征集过程中，数据统计口径不统一，数据征集不及时、不全面，导致数据统计结果与实际情况不符。		√		√			依据《安徽省图书馆业务档案管理办法》，及时全面收集数据，科学分析数据。		√		
14	数据统计分析风险	因数据统计分析方法不科学，导致分析结果准确性与可靠性差，不能为馆领导决策提供有效参考。		√			√				√		
15	数据发布风险	因数据发布流程不规范，导致未经审核的数据被发布，产生数据安全问题。	√			√				√			

续表

序号	风险项目	风险描述	风险评估						风险控制措施	应对的基本措施			
			可能性（频率）			损失影响程度							
			小	中	大	低	中	高		回避	降低	分担	承受
16	信访、投诉风险	因信访、投诉时工作人员处理不妥当，导致与信访人员或读者产生纠纷或读者投诉事宜未解决。		√			√		依据《安徽省图书馆读者投诉建议管理规定》，严格执行投诉管理规定。		√		
17	月报、年报编制风险	因月报、年报编制项有遗漏、错误，导致外界对我馆信息产生错误认识与了解。	√				√		依据《安徽省图书馆信息公开管理规定》，规范月报、年报编辑、校对、印制工作流程，保证正确无误。	√			
18	质量管理体系文件编制风险	因文件编制没有进行及时修订，导致质量管理体系与实际工作不适宜、不充分、无效。		√		√			依据《质量管理体系要求（ISO9001：2015）》，及时修订文件，严格监督检查。		√		
19	质量管理体系运行风险	因ISO质量管理体系监督检查不到位，导致不合格项的出现及整改不到位。		√			√				√		
20	标识管理风险	因对标识检查和管理不到位，未放置于醒目位置，导致标识脱落没有及时告知相关部门更换，不方便读者行动，存在安全隐患。		√			√		依照《安徽省图书馆标识管理规定》，规范全馆各类标识的使用和管理。	√			

续表

序号	风险项目	风险描述	风险评估						风险控制措施	应对的基本措施			
			可能性（频率）			损失影响程度				回避	降低	分担	承受
			小	中	大	低	中	高					
21	公车管理风险	因车辆未定期进行保养和维修，导致影响汽车的正常工作和使用寿命。	√				√		依据《安徽省图书馆车辆管理制度》，规范公车的管理、使用和行驶。		√		
22	公车使用风险	因公车私用、私车公养、公车公用，导致违反相关规定。	√			√				√			
23	公车行驶风险	因公车使用时，驾驶员疏忽发生事故，导致出现人身伤亡和财产损失。		√			√			√			
24	公车廉政风险	因车辆未在定点维修厂进行维修保养、在车辆维修等费用中虚列名目或者夹带其他费用、为非本单位车辆报销运行维护费用，导致国有资产流失。	√			√				√			
25	社会化用车风险	因监管审核不严谨可能导致用车随意、增加支出成本；或因用车手续不全、用车时间地点等记录不清晰，导致违反相关规定。	√			√				√			

续表

序号	风险项目	风险描述	风险评估 可能性（频率）			风险评估 损失影响程度			风险控制措施	应对的基本措施			
			小	中	大	低	中	高		回避	降低	分担	承受
26	信息发布规范性风险	因存在发布内容不准确、文字表述不规范的问题，导致发布信息不规范 。		√				√	依据《安徽省图书馆信息发布保密管理制度》《安徽省图书馆信息公开制度》，严格审核发布信息的意识形态情况。		√		
27	信息发布意识形态风险	因信息发布存在意识形态问题，导致在社会上造成不良影响。	√					√		√			
28	信息发布时效性风险	因未及时公开涉及人民群众切身利益、社会普遍关心的内容，导致引起公众的不满。		√				√		√			
29	新媒体信息发布风险	因微博、微信推文出现意识形态错误，导致发布后在公众中造成不良影响。	√			√				√			
30	文件起草风险	因不了解具体的相关政策，或对政策的解读存在误解，导致起草的文件与国家方针政策相悖，出现政治方向错误。	√					√	依据《党政机关公文格式》，规范文件的起草、格式。	√			
31	文件规范性风险	因起草的文件内容与制定初衷不相符，或与相关部门的工作实际严重脱离，导致起草的文件达不到制定效果，影响全馆的规范化运行。	√					√		√			
32	文件格式风险	因文件格式、表述及文字存在错误或不当，导致文件不严谨，在具体执行过程中出现偏差。		√				√		√			

续表

序号	风险项目	风险描述	风险评估 可能性（频率） 小	中	大	损失影响程度 低	中	高	风险控制措施	应对的基本措施 回避	降低	分担	承受
33	涉密文件印制风险	因涉密文件收发程序不规范，涉密公文未在符合保密要求的场所印制，导致存在泄密的风险。	√					√	依据《安徽省图书馆涉密文件管理制度》，规范涉密文件的印制、保存和销毁。	√			
34	涉密文件保存风险	因涉密文件未采取保密措施，未存放在单位的密码柜或档案柜中，导致存在泄密的风险。	√					√		√			
35	涉密文件销毁风险	因涉密文件未按照发文机关的要求和有关规定进行清退或者销毁，导致有丢失、漏销的风险。	√					√		√			
36	涉密文件传递风险	因涉密文件未通过机要交通、邮政机要通信、城市机要文件交换站或者收发件机关机要收发人员进行传递，导致存在泄密的风险。	√					√		√			
37	发文流程风险	因发文未严格执行拟稿、核对、修改、领导审核等流程，导致存在发文不合规、不严谨的风险。	√					√	根据《安徽省图书馆发文管理流程》《安徽省图书馆收文管理流程》，严格执行收发文流程，专人负责，及时办理。	√			
38	发文范围风险	因发文主送和抄送范围不正确，导致重要文件信息泄漏。	√					√		√			
39	发文时效性风险	因发文不及时，导致无法及时贯彻落实馆领导指示。	√					√		√			
40	来文管理风险	因未按专人收文、专门存放的要求，导致来文收录不全、放置不善、错漏或丢失文件。	√					√		√			
41	来文办理风险	因未及时交领导签批，导致上级布置的任务不能及时完成。	√					√		√			

续表

序号	风险项目	风险描述	风险评估						风险控制措施	应对的基本措施			
			可能性（频率）			损失影响程度				回避	降低	分担	承受
			小	中	大	低	中	高					
42	读者活动策划风险	因读者活动策划创意不足，导致读者参与度不高，造成人力、财力、物力的浪费。	√			√			依据《读者服务控制程序》，做好活动安全应急预案。	√			
43	读者活动安全风险	因举办读者活动时，读者参与人数多、工作人员人力不足，或活动场地存在安全隐患，导致拥挤踩踏等安全事故的发生。	√			√				√			
44	读者活动商业风险	因策划读者活动时，一些商家为扩大自身利益，主动跟策划人拉拢关系，达到在活动现场进行商业活动的目的，导致在读者群体中造成不利影响。	√			√					√		

人力资源部质量管理风险评估分析表

序号	风险项目	风险描述	风险评估 可能性（频率） 小	中	大	损失影响程度 低	中	高	风险控制措施	应对的基本措施 回避	降低	分担	承受
1	公开招聘计划拟定风险	没有按照单位实际需求拟定招聘计划，导致招聘人员不符合单位实际需要。	√				√		依据《关于调整确定部门职责的通知》，了解各部门岗位实际需求。	√			
2	公开招聘岗位条件拟定风险	岗位招聘条件描述不合理、不规范，导致招聘条件出现模糊、倾向性明显、过于苛刻等情况，对后续招聘环节造成影响。	√				√		依据《普通高等学校本科专业目录》《普通高等学校本科专业目录新旧专业对照表》《学位授予和人才培养学科目录》《高等教育自学考试专业设置实施细则》《研究生学科专业参考目录》，了解各专业的历史沿革；依据《中共安徽省委组织部安徽省人力资源和社会保障厅关于进一步规范事业单位公开招聘计划和实施方案、核准工作有关问题的通知》《安徽省人力资源和社会保障厅转发人力资源和社会保障部办公厅关于事业单位公开招聘岗位条件设置有关问题的通知》，采取相关措施。	√			

续表

序号	风险项目	风险描述	风险评估						风险控制措施	应对的基本措施			
			可能性（频率）			损失影响程度							
			小	中	大	低	中	高		回避	降低	分担	承受
3	公开招聘资格审查风险	资格审查出现错审、漏审及审核不及时问题，导致考生投诉或招聘到不符合要求的员工。		√				√	依据《安徽省省直事业单位公开招聘人员公告》安徽省省直事业单位公开招聘有关问题的政策解答，《安徽省省直事业单位公开招聘人员实施方案的通知》，安徽省省直事业单位公开招聘工作人员网上资格审查事项的说明及注意事项配备复核人员。	√			
4	公开招聘专业测试风险	专业测试方案制定不严谨；组织专业测试过程中发生作弊现象，导致公开招聘显失公平，违反公开招聘相关文件要求。	√					√	依据《关于印发〈安徽省省直事业单位公开招聘人员实施方案〉的通知》《关于印发〈安徽省事业单位公开招聘人员暂行办法的通知〉》《中共安徽省委组织部安徽省人力资源和社会保障厅关于印发〈安徽省省直事业单位公开招聘人员专业测试实施细则（试行）〉的通知》《安徽省图书馆公开招聘人员专业测试及有关工作实施方案》《安徽省图书馆公开招聘工作人员专业测试考务工作安排》《安徽省图书馆公开招聘专业测试人员、部门职责》，严谨、细致组织专业测试，纪委全程监督。	√			

续表

序号	风险项目	风险描述	风险评估						风险控制措施	应对的基本措施			
			可能性（频率）			损失影响程度				回避	降低	分担	承受
			小	中	大	低	中	高					
5	公开招聘体检考察风险	考察流于形式，未能准确反映招聘人员情况；体检考察不合格隐瞒的情况，导致招聘到不符合条件的人员。	√					√	依据《关于修订〈公务员录用体检通用标准（试行）〉〈公务员录用体检操作手册（试行）〉有关内容的通知》《关于进一步规范全省事业单位公开招聘人员体检工作的通知》，与医院签订体检协议，纪委对体检、考查进行全程监督。	√			
6	工资定级风险	未完全掌握新进人员学历、工作经历；对2006年工资套改等相关文件及一些特殊情况人员相关政策把握不准，可能导致薪级工资核算错误。	√				√		依据《安徽省人事厅、安徽省财政厅、安徽省文化厅关于印发〈安徽省文化事业单位工作人员收入分配制度改革实施意见〉的通知》，采取相关措施。		√		
7	绩效工资核算风险	未及时或漏算职工因工作年限增加产生的基础性绩效工资调整、未及时或漏算职工因岗位变动导致的岗位系数变动产生的绩效工资调整、部门报送考勤与实际情况不符或录入不准确会导致绩效工资核算错误。		√			√		依据《安徽省图书馆绩效工资考核分配办法》《安徽省图书馆考勤管理规定》，采取相关措施。		√		

续表

序号	风险项目	风险描述	风险评估						风险控制措施	应对的基本措施			
			可能性（频率）			损失影响程度							
			小	中	大	低	中	高		回避	降低	分担	承受
8	核算岗位变动人员工资风险	岗位变动可能会导致薪级工资、岗位工资、基础性绩效工资、奖励性绩效工资等全部或若干项发生变动。如考虑不周全，可能导致核算错误。		√			√		依据《安徽省人事厅、安徽省财政厅、安徽省文化厅关于印发〈安徽省文化事业单位工作人员收入分配制度改革实施意见〉的通知》，采取相关措施。		√		
9	核算退休人员工资风险	年龄、工龄认定的风险；未按照文件要求进行岗位工资、薪级工资打折、增加退休费等均可能导致退休金等核算错误。		√			√		依据《安徽省机关事业单位离退休人员计发离退休费等问题的实施意见》《安徽省增加机关事业单位离退休人员离退休费的实施意见》，采取相关措施。		√		
10	核算特殊人员工资等风险	未及时按照文件要求调整长期病假、离岗创业等特殊人员工资或因计算疏忽导致错误；未及时获取相关文件导致遗属困难生活补助等资金调整不及时；未全面把握文件精神可能导致解除劳动合同经济补偿金等计算错误。		√			√		关注出台的新政策。		√		
11	核算工资调标风险	未完全吃透文件精神、计算的疏忽等可能导致工资调标核算错误。		√			√		关注工资调标最新文件。		√		

续表

序号	风险项目	风险描述	风险评估						风险控制措施	应对的基本措施			
			可能性（频率）			损失影响程度				回避	降低	分担	承受
			小	中	大	低	中	高					
12	核算工作餐补助风险	人员增减变化、考勤、外调、外出拍摄等情况未考虑全面可能会导致核算错误。		√			√		依据《安徽省图书馆在岗职工工作日就餐管理办法》，采取相关措施。		√		
13	岗位设置风险	岗位结构设置调整缺乏预见性、适时性，导致岗位设置不符合工作需要。	√			√			依据《岗位设置实施方案》《关于调整确定部门职责的通知》，采取相关措施。		√		
14	专业技术岗位竞聘材料审核风险	材料初步审核不严，标准执行不到位，导致申报材料失实。	√				√		依据《安徽省图书馆专业技术岗位竞聘实施办法》，实行回避制，对报名审核结果进行公示。		√		
15	专业技术岗位竞聘评审推荐流程风险	岗位竞聘方案不严谨、不全面，评审推荐组织程序不规范，评审过程中泄漏相关信息，岗位未聘人员安置处理不规范，岗位竞聘结果上报审批不及时、有错误，导致专业技术岗位竞聘评审流程有异议。	√				√		依据《安徽省图书馆专业技术岗位任职条件》《安徽省图书馆专业技术人员能力业绩考评办法》《安徽省图书馆岗位设置优化补充规定》，严格按照业务流程，在规定的权限内开展工作，做好竞聘人员沟通工作，及时、规范上报结果。	√			

续表

序号	风险项目	风险描述	风险评估						风险控制措施	应对的基本措施			
			可能性（频率）			损失影响程度				回避	降低	分担	承受
			小	中	大	低	中	高					
16	岗位变动与聘用风险	员工不同意调岗，员工不能胜任岗位，岗位变动后未及时变更合同。	√				√		依据《安徽省图书馆普通员工聘用管理规定》《安徽省图书馆员工未聘人员及缓签聘用合同人员管理规定》，加强职称聘后岗位管理。		√		
17	关键人才流失风险	关键人才流失影响在职职工稳定性、工作连续性，导致人力成本增加。	√				√		依据《安徽省图书馆实施项目化管理办法》《安徽省图书馆专业技术人员能力业绩考评办法》，实施有效激励，积极开展员工培训，逐步完善人才梯队建设。		√		
18	特殊岗位管理风险	特殊岗位证书管理不规范，持证上岗人员管理不规范，导致该岗位用工风险。	√				√		做好特殊岗位证书材料统一集中管理与登记；定期查看证书有效期并督促相关人员换证。		√		

续表

序号	风险项目	风险描述	风险评估						风险控制措施	应对的基本措施			
			可能性（频率）			损失影响程度				回避	降低	分担	承受
			小	中	大	低	中	高					
19	合同管理风险	员工入职合同签订不及时，程序不规范，试用期员工管理不规范，员工辞职、辞退、员工离职合同程序控制不规范，合同签订岗位职责与岗位要求不够明确，合同续签与变更不及时，合同解除流程不统一、不规范，单位对员工违法辞退，导致用工风险。	√					√	依据《安徽省图书馆普通员工聘用管理规定》《安徽省图书馆员工未聘人员及缓签聘用合同人员管理规定》，严格按程序完成员工进入与退出。		√		
20	合同违约风险	部门制度与国家法律法规出现违背情况，侵犯员工权益，发生违约，员工不遵守单位规章制度等引发违约，导致用工风险。	√					√	逐步梳理部门规章制度各项条款内容，并修订完善部分制度。		√		
21	临时用工合同管理风险	非全日制用工意外伤害事件，导致用工风险。	√					√	签订用工协议，明确双方的权利与义务；购买工作期间的人身意外伤害险等。		√		
22	职称申报评审单位初审风险	评审通知不到位，申报材料审核不严格、不过关，导致出现虚报、漏报情况。	√				√		依据《安徽省图书资料系列专业技术资格评审标准条件》《安徽省图书馆专业技术人员能力业绩考评办法》，通过OA、公示栏等渠道发布通知。	√			

续表

序号	风险项目	风险描述	风险评估						风险控制措施	应对的基本措施			
			可能性（频率）			损失影响程度				回避	降低	分担	承受
			小	中	大	低	中	高					
23	职称申报评审推荐风险	员工民主推荐不能真实反映员工实际情况，学术评价有效性与真实性不够，申报评审会议流程不规范，申评委评价不合理，导致评审结果不公平、不被群众认可。	√				√		依据《安徽省图书馆专业技术人员专业技术资格推荐与评审认定管理办法》《安徽省图书馆专业技术人员能力业绩考评办法》《关于进一步规范我馆非图书资料系列专业技术资格考试(评审)备案工作的规定》，采取相关措施。	√			
24	职称信息管理风险	员工职称信息登记缺乏动态性、全面性、及时性，导致信息失真。	√				√		依据人社部门以及上级主管部门审核批准的材料进行登记。	√			
25	社会保险办理风险	在编在职人员、编外聘用人员以及离休、退休人员参保情况均不相同，不同的参保险种办理的时间节点也不同，在编人员退休办理的手续更为繁杂，可能导致漏办、迟办的风险。	√				√		定期进行人员梳理、核对。		√		

续表

序号	风险项目	风险描述	风险评估						风险控制措施	应对的基本措施			
			可能性（频率）			损失影响程度							
			小	中	大	低	中	高		回避	降低	分担	承受
26	社保缴费基数核算风险	不同的参保险种缴费基数的计算口径不同，可能导致核算错误的风险。	√				√		依据《关于机关事业单位养老保险参保人员申领基本养老金条件审核有关事项的通知》《关于2018年及以后年度社会保险费征缴和待遇支付中有关职工平均工资口径问题的通知》《关于机关事业单位养老保险参保人员申领基本养老金条件审核有关事项的通知》《关于规范社会保险缴费基数有关问题的通知》《关于开展社会保险缴费基数申报核定工作的通知》《关于做好机关事业单位养老保险缴费基数申报工作的通知》，采取相关措施。		√		

续表

序号	风险项目	风险描述	风险评估						风险控制措施	应对的基本措施			
			可能性（频率）			损失影响程度							
			小	中	大	低	中	高		回避	降低	分担	承受
27	干部选拔任用动议与酝酿推荐风险	未能根据各部门工作需要及各有关方面建议进行适宜的分析研判，向馆党委及领导班子提出需要提拔任用的职位、条件、范围、方式、程序等初步建议不合适，符合选拔资格的干部花名册出现遗漏等错误，民主推荐和谈话推荐的范围、方式不符合要求，民主推荐票统计出现错误，谈话推荐的记录不完整不严谨，导致推荐结果不准确甚至出现推荐结果无效。		√			√		《党政领导干部选拔任用工作条例》《事业单位领导人员管理规定》《安徽省文化厅直属单位中层干部管理办法》《安徽省图书馆中层干部选聘工作方案》		√		
28	干部选拔任用确定考察对象风险	关于民主推荐情况汇报不及时，汇报有误，导致决策失误，把不符合条件的人纳入考察对象。	√				√		《党政领导干部选拔任用工作条例》《安徽省文化厅直属单位中层干部管理办法》《安徽省图书馆中层干部选聘工作方案》	√			
29	干部选拔任用组织考察风险	考察预告没有按时发布，考察组成员的构成未能严格执行回避制度，考察形式和范围不适宜，个人档案审查不仔细，未能征询纪检意见等导致考察结果不真实，不能反映实际情况。	√				√		《党政领导干部选拔任用工作条例》《安徽省文化厅直属单位中层干部管理办法》《安徽省图书馆中层干部选聘工作方案》	√			

续表

序号	风险项目	风险描述	风险评估						风险控制措施	应对的基本措施			
			可能性（频率）			损失影响程度				回避	降低	分担	承受
			小	中	大	低	中	高					
30	干部选拔任用确定拟任人选风险	未能严格按照《党委（党组）讨论决定干部任免事项守则》讨论确定拟任人选，导致将不符合条件的人员列入拟任人选。	√				√		《党委（党组）讨论决定干部任免事项守则》	√			
31	离退休职工政策解答风险	对各项离退休政策理解不透彻、有偏差，接待离退休职工咨询时，引起误会。	√				√		加强对各项相关政策的学习。		√		
32	组织离退休职工外出活动风险	在组织离退休职工参观、考察等外出活动中，不按规章忽视安全，导致发生老同志和工作人员人身和生命安全事故。		√				√	做好活动筹备工作，增强工作细心和责任心。		√		
33	离休干部医药费审核风险	对医疗机构、医疗目录、报销政策等了解不清楚，导致离休干部医药费错报。	√				√		《国家基本医疗保险、工伤保险和生育保险药品目录》		√		
34	职工培训计划制定风险	培训计划无法按时实施或不符合单位需求，导致培训无法满足单位需求。		√		√			《安徽省图书馆工作人员培训管理规定》		√		
35	职工培训需求风险	培训班开设及培训课程安排不合理，导致无法满足员工的需求。	√			√			《安徽省图书馆工作人员培训管理规定》		√		
36	职工培训效果风险	培训课程内容存在意识形态问题，导致负面影响。		√		√			《安徽省图书馆工作人员培训管理规定》		√		

续表

序号	风险项目	风险描述	风险评估						风险控制措施	应对的基本措施			
			可能性（频率）			损失影响程度				回避	降低	分担	承受
			小	中	大	低	中	高					
37	志愿者招募风险	将不符合志愿服务工作岗位要求的人员招募进来或者与不合规的组织开展志愿服务合作，导致志愿服务达不到预定目标。	√				√		《安徽省图书馆文化志愿服务管理规范》		√		
38	志愿者管理风险	志愿者在志愿服务中出现意外事件，导致单位需承担相关责任。	√					√	《安徽省图书馆文化志愿服务管理规范》		√		
39	人事档案保管风险	人事档案保管不规范或档案室未达到档案保管要求，导致人事档案丢失或者损害。	√					√	《安徽省图书馆人事档案管理制度》《人事（干部）档案（材料）转递制度》《档案室五防要求》	√			
40	人事档案利用风险	人事档案材料或信息丢失、外泄，人事档案使用不合理，如开具证明不符合档案实际，导致职工利益受损及后续纠纷。	√					√	依据《档案室档案保密制度》《安徽省图书馆人事档案管理制度》《干部人事档案工作条例》《档案管理违纪违法行为处分规定》《干部人事档案材料收集归档规定》，强化人事保密工作要求，要求人事岗位工作人员廉洁自律，严守工作保密内容。	√			

续表

<table>
<tr><th rowspan="3">序号</th><th rowspan="3">风险项目</th><th rowspan="3">风险描述</th><th colspan="6">风险评估</th><th rowspan="3">风险控制措施</th><th colspan="4">应对的基本措施</th></tr>
<tr><th colspan="3">可能性（频率）</th><th colspan="3">损失影响程度</th><th rowspan="2">回避</th><th rowspan="2">降低</th><th rowspan="2">分担</th><th rowspan="2">承受</th></tr>
<tr><th>小</th><th>中</th><th>大</th><th>低</th><th>中</th><th>高</th></tr>
<tr><td>41</td><td>人事档案认定风险</td><td>“三龄”等认定不正确，导致职工权益受损。</td><td>√</td><td></td><td></td><td></td><td>√</td><td></td><td>《中共中央组织部、人社部、公安部关于认真做好干部出生日期管理工作的通知》《中共中央组织部、人社部、公安部关于办理干部离(退)休等手续认定出生日期问题的通知》《我党历年党龄计算的起始时间的规定》</td><td>√</td><td></td><td></td><td></td></tr>
<tr><td>42</td><td>考勤管理风险</td><td>考勤机异常导致无法及时打卡考勤，制度修订不及时导致考勤无法适应当前实际，请销假登记出现漏洞导致员工考勤出现错误，员工提交造假请假辅佐材料或相关证明等导致考勤有误。</td><td>√</td><td></td><td></td><td></td><td>√</td><td></td><td>依据《安徽省女职工劳动保护特别规定》《安徽省人口与计划生育条例》《安徽省养老服务条例》《关于工改后机关事业单位工作人员病事假期间工资待遇有关事项的通知》《机关事业单位工作人员带薪年休假实施办法》《省文化和旅游厅机关工作人员带薪年休假实施细则(试行)》《安徽省图书馆考勤管理规定》《关于进一步规范探亲假管理的通知》《关于发布〈安徽省图书馆考勤管理规定〉补充规定的通知》，做好考勤监督管理。</td><td>√</td><td></td><td></td><td></td></tr>
</table>

续表

序号	风险项目	风险描述	风险评估						风险控制措施	应对的基本措施			
			可能性（频率）			损失影响程度							
			小	中	大	低	中	高		回避	降低	分担	承受
43	绩效考核风险	读者满意度调查问卷信度与效度不稳定，考核指标设置不合理，考核结果反馈不到位，导致绩效考核无效率；考核指标与单位发展战略目标不完全统一，与单位整体运营脱节，考核结果反馈沟通不到位，绩效考核结果告知或公布不及时。	√				√		依据《基础绩效考核实施办法》《安徽省图书馆绩效工资考核分配办法》，绩效考核结果及时告知或公示。		√		
44	聘期考核风险	考核工作开展不及时，导致考核周期与聘用合同签订周期不匹配。	√				√		《安徽省图书馆中层干部任期考核办法》《安徽省图书馆职工年度考核办法》		√		
45	绩效考核结果应用风险	考核结果实施与奖励、惩罚相关度低，考核执行力度不够，导致考核流于形式。	√				√		《安徽省图书馆先进部门和优秀工作者评选办法》《安徽省图书馆“突出贡献奖”奖励办法》		√		
46	人员违纪违法处置风险	未按文件及时按相关法规处置或上报人员违法违纪，导致虚假上报等情况。	√					√	《事业单位工作人员处分暂行规定》		√		
47	人员变动登记风险	人员进入、离职、调动、交流等登记不及时，人员花名册信息更新不及时，导致信息失真。	√				√		在人员变动时及时准确完成登记，人员花名册信息逐步校对与完善。		√		

续表

序号	风险项目	风险描述	风险评估：可能性（频率）			风险评估：损失影响程度			风险控制措施	应对的基本措施			
			小	中	大	低	中	高		回避	降低	分担	承受
48	人事统计数据核算风险	表格原始数据失真，不准确；PS 等报表上报出错未被系统发现导致统计表格核算错误。	√				√		每年参加人社部门的报表填写业务培训。工作人员核算及填写后，另一名工作人员再次核对与审校。		√		
49	人事统计分析风险	人事统计报告分析指标等要素缺乏针对性，未能准确预测单位中潜在的人员过剩或人力不足；人力资源规划制定与单位发展不完全契合导致人事统计分析未能很好地指导工作；工资福利原始数据计算或录入不准确，导致信息统计错误。	√				√		依据现有人事数据完成基本人员结构分析；一位工作人员核算，另一人核对，上报前部门主任总体把关。		√		
50	体检机构选择风险	违规选择体检机构，接受体检机构贿赂及回扣，导致未选择合适的体检机构。	√					√	严格按照制度规定和程序操作，纪检人员加强过程监督。	√			
51	体检项目选择风险	体检项目不符合职工意愿，导致体检项目不能满足职工需求。	√			√			做好职工意愿调研，加强沟通和协调。		√		

续表

序号	风险项目	风险描述	风险评估						风险控制措施	应对的基本措施			
			可能性（频率）			损失影响程度							
			小	中	大	低	中	高		回避	降低	分担	承受
52	人才推荐风险	未在规定的范围公示相关推荐文件，未能及时组织申报，拟推荐人选未经过领导班子集体研究确定，未按规定进行公示，导致符合条件的人员未能及时申报或者将不符合条件的人员进行推荐申报。	√				√		严格执行相关文件，做到公平、公正、公开。		√		
53	劳动纠纷处理风险	出现劳动纠纷时，未能严格按照国家有关法律法规有理有据地进行处理，未能做到合情、合理、合法，导致劳动纠纷升级、仲裁、诉讼案件或者群体事件，影响单位声誉。	√					√	严格按照《劳动法》《劳动合同法》《劳动合同法实施条例》《劳动争议调解仲裁法》《事业单位人事管理条例》等国家有关法律法规进行处理。		√		
54	员工诉求解答风险	未能及时、耐心地解答员工的诉求以及解答不充分不清楚，导致员工出现不满情绪。	√			√			依据岗位职责要求，改善沟通技巧与方式，挖掘员工需求，加强及时沟通。		√		

续表

序号	风险项目	风险描述	风险评估 可能性(频率) 小	中	大	损失影响程度 低	中	高	风险控制措施	应对的基本措施 回避	降低	分担	承受
55	奖励与处罚风险	奖励与处罚的依据不充分、尺度不合理、标准不统一，导致职工不认可奖罚结果。	√			√			依据《事业单位人事管理条例》《事业单位工作人员处分暂行规定》《关于党纪政务处分决定执行工作规定》，严格按照各项规定执行奖惩。		√		
56	法人证书登记风险	年度报告不及时、变更或报告时收集和提交的材料不符合要求，导致年审不合格。	√				√		《事业单位登记管理暂行条例》《事业单位登记管理暂行条例实施细则》	√			
57	人员预算风险	在职、离退休人员、工资等变化情况未考虑全面、绩效工资等变动未及时录入，可能会导致预算金额跟实际情况有出入。	√				√		工作中及时记录人员变化情况，通过梳理花名册、岗位设置中数据以及其他相关记录保证上报情况无缺漏；部门主任把关。		√		
58	固定资产管理风险	未及时登记固定资产变动以及固定资产丢失可能会导致账实不符。	√				√		依据《安徽省图书馆固定资产管理办法》定期核对固定资产情况。 专人管理，其他人员核对，部门主任总体把关。	√			

续表

序号	风险项目	风险描述	风险评估						风险控制措施	应对的基本措施			
			可能性（频率）			损失影响程度							
			小	中	大	低	中	高		回避	降低	分担	承受
59	人事材料公示风险	公示的范围和期限不符合要求，公示期间收到的反馈信息处理不及时、不恰当，导致公示无效或公示结果不被群众公认。	√				√		严格执行文件要求，在规定的公示期完成公示，并及时、规范处理反馈信息、投诉举报等。	√			
60	人事文件制定与变更风险	人事文件制定起草的前期调研及征求意见不充分以及文件制定过程和程序不规范，导致文件未能根据实际情况及时变更调整。	√				√		明确制定依据，严格依据国家和省有关规定，根据本单位情况进行文件的制定与变更修订。规范制定程序和过程，起草文件，涉及全馆职工利益的征求职工意见，做好前期学习调研，涉及法律内容的提交合法性审查，文件提交会议集体研究，予以正式印发，并在全馆范围内发布。文件实施后反馈意见较多的，或者因客观条件等发生变化，及时根据情况予以调整修订。		√		

安全保卫部质量管理风险评估分析表

序号	风险项目	风险描述	风险评估						风险控制措施	应对的基本措施			
			可能性（频率）			损失影响程度				回避	降低	分担	承受
			小	中	大	低	中	高					
1	消防管道及附件老化风险	消防给水管道、阀门使用时间长，存在老化锈蚀风险，导致消防系统不能正常工作。		√				√	依据《消防及安防系统维护管理规定》《消防管理制度》，每日巡查消防系统，关注水表读数变化。		√		
2	应急照明灯具老化风险	应急照明灯具使用时间长，存在老化故障，导致发生火灾时应急照明无法工作，造成不应有的损失。			√		√		依据《消防及安防系统维护管理规定》《消防管理制度》，统计全馆应急照明灯具位置及安装日期，按时巡查，及时更换。		√		
3	防火卷帘门故障风险	使用时间长，存在老化故障风险，导致火灾发生时不能有效隔拦，造成火灾蔓延。			√		√		依据《消防及安防系统维护管理规定》《消防管理制度》，督促消防维保单位按时按质测试防火卷帘门功能。		√		
4	周界火灾风险	馆区周界草木繁茂，读者抽烟烟头可能引发火情，导致火灾发生，造成重大损失。	√					√	依据《消防安防控制室工作制度》《保安员岗位工作流程》，要求保安队员及部门工作人员加强周界巡查，及时排查、消除隐患。		√		

续表

序号	风险项目	风险描述	风险评估						风险控制措施	应对的基本措施			
			可能性（频率）			损失影响程度							
			小	中	大	低	中	高		回避	降低	分担	承受
5	施工消防隐患风险	馆区局部改造施工影响原有消防设施，未及时通知安全保卫部门进行相应改动，导致发生消防安全隐患。		√				√	《消防管理制度》		√		
6	气体灭火系统误启动风险	人员因好奇按动或者误操作气体灭火系统防护区紧急启停按钮，致使系统启动，气体喷放。导致防护区人员受到伤害，造成气体无效释放的经济损失。		√				√	依据《消防及安防系统维护管理规定》《消防管理制度》，加强人员培训，使其掌握气体灭火系统操作知识。	√			
7	灭火器故障风险	灭火器瓶体及组件受损，压力过高过低，或者使用年限达到规定未维修等问题灭火器未及时发现，导致发生火灾时灭火器无法发挥作用，造成损失。		√			√		依据《消防及安防系统维护管理规定》《保安员岗位工作流程》，要求保安队员定期巡检各楼层灭火器，及时更换过期、老化灭火器。		√		
8	消防巡查风险	每日消防巡查人员未经过消防培训，专业素养欠缺，导致不能及时发现隐患，造成损失。			√			√	定期开展消防培训及演练。		√		

续表

序号	风险项目	风险描述	风险评估						风险控制措施	应对的基本措施			
			可能性（频率）			损失影响程度				回避	降低	分担	承受
			小	中	大	低	中	高					
9	消防器材使用风险	馆区工作人员不会或者不熟悉消防器材使用，导致火灾刚发生时不能及时扑灭，造成火灾蔓延、损失扩大。			√			√	定期开展消防培训及演练。		√		
10	电气火灾风险	馆区电气线路老化，导致电气火灾，造成损失。		√				√	依据《安徽省图书馆用电管理规定》，联合后勤服务部定期开展安全检查，排查电器火灾隐患。	√			
11	消防车道占用风险	消防车道经常被馆区车辆占用，导致发生火灾时，救援车辆无法到达火场，火灾失去控制。			√			√	依据《消防法规》，张贴消防车道禁停标识，安排保安队员加强巡查。	√			
12	监控盲区风险	馆区仍有公共区域存在监控盲区，导致盲区内发生事件时无法提供监控录像。			√		√		优化监控点位布局并加强人员巡查。		√		
13	入侵报警与报警联动风险	入侵报警与摄像监控不联动，影响系统监控，导致不能及时发现报警点的具体情况，延误处理。			√		√		优化设备联动质量并加强人员巡查。		√		
14	安防设备老化风险	安防设备模块等使用时间长，存在老化风险，导致误报或不报，造成不安全隐患。			√			√	依据《消防及安防系统维护管理规定》，督促安防维保公司按时按质开展维保作业，及时更换老化设备。	√			

续表

序号	风险项目	风险描述	风险评估						风险控制措施	应对的基本措施			
			可能性（频率）			损失影响程度				回避	降低	分担	承受
			小	中	大	低	中	高					
15	门禁管理风险	门禁设备损坏，人员无法出入库房，影响正常工作的开展。	√				√		《消防及安防系统维护管理规定》		√		
16	安全信息泄露风险	部门人员检查监督维保单位施工存在安全风险，导致资料外泄。	√				√		《消防安防控制室工作制度》		√		
17	安防软件使用风险	安防软件故障，维保单位人员不能立即到场处置，影响使用，导致安防系统无法工作，技术防范失去作用。			√				《消防安防控制室工作制度》	√			
18	安防设备受损风险	馆区局部改造施工未通知安全保卫部，导致安防设备不当受损，安全防范保障功效降低。			√			√	《消防及安防系统维护管理规定》	√			
19	安防设备故障风险	馆区人员有意或无意损坏馆区安防设备，导致设备失效，安全防范保障功效降低。		√				√	《消防及安防系统维护管理规定》《保安员岗位工作流程》		√		
20	监控数据丢失风险	因停电、故障等突发情况下安防设备操作使用不当，导致监控数据丢失。	√						《停水停电事故应急预案》		√		
21	用电安全风险	馆内大功率电器使用引发火情，导致电气火灾发生。	√					√	《安徽省图书馆安全用电管理规定》		√		

续表

序号	风险项目	风险描述	风险评估						风险控制措施	应对的基本措施			
			可能性（频率）			损失影响程度							
			小	中	大	低	中	高		回避	降低	分担	承受
22	公共场所治安风险	公共阅览区域内发生治安事件。		√			√		《治安防范应急预案》		√		
23	馆区恐怖袭击风险	社会人员在馆区实施恐怖袭击。	√					√	《反恐防暴应急预案》	√			
24	人员财产安全风险	读者在馆区个人财物遗失或被盗窃。		√			√		《治安防范应急预案》	√			
25	文献失窃风险	馆藏图书被盗窃。		√			√		《突发事件应急预案》	√			
26	非法宣传集会风险	不法分子到我馆进行非法集会或进行非法宣传，造成恶劣影响。	√					√	《突发事件应急预案》		√		
27	水房安全风险	水房饮水发生公共卫生事件，导致人员身体受到伤害。		√				√	《突发公共卫生事件应急预案》	√			
28	自然灾害风险	大风、暴雨、大雪、地震等，导致财产受到损失，人员受到伤害。	√					√	《突发事件应急预案》		√		
29	突发事件风险	馆区意外停水，导致人员饮水、消防用水、卫生用水无水可用。	√					√	《停水停电事故应急预案》		√		
30		馆区意外停电，导致技防系统因长时间停电而停止工作。	√					√	《停水停电事故应急预案》		√		
31		节假日期间发生突发事件，导致不良后果，造成损失。	√					√	《突发事件应急预案》		√		

续表

序号	风险项目	风险描述	风险评估						风险控制措施	应对的基本措施			
			可能性（频率）			损失影响程度							
			小	中	大	低	中	高		回避	降低	分担	承受
32	重大活动风险	重大活动期间发生突发事件，导致不良后果，造成损失。	√					√	《突发事件应急预案》		√		
33	读者投诉风险	读者对部门管理规定不认同或对工作人员服务有意见。		√				√	《安全保卫部服务满意度调查表》		√		
34	读者投诉处置风险	读者投诉，造成对部门甚至全馆整体形象的不良影响。		√				√	《安徽省图书馆读者投诉建议管理规定》		√		
35	保安管理风险	保安人员不服从部门管理，违反制度纪律。		√			√		要求物业公司加强保安人员培训，保证遵守我馆制度纪律。		√		
36	应急预案风险	应急预案内容不全，应对措施不充分。		√				√	《安全保卫部工作手册》	√			
37	隐患排查风险	隐患检查不到位，未能发现。			√			√	依据《安全隐患检查整改制度》，做好例行巡查工作，重要时间点牵头组织多部门联合检查，同时要求各部门自身做好安全自查。	√			
38	消防、安防演练风险	演练过程中人员不熟悉各自安排，未能按要求行动或动作生疏。			√			√	积极策划消防、安防演练，充实演练内容，积极组织工作人员参加演练并做好分工及管理。		√		

续表

序号	风险项目	风险描述	风险评估						风险控制措施	应对的基本措施			
			可能性（频率）			损失影响程度							
			小	中	大	低	中	高		回避	降低	分担	承受
39	阅览场所治安风险	阅览场所发生治安事件。		√			√		《治安防范应急预案》		√		
40	公共卫生安全风险	疾病传播。		√				√	依据《突发公共卫生事件应急预案》，遵照国家相关法规以及属地临时管控方案执行。	√			

后勤服务部质量管理风险评估分析表

序号	风险项目	风险描述	风险评估						风险控制措施	应对的基本措施			
			可能性（频率）			损失影响程度							
			小	中	大	低	中	高		回避	降低	分担	承受
1	配电房配电设备巡视风险	未按时巡查配电运行设备或配电设备异常未及时汇报和处置，进一步扩大了事态。	√					√	《配电房管理制度》《电气设备巡检制度》《电工安全操作规程》	√			
2	配电房设备停送电操作风险	未按配电操作流程进行安全操作，造成重大损失。	√					√	《电工安全操作规程》	√			
3	馆区安全用电风险	未严格采购合格的电器产品。 各部门私自使用大功率超标电气产品。 下班后未及时关闭电器设备。 公共区域安全用电标识不到位。	√					√	《安徽省图书馆用电安全管理规定》《配电房管理制度》《电气设备巡检制度》，不定期开展用电安全大检查。	√			
4	电气火灾预防风险	事故应急处置程序不当，延误黄金自救机会。	√					√	《电气火灾应急处置预案》	√			
5	馆区配电停电风险	物业公司未按要求对配电设备进行维护、保养造成高低压断路器、高压柜机构失效等无法合闸，用电设备短路、过载引发停电，影响全馆正常运营。	√					√	依据《变配电房工作注意事项》《配电房管理制度》《电气设备巡检制度》《安徽省图书馆停电应急预案》，委派专人不定期检查配电房维修保养记录。		√		

续表

序号	风险项目	风险描述	风险评估						风险控制措施	应对的基本措施			
			可能性（频率）			损失影响程度							
			小	中	大	低	中	高		回避	降低	分担	承受
6	电梯设备维护风险	电梯维护公司未按要求定期检查、保养，维护质量不合格，导致设备无法运行或造成安全事故。		√				√	依据《安徽省图书馆电梯维护管理规程》，按照政府采购流程采购电梯及维保服务。监督物业公司，专人收集整理电梯档案，做到一梯一档。	√			
7	电梯安全事故风险	不熟悉电梯事故应急流程，救援不及时或程序错误，耽误救援。	√					√	《安徽省图书馆电梯应急事故救援预案》	√			
8	中央空调系统维修、保养风险	维护公司未按时、按次保养或未按规定保养，造成设备人为故障，不能正常使用。		√			√		依据《安徽省图书馆中央空调操作保养程序》《安徽省图书馆中央空调运行监测表》，委派专人对维保单位进行质量跟踪。	√			
9	日常采购风险	未得到领导批准，私自采购办公用品。采购物品未经比价，价格和质量得不到保证。	√				√		《安徽省图书馆财务管理规定》《安徽省图书馆办公用品管理办法》《安徽省图书馆政府采购管理办法》《安徽省图书馆代理采购管理办法》	√			

续表

序号	风险项目	风险描述	风险评估						风险控制措施	应对的基本措施			
			可能性（频率）			损失影响程度							
			小	中	大	低	中	高		回避	降低	分担	承受
10	物品验收风险	采购的物品未得到采购部门的签收确认，未做相应的资产登记。	√				√		《安徽省图书馆采购、验收制度》	√			
11	展览、讲座等活动主题确定风险	部门承办的展览、讲座等活动未仔细审核活动主题，未起到传播先进文化、传承文明的作用。	√					√	《安徽省图书馆讲座工作管理办法》《安徽省图书馆活动场地使用管理规定》	√			
12	场地使用费用收取风险	私自收受外租户金钱，违反国家法律法规。	√					√	《安徽省图书馆财务财务管理办法》《党员领导干部廉洁从政若干准则》《党员干部纪律处分条例》	√			
13	活动现场安全保障风险	参加活动人员较多，现场无法控制，存在老师和读者的安全风险。		√				√	《安徽省图书馆活动场室使用管理规定》	√			
14	环境卫生管理风险	卫生清洁不及时，工作人员态度恶劣，影响图书馆整体形象。	√				√		依据《安徽省图书馆卫生保洁每周检查表》《外包单位服务业绩评定表》，开展满意度调查。		√		

续表

序号	风险项目	风险描述	风险评估						风险控制措施	应对的基本措施			
			可能性（频率）			损失影响程度				回避	降低	分担	承受
			小	中	大	低	中	高					
15	绿化管理风险	绿植形态不好，未及时修剪户外花木，影响图书馆阅读环境。	√			√			依据《外包单位服务业绩评定表》，加强日常巡查，开展满意度调查。	√			
16	固定资产管理风险	报废物品清单与实物不符，导致固定资产管理混乱，国产资产流失。		√				√	依据《安徽省图书馆财务管理规定》，及时做好相应记录，定期与财务进行固定资产清点，报废资产处置必须有财务和馆纪委全程监督。	√			
17	馆区能耗统计风险	水、电、油耗基础数据采集不准确，未按时上报；未及时分析能耗数据，未及时查找能耗使用超标原因，造成能耗损失。	√			√			定时收取全馆用电、用水的税务发票及全馆油耗统计数字。及时进行水、电、油能耗分析，发现问题查找原因，堵截高能耗。按时通过“公共机构能耗平台”上报全馆能耗数据。	√			
18	停车场车辆管理风险	工作人员态度恶劣，车辆乱放，影响图书馆整体形象。	√			√			《外包单位服务评价》	√			
19	音响设备维护风险	未及时进行音响设备的维护和保养，影响活动正常进行。	√				√		《安徽省图书馆音控设备检查维护表》	√			

续表

序号	风险项目	风险描述	风险评估						风险控制措施	应对的基本措施			
			可能性（频率）			损失影响程度							
			小	中	大	低	中	高		回避	降低	分担	承受
20	馆区供水生活泵风险	生活泵机械故障、电气部位日常检查、保养不到位；低水位起泵造成水泵损坏，导致全馆二次水箱无水东西楼停水。	√				√		依据《后勤服务部泵房巡查登记表》，督促物业公司按时巡查水泵运行情况，如有异常及时上报并做好巡查记录；定期或不定期抽查物业公司巡查和记录工作。	√			
21	馆区排污泵风险	排污泵电气、液位自动控制失控、机械故障不能正常工作、泵体与排水管连接软管脱落，污水泵不运转或连接处漏水，污水排不出去急暴雨天气会造成地下室内涝。	√				√		督促物业公司检查水泵运行是否正常并做好巡查《后勤服务部泵房巡查登记表》记录。	√			
22	地下蓄水池蓄水风险	地下蓄水池未按规定定时检查、补水，造成补水过多溢流、资源浪费和水位偏低，影响消防和生活用水。	√				√		督促物业公司人员按时检查蓄水池水位，做好《后勤服务部泵房巡查登记表》记录。	√			
23	馆区温湿度计校准风险	标准温湿度计未按时送检，使温湿度表参数不准，影响书库及阅览室的温湿度。	√				√		依据《安徽省图书馆温湿度校准单》，确保送检样品为优质合格产品。温湿度计每 12 个月送到质检中心检测。	√			

续表

序号	风险项目	风险描述	风险评估						风险控制措施	应对的基本措施			
			可能性（频率）			损失影响程度							
			小	中	大	低	中	高		回避	降低	分担	承受
24	住房货币化补贴审核风险	资料审核不严谨，申报不及时，影响职工切身利益。	√			√			及时学习了解最新政策，如实填写员工信息，严格把关，按期公示。	√			
25	开水间管理风险	读者未正确使用热水器，被烫伤或滑倒。	√			√			张贴各类提示标语和警示语；不定期巡视开水间，及时报修，并做好维修提示。	√			
26	读者饮用水安全风险	未定期进行过滤芯更换，影响水质。	√			√			监督维保单位定期维护，并做好记录。	√			
25	集采目录采购风险	不熟悉采购流程，影响全馆采购工作绩效	√			√			学习省财政采购文件；督促各部门提交采购计划，按时完成采购任务。	√			
27	办公设备及家具超标风险	办公设备及家具未满使用年限就报废；通用办公家具采购金额和配置超出文件标准。	√			√			《安徽省图书馆办公用品管理办法》《安徽省图书馆政府采购管理办法》《安徽省省级行政单位通用办公设备家具配置标准》	√			
28	馆区用水安全风险	日常巡查不到位，对易出故障的设施未及时维护。	√				√		依据《安徽省图书馆停电、停水预案》，督促物业公司认真开展日常巡查。		√		

续表

序号	风险项目	风险描述	风险评估						风险控制措施	应对的基本措施			
			可能性（频率）			损失影响程度				回避	降低	分担	承受
			小	中	大	低	中	高					
29	违反文物保护工程条例风险	由没有文物修缮资质的施工单位进行馆舍维护；竣工验收未按要求进行项目验收。	√					√	《文物建设保护工程施工组织设计编制要求》《安徽省文物保护工程管理办法》《安徽省文物保护工程竣工验收管理暂行办法》	√			
30	随意破坏馆舍主体风险	制订馆舍维修方案时，随意进行改造，破坏馆舍本体结构。	√					√	《文物建设保护工程施工组织设计编制要求》《安徽省文物保护工程管理办法》	√			
31	无证人员违规操作风险	配电房工作人员无高低压资格证，电梯维保人员无电梯安全管理员证。	√			√			对物业公司安排的人员进行资格审核，并留档备查。	√			
32	警示标识不全风险	未在安全有关的醒目位置放置安全标志；安全标志的尺寸不符合标志相关标准的要求；不能达到提醒人们注意不安全因素、防止事故发生的作用。	√				√		《安徽省图书馆标识管理制度》	√			

采编部质量管理风险评估分析表

序号	风险项目	风险描述	风险评估						风险控制措施	应对的基本措施			
			可能性（频率）			损失影响程度				回避	降低	分担	承受
			小	中	大	低	中	高					
1	采购方针风险	因采购方针失误，导致采购书刊难以满足读者需求，或不符合本馆特性。	√					√	按照《安徽省图书馆文献采访工作条例》，制定正确的采购方针。	√			
2	采购经费风险	因书刊价格上涨，采购经费紧张，导致采购书刊品种及复本数难以满足读者需求。			√			√	依据《文献采购控制程序》和《安徽省图书馆文献采访工作条例》，采购计划中规划合理的采购品种及复本。		√		
3	意识形态风险	因意识形态管控不严，导致入藏不符合社会主义核心价值观的书籍。	√					√	严格执行《安徽省图书馆文献采访工作条例》《安徽省图书馆接受文献捐赠及入藏管理办法》中关于意识形态管控的规定。	√			
4	供方评价风险	因未对供方进行合理性评价，导致供方选择不理想。	√					√	依据《文献采购控制程序》，对供方进行合理评价。	√			
5	采购重复风险	因采购品种与馆藏重复，导致复本数超出读者需求。	√				√		依据《文献采购控制程序》，合理控制文献复本数量。	√			
6	供方能力风险	因供方能力缺陷，导致供货能力不足、书目数据不准确完整、加工服务不及时、跟踪服务不完善。	√			√			依据《文献采购控制程序》和《安徽省图书馆图书采购合同协议书》，对供方各方面能力进行约定。		√		

续表

序号	风险项目	风险描述	风险评估						风险控制措施	应对的基本措施			
			可能性（频率）			损失影响程度				回避	降低	分担	承受
			小	中	大	低	中	高					
7	供货质量风险	采购书刊外观破损、为盗版书或内容反动及不健康，导致馆藏质量不合法或不合格。	√			√			依据《安徽省图书馆图书采购合同协议书》《采编部图书验收单》《安徽省图书馆文献采访工作条例》，严格控制供货质量。	√			
8	供货数量风险	供方供货失误，导致采购书刊品种及数量与订单不符。	√			√			在《安徽省图书馆图书采购合同协议书》《采编部图书验收单》中，规定订单与实际到货品种及数量一致。	√			
9	供货率风险	供方供货能力有限，导致订单图书不能到货，供货率不合格。	√			√			在《安徽省图书馆图书采购合同协议书》中，规定供货率。	√			
10	供货速度风险	供方供货速度过慢，导致订单图书不能及时到货，发货时间不及时。	√			√			在《安徽省图书馆图书采购合同协议书》中，规定到货时间。	√			
11	供方书目风险	供应商选择性提供书目，导致书目采购图书品种不符合需求。	√			√			在《安徽省图书馆图书采购合同协议书》中，规定提供完整书目。	√			

续表

序号	风险项目	风险描述	风险评估						风险控制措施	应对的基本措施			
			可能性（频率）			损失影响程度				回避	降低	分担	承受
			小	中	大	低	中	高					
12	供方书库风险	供应商选择性提供图书样本或现货，导致现场采购图书品种不符合需求。	√			√			在《安徽省图书馆图书采购合同协议书》中，规定不允许选择性供货。	√			
13	采购人员业务水平风险	因采购人员对图书出版市场不熟悉，导致不能正确筛选出版社，品种及复本数不符合读者需求。	√			√			在《采编部岗位职责及要求》《安徽省图书馆文献采访工作条例》中，对采购人员业务能力进行约定。	√			
14	读者调查风险	因不能全面正确了解读者需求，导致采购书刊品种及复本数不合理。	√				√		在《文献采购控制程序》《文献采购读者意见征询表》中，对读者意见进行调查。		√		
15	馆藏不足风险	因采购品种及复本数不足，导致部分学科馆藏不能满足读者借阅需求。		√			√		在《文献采购控制程序》《文献采购读者意见征询表》中，规定畅销图书增加复本量。		√		
16	低借阅率风险	因采购品种及复本数问题，导致采购书刊借阅率低。		√			√		依据《文献采购控制程序》，规定对专业性强的书刊等降低复本率。		√		
17	图书加工风险	图书加工质量不合格，导致图章模糊、条码缺漏、书标脱落。	√			√			依据《采编部文献外加工质量检验表》，规定图书外加工质量标准。	√			

续表

序号	风险项目	风险描述	风险评估 可能性（频率） 小	风险评估 可能性（频率） 中	风险评估 可能性（频率） 大	风险评估 损失影响程度 低	风险评估 损失影响程度 中	风险评估 损失影响程度 高	风险控制措施	应对的基本措施 回避	应对的基本措施 降低	应对的基本措施 分担	应对的基本措施 承受
18	地方文献收集风险	地方文献收集渠道不畅，导致地方文献收集不全面。		√			√		依据《安徽省图书馆地方文献征集工作条例》，对地方文献进行收集。		√		
19	供应商编目数据风险	供应商编目数据错误，导致数据不符合文献编目规则及机读目录格式，或出现分类及主题标引错误。	√			√			依据《安徽省图书馆中文图书著录细则》等，按要求进行文献编目。	√			
20	联编数据风险	联编中心编目数据错误，导致数据不符合文献编目规则及机读目录格式，或出现分类、主题标引错误。	√			√			依据《安徽省图书馆中文图书著录细则》，对不符合要求的联编中心数据进行修改。	√			
21	文献标引风险	文献标引不正确，影响编目质量和读者检索。	√			√			依据《安徽省图书馆文献分类工作细则》《采编部图书分类流程图》，进行正确的文献标引。				
22	文献著录风险	文献机读记录著录不正确，影响编目质量和读者检索。	√			√			依据《安徽省图书馆中文图书著录细则》《安徽省图书馆西文图书著录细则》《安徽省图书馆录像制品著录规则》《安徽省图书馆录音资料著录规则》《安徽省图书馆中外文报刊分编规则》《采编部质量检验准则》等规范，进行文献著录。	√			

续表

序号	风险项目	风险描述	风险评估						风险控制措施	应对的基本措施			
			可能性（频率）			损失影响程度							
			小	中	大	低	中	高		回避	降低	分担	承受
23	文献查重风险	文献查重不准确，复本给了新索取号，导致相同书名及著者的图书归架不相邻。	√			√			依据《安徽省图书馆文献分类工作细则》，在编目过程中进行正确的文献查重。	√			
24	赠书内容风险	赠书有政治倾向问题、淫秽色情内容，导致馆藏不合法或不合格。	√			√			在《安徽省图书馆接受文献捐赠及入藏管理办法》中，对赠书内容的合法性和正确性进行规定。	√			
25	赠书过时风险	赠书出版时间较早，已无利用价值，导致馆藏失去时效性。		√		√			依据《安徽省图书馆接受文献捐赠及入藏管理办法》，规定赠书的合理出版时间。		√		
26	赠书复本风险	赠书复本量过多，导致复本数超出本馆需求。		√		√			在《安徽省图书馆接受文献捐赠及入藏管理办法》中，规定合理的复本量。		√		
27	赠书所有权风险	赠书者捐赠后又后悔，要求索回，导致所有权纠纷。	√			√			在《安徽省图书馆接受文献捐赠及入藏管理办法》中，规定图书一旦捐赠，图书馆就拥有所有权，不允许索回。	√			
28	捐赠证书风险	捐赠证书未按捐赠者要求寄出，引起读者投诉。	√			√			在《安徽省图书馆接受文献捐赠及入藏管理办法》中，规定按捐赠者要求打印并邮寄捐赠证书。		√		

续表

序号	风险项目	风险描述	风险评估						风险控制措施	应对的基本措施			
			可能性（频率）			损失影响程度				回避	降低	分担	承受
			小	中	大	低	中	高					
29	报刊停刊风险	订购报刊停刊，影响馆藏连续性。		√		√			依据《中外文报刊记到、催缺、册送工作流程与业务规范》，对停刊报刊进行正确处理。				√
30	报刊缺刊风险	订购报刊未按订单卷期及复本数送馆，有缺漏，影响馆藏连续性。	√			√			依据《中外文报刊记到、催缺、册送工作流程与业务规范》，对未按订单卷期及复本数送馆的报刊进行催缺。		√		
31	赠送报刊不连续风险	赠送单卷册报刊，影响馆藏连续性。		√		√			依据《中外文报刊记到、催缺、册送工作流程与业务规范》，对单卷册报刊进行正确处理。	√			
32	图书册送风险	图书册送地点错误，影响读者借阅。	√			√			依据《采编部工作质量检查表》，对图书册送正确性进行检查。	√			
33	报刊册送风险	报刊册送地点错误，影响读者借阅。	√			√			依据《中外文报刊记到、催缺、册送工作流程与业务规范》，规定正确的报刊册送地点。	√			

续表

序号	风险项目	风险描述	风险评估						风险控制措施	应对的基本措施			
			可能性（频率）			损失影响程度				回避	降低	分担	承受
			小	中	大	低	中	高					
34	零购图书合法性风险	零购图书系盗版，导致不能正常入库。	√			√			在《安徽省图书馆文献采访工作条例》中，规定采购图书必须保证正版。	√			
35	零购图书质量风险	零购图书有破损、内容不健康等现象，导致不能正常入库。	√			√			在《安徽省图书馆文献采访工作条例》中，规定零购图书必须保证内容健康、外观无破损。	√			
36	零购图书价格风险	零购图书售价高于定价，导致书账不符。	√			√			在《安徽省图书馆文献采访工作条例》中，规定零购图书售价必须与定价相符。	√			
37	部门安全风险	部门安全管理不周，导致消防安全及财产安全有隐患。	√				√		在《采编部安全管理规章制度》中，对部门安全管理制度进行详细规定。	√			
38	册送图书不及时风险	到馆至册送图书时间过长，导致读者不能及时借阅。	√			√			在《采编部加工作业流水单》中，规定图书到馆至册送时间不超过15个工作日。		√		
39	员工业务技能风险	员工业务技能不能满足岗位需求，影响采访及编目质量。	√				√		在《采编部岗位职责及要求》中，对各岗位员工业务能力予以规定。	√			

续表

序号	风险项目	风险描述	风险评估						风险控制措施	应对的基本措施			
			可能性（频率）			损失影响程度				回避	降低	分担	承受
			小	中	大	低	中	高					
40	员工工作态度风险	员工因工作态度不认真，导致采访质量低或编目错误率高。	√			√			依据《采编部工作质量检查表》，对书刊采访和编目质量进行检查。	√			
41	硬件设备故障风险	因硬件设备故障不能及时修复，影响部门工作进度。	√			√			依据《基础设施控制程序》，及时修复硬件设备故障。		√		
42	Interlib 系统缺陷风险	因 Interlib 系统缺陷，导致部分功能不能实现。	√			√			依据《网络服务控制程序》，改进系统功能。		√		
43	联编中心故障风险	因联编中心故障不能及时修复，影响部门工作进度。	√			√			依据《网络服务控制程序》，与联编中心进行联系。		√		

历史文献部质量管理风险评估分析表

<table>
<tr><th rowspan="3">序号</th><th rowspan="3">风险项目</th><th rowspan="3">风险描述</th><th colspan="6">风险评估</th><th rowspan="3">风险控制措施</th><th colspan="4">应对的基本措施</th></tr>
<tr><th colspan="3">可能性（频率）</th><th colspan="3">损失影响程度</th><th rowspan="2">回避</th><th rowspan="2">降低</th><th rowspan="2">分担</th><th rowspan="2">承受</th></tr>
<tr><th>小</th><th>中</th><th>大</th><th>低</th><th>中</th><th>高</th></tr>
<tr><td>1</td><td>到馆读者身份识别风险</td><td>读者进入阅览室未登记个人信息或信息与本人不符，如发生读者违反阅览规定行为难以追责。</td><td>√</td><td></td><td></td><td></td><td></td><td>√</td><td rowspan="2">依据《历史文献阅览室阅览规则》《部门安全综合治理工作管理制度》，规定读者凭本人二代身份证件登记个人信息，经上机验证、摄像采集后，方可进入本室阅览；自带物品不可携带入室。</td><td></td><td>√</td><td></td><td></td></tr>
<tr><td>2</td><td>读者携带物品风险</td><td>读者携带违规物品进入阅览室，或不按照规定摆放相应物品，对历史文献造成不可逆的损害。</td><td></td><td>√</td><td></td><td></td><td></td><td>√</td><td>√</td><td></td><td></td><td></td></tr>
<tr><td>3</td><td>缩微胶卷使用风险</td><td>读者折叠、切割或自行更换胶卷造成缩微胶卷损坏或盗窃缩微胶卷。</td><td></td><td>√</td><td></td><td></td><td></td><td>√</td><td>依据《缩微文献阅览室阅览规则》《部门安全综合治理工作管理制度》，要求读者阅读缩微胶卷时，小心、仔细，不得折叠、切割和损坏胶卷。</td><td>√</td><td></td><td></td><td></td></tr>
<tr><td>4</td><td>历史文献原件底本保护风险</td><td>读者私自利用手机等设备拍摄本馆历史文献，造成本馆历史文献底本流失。</td><td></td><td></td><td>√</td><td></td><td>√</td><td></td><td>依据《历史文献部文献复制管理办法》《历史文献阅览室阅览规则》，规定未经本阅览室工作人员许可，不得私自翻拍。</td><td></td><td>√</td><td></td><td></td></tr>
</table>

续表

序号	风险项目	风险描述	风险评估						风险控制措施	应对的基本措施			
			可能性（频率）			损失影响程度							
			小	中	大	低	中	高		回避	降低	分担	承受
5	阅览室安全管理风险	读者恶意扰乱阅览室秩序，威胁历史文献、其他读者及馆员生命财产安全。	√					√	依据《历史文献阅览室阅览规则》《部门安全综合治理工作管理制度》，规定与读者发生纠纷不吵闹，处理不了的及时汇报；执行《安徽省文物安全突发事件应急预案》（皖文督〔2022〕55 号）规定；对读者要热情接待，如遇恐怖事件，应迅速反应，及时报告，疏散读者、排除险情，尽快恢复正常。			√	
6	文献复制加工费收缴风险	读者或单位拒绝按规定缴纳馆藏文献复制费用，造成本馆经济损失。		√		√					√		
7	读者服务规范性风险	阅览室服务环境恶劣、工作人员服务态度差、服务质量不达标，损害本馆服务窗口形象，引发读者投诉。		√			√						
8	读者服务标识管理风险	服务指示牌、导引指向不清晰或误导，引发读者投诉。	√				√				√		
9	读者服务收费风险	工作人员违规收取相关费用，损害本馆读者服务及免费开放承诺，引发读者投诉，造成本馆经济损失。	√				√				√		
10	应急事故处理风险	工作人员在发生突发事件时，未做好应急处理，如在遇到自然灾害或暴力威胁时，未及时引导、疏散读者，保护历史文献，造成生命、财产损失。	√					√			√		

续表

序号	风险项目	风险描述	风险评估 可能性（频率）			风险评估 损失影响程度			风险控制措施	应对的基本措施			
			小	中	大	低	中	高		回避	降低	分担	承受
11	读者信息安全风险	工作人员泄露或贩卖读者个人信息以谋取利益，侵害读者隐私权，损害本馆形象，造成读者投诉。	√				√		《中国图书馆员职业道德准则》		√		
12	历史文献库房门禁管理风险	历史文献书库专管员的钥匙和门禁卡未妥善管控或未能实施岗位操作，造成库房门禁不能正常开闭，致使书库典藏的历史文献的安全受到威胁。		√				√	依据《古籍书库管理条例》《历史文献部库管员守则》《部门安全综合治理工作管理制度》，规定双人管理，一人持卡，一人持钥匙，坚持同进、同出，无关人员不得随意进入书库，确因工作需要必须入库的，需经部门主任批准，并填写"非库管人员入库登记簿"，由库管员陪同方可进入。	√			
13	非库管人员出入库管理风险	非库管人员出入库未履行规定手续，致使书库典藏的历史文献的安全受到威胁。		√				√		√			
14	历史文献调阅风险	违规调取历史文献，如为读者调取馆藏善本古籍、属于涉密性质的历史文献、破损情况较为严重不符合翻阅要求的历史文献等，使馆藏历史文献底本保护安全、国家信息安全受到威胁，造成国有财产损失。	√					√		√			

续表

序号	风险项目	风险描述	风险评估						风险控制措施	应对的基本措施			
			可能性（频率）			损失影响程度							
			小	中	大	低	中	高		回避	降低	分担	承受
15	历史文献入藏风险	历史文献到馆后未进行预除尘灰、预防霉湿、预杀虫卵等保护性措施处理，立即开展入分编工作，未经检查架归库上架，导致历史文献霉变、粘连、虫蛀、污迹、书砖、书叶老化脆化等，污染库内环境，甚至引发古籍书库大面积虫咬灾害；入藏工作未按分编顺序妥善归入书架，导致错架死书。		√				√	已入选《国家珍贵古籍名录》《安徽省珍贵古籍名录》的古籍概不调阅；收入《中国古籍善本书目》和正在进行古籍普查定级的古籍，如调阅复制需经馆长签批；调阅复制明末至清乾隆时期的古籍及馆藏稿抄校本文献，需经部门负责人批准；每天查库，认真记录，发现异常，及时报告处理；不定期进行书库清点、顺架。	√			
16	历史文献典藏条件风险	书库管理员未认真履行库房管理职责规范要求，如未按时做好库房温湿度记录，未定期整架、查架等，不能及时规避历史文献虫蛀、霉变等风险，造成历史文献不可逆的损害。		√				√		√			
17	历史文献管理风险	历史文献典藏混乱，财产不清，难以准确快速找到所需文献。		√				√		√			
18	缩微文献胶片库管理风险	未认真履行库房管理职责，如未按时做好库房温湿度记录，未按计划分批翻检、清点库存缩微品，未按规定将缩微胶卷母片与拷贝片分柜保存、管理，未按规定区分不适宜共同保存的胶片等。	√					√	依据《缩微胶片库管理条例》，每天检查库内温湿度、有计划地分批翻检、清点按类分别上架，依次摆放。		√		

续表

序号	风险项目	风险描述	风险评估						风险控制措施	应对的基本措施			
			可能性（频率）			损失影响程度							
			小	中	大	低	中	高		回避	降低	分担	承受
19	古籍修复专业人才风险	古籍修复人员专业素养不足，修复技艺难以胜任古籍修复工作，导致古籍修复质量不达标，影响古籍存藏与保护。			√			√	依据《历史文献部古籍修复安全管理制度》《历史文献部古籍修复中心应急预案》，普通古籍修复方案，需经修复中心负责人及部门主任确认后执行；珍贵古籍的修复方案，需经修复专家及部门主任确认后执行；不成熟的修复技术、新出现的修复材料应谨慎使用；在古籍修复过程需有图片记录，珍贵破损古籍修复过程中，需有影像记录。	√			
20	古籍修复方案制订风险	古籍修复方案制订不够科学，致使修复古籍出现质量问题。新使用的古籍修复技法可能存在隐患，对所修复古籍造成损伤。	√					√		√			
21	古籍修复材料管理风险	古籍修复材料管理不善，对待修复古籍造成新的损伤。		√				√			√		
22	历史文献修复安全风险	破损待修的历史文献经修复人员向书库管理员清点提取后，至修复归库之前，安全性隐患包括修复人员在拆书、清洗、修补、夹揭、裁切、脱酸、压平、装订、修栏、补字、书影扫描和修复档案制作等环节操作不当而导致的文献物理损伤、书叶缺失、飞签移位、文献著录信息丢失、原有装帧信息丢失等，直接导致历史文献无法在修复后还原，及未经主任批准擅自使用或向他人提供馆藏历史文献书影等。	√					√			√		

续表

序号	风险项目	风险描述	风险评估						风险控制措施	应对的基本措施			
			可能性（频率）			损失影响程度							
			小	中	大	低	中	高		回避	降低	分担	承受
23	古籍修复仪器使用风险	未按规定使用专业古籍修复仪器，或使用中未注意规避相关安全隐患，对古籍及修复人员人身安全造成损害。	√					√	同上	√			
24	古籍修复验收质量风险	古籍修复验收人员不具备相匹配的古籍修复知识，或对修复质量把关不严，验收人员与修复人员对修复质量的认定不一致。	√					√	依据《历史文献部古籍修复质量验收标准》，若修复质量存在较大争议，其质量等级的认定须经过具有高级职称的专业人员鉴定。		√		
25	古籍修复出库风险	修复古籍出库、归库时未详细清点，造成古籍修复后叶码错乱或缺叶、漏叶。	√				√		《历史文献部古籍修复交接管理制度》	√			
26	古籍修复用书运输风险	古籍运送需通过公共区域，存在丢失等安全隐患。	√				√		依据《历史文献部古籍修复交接管理制度》，出入库运送过程，应有两名工作人员参与，适当防护，平稳运输。	√			

续表

序号	风险项目	风险描述	风险评估						风险控制措施	应对的基本措施			
			可能性（频率）			损失影响程度							
			小	中	大	低	中	高		回避	降低	分担	承受
27	历史文献数字化安全风险	待数字化历史文献出入库安全、不同数字化方式可能对历史文献造成不同程度的损伤、数字化环境可能对历史文献造成一定的影响。	√				√		依据《历史文献数字化工作室管理条例》《历史文献数字化控制程序》，核对《古籍数字资源提交单》进行数据审校，填写数据审校清单，合格数据进入存档和发布，不合格数据发回数字化工作室重新制作。		√		
28	历史文献数字化质量控制风险	数字化成品可能会出现缺叶、错叶、重叶、透字、失真等不规范的问题。		√		√					√		
29	历史文献数字化元数据著录风险	元数据著录不完整、不规范或存在错误。		√		√					√		
30	历史文献数字化存储风险	数字化成品的数据未储存于安全的环境中或未做好备份，造成错乱、损坏或丢失。	√				√					√	
31	历史文献数字化底本使用风险	读者在阅览数字化成品时私下拍摄或拷贝，造成底本流失；工作人员利用职务便利私下拷贝，非法获取经济利益。	√				√				√		
32	历史文献数字化设备安全风险	数字化设备自然损耗，工作人员因操作不当造成设备损坏，影响数字化拍摄进度。		√		√						√	

续表

序号	风险项目	风险描述	风险评估						风险控制措施	应对的基本措施			
			可能性（频率）			损失影响程度							
			小	中	大	低	中	高		回避	降低	分担	承受
33	历史文献征集风险	对历史文献版本鉴定错误，以高于市场价格收购古籍；征集来源不明或手续不完善，存在法律风险。	√					√	《中华人民共和国政府采购法》《中华人民共和国政府采购法实施条例》				√
34	新古籍出版物征集适当性风险	新增入藏新古籍出版物不能体现对馆藏历史文献补充与原件再生性保护，造成采购失当。	√				√						√
35	接受文献捐赠风险	捐赠人捐赠后反悔或捐赠行为未得到其财产共有人的同意；捐赠文献为涉及意识形态问题的非法出版物。	√				√		《安徽省图书馆接受文献捐赠及入藏管理办法》		√		
36	历史文献分编风险	馆藏历史文献分编不准确、不及时、不全面。		√			√		《中国文献编目规则》				√
37	历史文献书目数据审校风险	书目数据审校不仔细，未能纠正相关错误；数据审校操作不当，造成数据错乱、丢失。		√			√						√
38	历史文献整理出版风险	整理出版选题失当，内容缺乏价值，稿件错误较多，出版图书违反相关法律、侵害他人权益等。	√				√		《出版管理条例》			√	

续表

序号	风险项目	风险描述	风险评估						风险控制措施	应对的基本措施			
			可能性（频率）			损失影响程度							
			小	中	大	低	中	高		回避	降低	分担	承受
39	媒体宣传风险	因角度、方法、内容等不当，媒体宣传产生负面影响，损害我馆形象。	√				√		《安徽省图书馆信息发布保密管理制度》《安徽省图书馆信息公开制度》	√			
40	档案管理风险	档案存档不及时，存档文件存放无规律不利于查找，涉密档案未妥善保管。		√			√		《安徽省图书馆档案管理制度》		√		
41	固定资产管理风险	部门固定资产明细不清，配置不合理，维护不当，造成国有资产浪费或流失。	√				√		《安徽省图书馆固定资产管理制度》		√		
42	工作环境风险	历史文献本身携带的灰尘、细菌、鼠尿、蠹虫、霉菌，以及递藏过程中使用的防虫药剂、叶片等，会直接接触工作人员身体，对呼吸道、皮肤、发甲、视力等造成刺激和损害；工作环境、工作压力给工作人员带来精神、情绪方面的负面作用；古籍普查、审校、编目、出版、文牍工作带来的长期伏案与大量长时间的电脑工作，造成员工视力、肢体、指关节、腰颈肩、脊柱、甲状腺等职业病，严重时影响到日常生活起居。			√		√		《中华人民共和国劳动法》		√		

续表

序号	风险项目	风险描述	风险评估						风险控制措施	应对的基本措施			
			可能性（频率）			损失影响程度				回避	降低	分担	承受
			小	中	大	低	中	高					
43	专业培训绩效风险	省中心提供并组织的各类专业脱产培训工作是否公开透明、公平公正，专业培训效果是否达到预期，培训内容是否能促进古籍保护工作并转化为业绩呈现。	√			√			《安徽省古籍保护中心培训工作流程》				√
44	古籍普查登记系统管理风险	古籍普查提交数据的质量是否达到要求，省中心古籍普查平台能否正常使用，后台服务器技术维护、数据存储与数据批处理安全是否有保障，是否制订具有可操作性的全省古籍普查平台数据管理系统事故处理应急预案。		√			√		《古籍普查规范》《古籍普查著录细则》	√			
45	古籍普查审校风险	古籍普查审校人员是否具备相应古籍著录水平和工作责任心，能否发现并纠正各馆提交数据的错误，保证平台数据的规范性和准确性，是否完成规定的审校定量。		√			√				√		
46	古籍保护简报编发风险	是否完成每年3～4期古籍保护简报编发，古籍保护简报内容是否得当，是否收到预期的宣传效果。	√			√			《安徽省图书馆信息公开制度》				√

续表

序号	风险项目	风险描述	风险评估						风险控制措施	应对的基本措施			
			可能性（频率）			损失影响程度							
			小	中	大	低	中	高		回避	降低	分担	承受
47	《国家珍贵古籍名录》与"全国古籍重点保护单位"申报风险	《国家珍贵古籍名录》与"全国古籍重点保护单位"申报组织是否及时，对申报古籍与申报单位的初审是否规范。	√			√			《〈国家珍贵古籍名录〉申报评审暂行办法》《全国古籍重点保护单位申报评定暂行办法》				√

典藏部质量管理风险评估分析表

序号	风险项目	风险描述	风险评估						风险控制措施	应对的基本措施			
			可能性（频率）			损失影响程度							
			小	中	大	低	中	高		回避	降低	分担	承受
1	人力资源保障风险	岗位人员没有及时落实到位，造成典藏部各项工作停滞。	√					√	《人力资源控制程序》《典藏部岗位职责与要求》		√	√	
2	书库专用设备管理风险	书库钥匙、照明存放不当或其他原因导致遗失，造成无法进库调阅图书等。	√					√	《基础设施控制程序》《安全保卫控制程序》《典藏部书库管理制度》《典藏部安全综合管理制度》《典藏部工作制度》		√		
3		书库照明灯损坏导致图书入、出库工作困难。		√			√					√	
4		除湿机、空调等设备失灵，导致库房温湿度超标。		√			√					√	
5		门窗损坏未及时发现，导致库房图书偷盗等资产安全风险。		√			√					√	
6		书架损坏未及时发现，导致图书不能及时上架。	√				√					√	
7		未及时发现温/湿度仪不准或失灵，造成温/湿度记录失误，影响除湿工作的进行。		√			√				√	√	
8		消防设备失效，库房存在安全隐患。	√				√					√	
9	阅览室场所卫生环境风险	阅读环境因素：卫生差，空气不流通，照明灯暗，影响读者阅读情绪，导致读者投诉和流失。	√				√		《读者服务环境控制程序》《典藏部工作制度》		√		

续表

序号	风险项目	风险描述	风险评估						风险控制措施	应对的基本措施			
			可能性（频率）			损失影响程度							
			小	中	大	低	中	高		回避	降低	分担	承受
10	阅览室场所设备安全风险	阅览桌椅损坏，造成读者受伤或其他事件。	√				√		依据《基础设施控制程序》《安全保卫控制程序》《闭架中外文图书借阅室读者须知》《典藏部安全综合管理制度》《地方文献阅览室阅览规则》《读者财产保护控制程序》		√	√	
11		存包柜使用不当或其他原因损坏导致读者所带物品随意放置。	√				√				√	√	
12		灭火器放置地方不明，读者通道、各安全出口前面有物品堆积，易造成安全隐患。	√				√				√		
13	固定资产管理风险	部门固定资产台账核对没有落实，造成固定资产不明或流失。	√				√		《基础设施控制程序》《典藏部工作制度》		√		
14	计算机应用风险	读者检索用机不能使用，导致读者查不到所需要的图书。工作用机不能使用，导致读者不能借书。		√				√	《读者服务控制程序》《网络服务控制程序》《典藏部工作制度》		√	√	
15	运输风险	运输车损坏或不够，导致库房图书出入库工作停滞。		√			√		《基础设施控制程序》《典藏部工作制度》		√	√	
16	检测设备风险	身份识别器、门禁、监控等设备失灵，导致保存本图书丢失。		√			√		《基础设施控制程序》《安全保卫控制程序》《典藏部工作制度》		√	√	

续表

序号	风险项目	风险描述	风险评估 可能性(频率) 小	风险评估 可能性(频率) 中	风险评估 可能性(频率) 大	风险评估 损失影响程度 低	风险评估 损失影响程度 中	风险评估 损失影响程度 高	风险控制措施	应对的基本措施 回避	应对的基本措施 降低	应对的基本措施 分担	应对的基本措施 承受
17	人员知识更新风险	培训不及时，人员知识陈旧，影响创新开拓工作开展。		√				√	《人力资源控制程序》《典藏部工作制度》				
18	安全管理风险	工作人员出库后未及时关闭门窗或电源，导致火灾、偷盗等资产安全风险。	√					√	《典藏部图书入藏、变更控制流程》《典藏部书库管理制度》《典藏部安全综合管理制度》《典藏部工作制度》《典藏部图书借阅控制流程》		√		
19	库房环境风险	未能定期发现库房温湿度的变化导致图书、照片等文献资料霉变。	√				√				√		
20		未能定期清洁，导致书库灰尘过多。	√			√					√		
21	图书入藏风险	因接收赠书过程中未能及时辨别来源或内容造成意识形态风险。	√					√		√			
22	权限使用风险	图书馆藏状态登记如变更地点、剔旧处理等操作有误，造成变更失败或错误变更。	√				√				√		
23	图书接收风险	清点有误造成实际获得数量与册送数量不符。	√			√					√		
24		图书上架过程中因典借与典阅图书混淆或图书索书号排架错误，造成文献错架率升高无法获取。	√					√			√		

续表

序号	风险项目	风险描述	风险评估						风险控制措施	应对的基本措施			
			可能性（频率）			损失影响程度							
			小	中	大	低	中	高		回避	降低	分担	承受
25		保存本图书调出时未及时记录借阅信息造成无法追还。	√				√		《典藏部图书借阅控制流程》《典藏部书库管理制度》《典藏部安全综合管理制度》《典藏部工作制度》		√		
26	图书出库风险	图书出库时未发现有污损，造成读者无法正常阅读。		√			√						
27		在二三次文献开发过程中调出的图书因随意放置导致遗失或不能及时归库。	√			√					√		
28	图书调阅风险	业务不熟练或其他原因导致调出图书与读者实际需求不符。	√			√			《典藏部图书借阅控制流程》《读者沟通控制程序》《安全保卫控制程序》《闭架中外文图书借阅室读者须知》《地方文献阅览室阅览规则》《典藏部安全综合管理制度》《典藏部工作制度》		√		
29	阅览室主岗风险	对图书所在楼层判断有误造成辅岗人员无效劳动；当天调阅记录不完整；与借阅读者发生争执。		√			√				√		
30	阅览室辅岗风险	书库错架导致无法及时取得所需图书；未及时观察库房环境变化造成安全疏漏。	√				√				√		
31	读者投诉风险	因服务措施不当或其他原因造成读者投诉；因业务不熟练或其他原因错误指向导致读者投诉或不满；对读者反馈未能及时记录和处理，导致读者服务体验下降。		√				√			√		

续表

<table>
<tr><th rowspan="3">序号</th><th rowspan="3">风险项目</th><th rowspan="3">风险描述</th><th colspan="6">风险评估</th><th rowspan="3">风险控制措施</th><th colspan="4" rowspan="2">应对的基本措施</th></tr>
<tr><th colspan="3">可能性（频率）</th><th colspan="3">损失影响程度</th></tr>
<tr><th>小</th><th>中</th><th>大</th><th>低</th><th>中</th><th>高</th><th>回避</th><th>降低</th><th>分担</th><th>承受</th></tr>
<tr><td>32</td><td>解答读者咨询、导读服务风险</td><td>解答读者咨询、导读不及时或不准确，导致服务水平降低。</td><td>√</td><td></td><td></td><td></td><td>√</td><td></td><td rowspan="6">《典藏部图书借阅控制流程》《读者沟通控制程序》《安全保卫控制程序》《闭架中外文图书借阅室读者须知》《地方文献阅览室阅览规则》《典藏部安全综合管理制度》《典藏部工作制度》</td><td></td><td>√</td><td></td><td></td></tr>
<tr><td>33</td><td>读者隐私风险</td><td>在读者服务过程中所收集的读者姓名、身份证号或借阅历史等隐私信息，被第三方获取，引起读者利益受损的风险。</td><td>√</td><td></td><td></td><td></td><td></td><td>√</td><td></td><td>√</td><td>√</td><td></td></tr>
<tr><td>34</td><td>逾期费收取风险</td><td>实收逾期费金额与应缴逾期费金额不符。</td><td>√</td><td></td><td></td><td></td><td>√</td><td></td><td></td><td>√</td><td></td><td></td></tr>
<tr><td>35</td><td>部门安全风险</td><td>未及时检查办公场所水、电、门窗等，导致安全事故发生。</td><td>√</td><td></td><td></td><td></td><td></td><td>√</td><td></td><td>√</td><td></td><td></td></tr>
<tr><td>36</td><td rowspan="2">图书借阅风险</td><td>因外部原因停电导致读者服务中断，不能及时归还或提供图书。</td><td>√</td><td></td><td></td><td></td><td>√</td><td></td><td></td><td>√</td><td></td><td></td></tr>
<tr><td>37</td><td>因操作失误导致读者有关数据记录出现差错。</td><td>√</td><td></td><td></td><td></td><td>√</td><td></td><td></td><td>√</td><td></td><td></td></tr>
<tr><td>38</td><td rowspan="2">书目数据维护过程风险</td><td>文献安全风险：在维护书目数据过程中因所涉及文献出库而引起的馆藏文献可能被损坏或丢失。</td><td>√</td><td></td><td></td><td></td><td></td><td>√</td><td rowspan="2">《典藏部图书借阅控制流程》《读者沟通控制程序》《网络服务控制程序》</td><td colspan="4" rowspan="2"></td></tr>
<tr><td>39</td><td>维护书目操作风险：因操作不当，应修改的书目数据（馆藏位置、馆藏状态等）未得到修改或修改结果错误，导致文献实际状态与系统记录不符。</td><td></td><td></td><td>√</td><td></td><td>√</td><td></td></tr>
</table>

续表

序号	风险项目	风险描述	风险评估						风险控制措施	应对的基本措施			
			可能性（频率）			损失影响程度				回避	降低	分担	承受
			小	中	大	低	中	高					
40	业务数据分析风险	读者服务数据分析的风险：对读者服务的分析不及时、不准确，无法把握读者需求的变化，导致服务水平降低。	√				√		《图书剔除控制程序》《典藏部图书入藏、变更控制流程》		√		
41		文献入藏数据分析的风险：对入藏文献的分析不及时、不准确，无法掌握入藏文献的现状与规律，导致文献管理的效率降低。	√			√					√		
42		书库环境数据分析的风险：对书库环境数据的分析不及时、不准确，无法掌握书库环境变化的规律与现状，导致书库管理水平的下降。	√				√				√		
43	新入藏文献的可用性风险	因地方文献挑选、著录，使得新入藏文献无法及时入库，导致有需求读者无法获得文献。			√		√		《典藏部图书入藏、变更控制流程》《网络控制程序》《安全保卫控制程序》《典藏部书库管理制度》《典藏部地方文献开发利用控制流程》《典藏部工作制度》		√		
44	数据安全风险	工作涉及的过程数据或成果数据存放于不可靠的计算机或存储设备中，易受病毒、网络攻击和硬件损坏的影响，造成工作过程数据或工作成果损坏或丢失。	√					√			√	√	

续表

序号	风险项目	风险描述	风险评估						风险控制措施	应对的基本措施			
			可能性（频率）			损失影响程度							
			小	中	大	低	中	高		回避	降低	分担	承受
45	文献安全风险	在创建地方文献数据库过程中因所涉及文献出库而引起的馆藏文献可能被损坏或丢失。	√					√	《典藏部图书入藏、变更控制流程》《网络控制程序》《安全保卫控制程序》《典藏部书库管理制度》《典藏部地方文献开发利用控制流程》《典藏部工作制度》		√	√	
46	协同工作风险	因地方文献挑选、著录工作涉及多人，导致工作标准不统一、工作效率降低，影响成果质量。			√		√				√		
47	文件版本控制风险	因地方文献挑选、著录工作涉及多人，导致的文件版本混乱、最新版本不统一、文件最新修改丢失等问题。		√			√				√		
48	文献损耗风险	在开发利用地方文献过程中，因对文献的翻阅、著录、扫描、运输等操作，可能对文献造成的污损风险。	√					√	《典藏部地方文献开发利用控制流程》《网络控制程序》《安全保卫控制程序》《典藏部书库管理制度》《人力资源控制程序》《典藏部部门工作制度》		√	√	
49	文献可用性风险	在开发、利用过程中，因文献出库引起的文献暂时不可用，影响有需求读者的服务体验。			√		√				√	√	

续表

序号	风险项目	风险描述	风险评估						风险控制措施	应对的基本措施			
			可能性（频率）			损失影响程度							
			小	中	大	低	中	高		回避	降低	分担	承受
50	馆员健康风险	当处理老、旧文献时，文献所附着的灰尘、霉菌等可能会影响负责处理文献馆员的健康。		√			√		《典藏部地方文献开发利用控制流程》《网络控制程序》《安全保卫控制程序》《典藏部书库管理制度》《人力资源控制程序》《典藏部部门工作制度》		√		
51	项目进度风险	在文献开发利用项目中，因各种原因导致的项目进度缓慢、落后于项目计划时间的情况，使得项目无法按时完成的风险。	√				√				√		
52	项目资源风险	在文献开发利用项目中，因各种原因导致的项目所需资源增加，并超过原有预期，使得项目资源不足的风险。	√				√		《典藏部地方文献开发利用控制流程》《网络控制程序》《安全保卫控制程序》《典藏部书库管理制度》《人力资源控制程序》《典藏部部门工作制度》		√		
53	项目成员变化风险	在文献开发利用项目中，因项目成员变动（离开、新增、暂离）带来的风险。	√				√						

数字资源部质量管理风险评估分析表

序号	风险项目	风险描述	风险评估						风险控制措施	应对的基本措施			
			可能性（频率）			损失影响程度				回避	降低	分担	承受
			小	中	大	低	中	高					
1	数字资源建设规划风险	数字资源建设规划不全面，由于考虑不周出现方向偏差的风险，从而导致数字资源建设质量降低。	√					√	《数字资源建设规范》	√			
2	全国智慧图书馆体系建设项目规划风险	全国智慧图书馆体系建设项目规划由于考虑不周而出现不全面、方向偏差的风险，导致数字资源建设质量降低。	√					√	《数字资源建设规范》	√			
3	数字资源采购风险	采购的数字资源内容不能满足需求的风险，导致数字资源建设质量降低。	√			√			《安徽省图书馆数字资源采购规则》	√			
4	数字资源建设项目进度风险	项目进度达不到预期，导致项目不能按时完成。			√	√			与制作方加强沟通，要求制作方提交关键环节工作记录，并在验收环节加强控制。		√		
5	数字资源项目质量风险	数字资源外包制作不合格的风险，导致数字资源建设质量降低。			√	√			与制作方加强沟通，要求制作方提交关键环节工作记录，并予以控制。		√		
6	数字资源意识形态风险	数字资源内容违反国家意识形态安全要求的风险。	√					√	严格落实意识形态责任制，把好资源内容审核关。	√			

续表

序号	风险项目	风险描述	风险评估						风险控制措施	应对的基本措施			
			可能性（频率）			损失影响程度				回避	降低	分担	承受
			小	中	大	低	中	高					
7	数字资源版权风险	数字资源的发布和使用违反版权要求，导致出现民事纠纷的风险。		√				√	《中华人民共和国著作权法》《信息网络传播权保护条例》《计算机软件保护条例》《著作权集体管理条例》《数字图书馆资源建设和服务中的知识产权保护政策指南》	√			
8	数字资源维护风险	存储设备损毁的风险，会造成数字资源数据丢失。		√				√	《数字资源部数据备份管理制度》		√		
9	数字资源统计分析风险	数字资源的统计分析出现失误，分析结果出现偏差，导致不能为读者提供更好的服务。		√		√			对统计分析结果实施校验、核实。		√		
10	数字资源服务推广风险	数字资源推广活动参与人数、推广效果不达预期。		√		√			加强宣传、活动前的评估和活动后的总结。				√
11	数字资源合作风险	与合作方发生纠纷的风险。		√			√		签订合同时明确双方的责任和权力。	√			
12	全国智慧图书馆体系建设资源建设项目实施风险	项目实施达不到预期的风险，导致项目建设质量降低。		√			√		项目实施前做好相关调研工作。	√			

续表

序号	风险项目	风险描述	风险评估						风险控制措施	应对的基本措施			
			可能性（频率）			损失影响程度				回避	降低	分担	承受
			小	中	大	低	中	高					
13	全国智慧图书馆体系建设项目服务推广风险	全国智慧图书馆体系建设项目服务在推广过程中未能达成预期目标的风险。		√			√		《数字资源建设规范》	√			
14	全国智慧图书馆体系建设资源建设项目业务培训风险	全国智慧图书馆体系建设资源建设项目业务培训未能达成预期目标的风险。		√		√			加强培训策划和组织管理。	√			
15	全国智慧图书馆体系建设项目策划风险	策划的项目内容不完善、可行性不足的风险，导致项目未能立项。		√			√		《数字资源建设规范》	√			
16	业务指导风险	业务能力不胜任的风险，导致无法为本省各级公共图书馆、服务站点提供数字化业务支持。			√	√			加强业务学习，请相关专家提供数字化服务。	√			
17	视频拍摄质量风险	在拍摄过程中由于操作失误造成拍摄视频质量不合格的风险，漏拍造成拍摄镜头不足、使得后期编辑素材不够的风险，导致最终视频成品质量下降。		√			√		《专题片制作规范》		√		

续表

序号	风险项目	风险描述	风险评估						风险控制措施	应对的基本措施			
			可能性（频率）			损失影响程度							
			小	中	大	低	中	高		回避	降低	分担	承受
18	视频数据安全风险	由于存储设备发生问题造成拍摄视频数据丢失的风险，导致无法完成视频制作。	√					√	《专题片制作规范》		√		
19	专用设备采购风险	专用设备采购不合适的风险，导致相应的工作无法按质按量完成。		√			√		《安徽省图书馆专用设备采购规则》	√			
20	专用设备维护保养风险	专用设备在维护保养过程中发生损毁的风险，导致设备无法使用。		√			√		严格按照制定的各设备操作规程进行维保并做好数据备份。	√			
21	专用设备管理风险	专用设备被盗、设备间发生火灾的风险，造成财产损失。		√			√		《数字资源部综合治理管理制度》《专用设备管理制度》		√		
22	数字资源建设资金使用风险	资金使用不规范风险，采购过程中的廉政风险。	√					√	《中央补助地方公共文化服务体系建设专项资金管理暂行办法》《安徽省图书馆财务管理规定》《安徽省图书馆专用设备采购规则》	√			
23	外拍作业设备安全风险	野外作业设备由于使用不当发生损毁、设备被盗等风险，造成工作无法完成。		√				√	《野外视频拍摄安全管理制度》		√		
24	外拍作业人员安全风险	工作人员在外发生人身意外的风险，造成人员损失。		√				√	《摄制组预防事故及应急预案》		√		

续表

序号	风险项目	风险描述	风险评估						风险控制措施	应对的基本措施			
			可能性（频率）			损失影响程度				回避	降低	分担	承受
			小	中	大	低	中	高					
25	脚本质量风险	为专题片所写脚本达不到要求的风险，造成专题片质量下降。		√			√		《专题片制作规范》	√			
26	视频编辑风险	在编辑视频时，由于意外断电或软件崩溃使得编辑片段丢失的风险，造成工作进度延误；在配音过程中，由于播音员口误或断句不合适等原因造成配音质量低下，配乐与专题片内容不和谐，字幕出现错误等风险，导致专题片质量下降。	√			√			《专题片制作规范》		√		

网络技术部质量管理风险评估分析表

序号	风险项目	风险描述	风险评估						风险控制措施	应对的基本措施			
			可能性（频率）			损失影响程度							
			小	中	大	低	中	高		回避	降低	分担	承受
1	信息化规划风险	网络规划不合理，业务系统因业务发展和技术更新信息化规划无法适应业务发展需求。		√			√		依据《网络技术部管理作业指导书》，要求信息化建设做好调查、预研和论证工作。		√		
2	廉政管理风险	信息化项目建设中，相关负责人未严格按照岗位职责要求做到廉洁自律，造成国家财产损失。	√					√	依据《安徽省图书馆采购管理制度》项目建设按要求充分公开。	√			
3	项目管理风险	信息化项目建设中，相关负责人未严格按照项目招投标程序进行项目建设，造成项目建设进度不达标或无法按时完成。	√				√		依据《安徽省图书馆项目验收制度》，不断学习招投标相关法律法规，充分了解相关变化情况。		√		
4	人才管理风险	专业技术岗位工作人员无法适应专业岗位要求，影响业务服务工作。		√		√			加强在职培训和督促员工自我学习，提高业务水平。				
5	机房动环管理风险	未按制度做好机房日常防火、用电、防鼠、防水、防雷工作，导致灾害发生，造成资产损失。	√					√	依据《安徽省图书馆网络服务控制程序》《机房管理制度》，持续加强员工岗位培训，提高员工安全意识和安全事件处置水平。	√			

续表

序号	风险项目	风险描述	风险评估 可能性（频率）小	可能性（频率）中	可能性（频率）大	损失影响程度 低	损失影响程度 中	损失影响程度 高	风险控制措施	应对的基本措施 回避	降低	分担	承受
6	机房管理人员门禁管理风险	未按制度做好机房人员进出核查、登记，造成非相关人员私自进入机房要地，导致人为破坏。		√			√		依据《安徽省图书馆网络服务控制程序》《机房管理制度》，定期进行日常机房来访人员记录文件检查。	√			
7	网络设备管理风险	未按网络服务程序调试设备、未及时保存网络设备配置，ip 设置紊乱，导致全馆网络故障，影响业务运行。	√				√		依据《安徽省图书馆网络服务控制程序》《机房管理制度》，定期进行网络设备维护、备份和工作日志检查。		√		
8	网络攻击处置风险	发生网络攻击事件后，未及时处置和应对，带来网络安全事件。	√					√	依据《安徽省图书馆网络安全应急预案》，推进信息系统等保建设，组织网络安全应急演练。	√			
9	机房硬件设备维护风险	未按规定及时维护保养机房硬件设备，造成设备使用故障。	√				√		依据《机房管理制度》，定期检查机房硬件设备，做好相关维护登记工作。	√			
10	应用系统用户管理风险	用户管理账号未妥善保管，使用不当，造成安全事件；未及时增加和删除新老用户，影响业务部门正常使用。	√				√		依据《机房管理制度》，定期组织梳理工作人员岗位变化所导致的权限变更。	√			

续表

序号	风险项目	风险描述	风险评估						风险控制措施	应对的基本措施			
			可能性（频率）			损失影响程度				回避	降低	分担	承受
			小	中	大	低	中	高					
11	软件系统密码管理风险	违反软件、应用和数据库系统安全管理规定，无专人保管数据库系统用户名、密码，导致数据泄露。	√	√			√		依据《机房管理制度》，定期检查各岗位信息系统相关密码变更情况。	√			
12	数据备份管理风险	数据库备份不及时，造成数据丢失。	√					√	依据《安徽省图书馆网络服务控制程序》，定期进行数据有效性验证，检查各岗位备份日志。	√			
13	网站系统管理风险	未按管理制度做好网站系统管理，影响读者使用。	√				√		依据《安徽省图书馆网站管理制度》，要求网站管理员按工作职责定时检查网站各栏目，定期检查相关岗位维护表格填写。	√			
14	OA办公自动化系统管理风险	未按管理制度做好OA系统管理，影响馆内办公业务。	√				√		依据《安徽省图书馆网络管理制度》，要求OA系统管理员按工作职责定时检查OA系统，做好维护记录。	√			
15	电子阅览室系统管理风险	未按管理制度做好电子阅览室系统管理工作，造成读者上机异常。	√				√		依据《安徽省图书馆网络服务控制程序》，要求电子阅览室系统管理员定时检查系统后台，做好维护记录。	√			

续表

序号	风险项目	风险描述	风险评估						风险控制措施	应对的基本措施			
			可能性（频率）			损失影响程度							
			小	中	大	低	中	高		回避	降低	分担	承受
16	业务系统紧急处置风险	应用服务发生故障，未严格按照应用服务处置措施处置，影响读者服务。	√				√		依据《安徽省图书馆网络安全应急预案》，要求业务系统管理员做好业务系统数据库、服务器、应用程序检查，做好维护记录。		√		
17	数据库安全紧急处置风险	数据库未按紧急处置措施处置，导致数据库无法正常使用。	√				√		《安徽省图书馆网络安全应急预案》，要求数据库系统管理员做好数据有效性验证，做好备份数据保存工作。	√			
18	数字资源保存风险	我馆自建和外购数字资源维护更新不及时，保存不恰当，导致数字资源无法正常使用。	√				√		依据《安徽省图书馆网络服务控制程序》，要求数据资源管理员按相关部门工作联系单配合更新维护，做好保存数据日常登记工作。	√			
19	计算机病毒处置风险	计算机软件病毒发生后，处置不及时，导致计算机无法使用。	√					√	依据《安徽省图书馆网络安全应急预案》，及时安装防病毒软件，定期更新病毒库。	√			

续表

序号	风险项目	风险描述	风险评估						风险控制措施	应对的基本措施			
			可能性（频率）			损失影响程度				回避	降低	分担	承受
			小	中	大	低	中	高					
20	计算机设备故障处置风险	计算机设备未及时维护，影响办公和读者使用。	√				√		依据《安徽省图书馆网络服务控制程序》，定期检查网络技术部维护服务表，查看维护及时性。	√			
21	固定资产保管风险	未按规定登记固定资产和核对固定资产实物及台账登记情况，造成固定资产损失。	√				√		依据《网络技术部管理作业指导书》，及时核对登记变更固定资产。	√			
22	计算机设备巡检风险	未及时巡检馆内相关计算机设备，造成设备不能正常工作。	√				√		依据《网络技术部管理作业指导书》，每天定人定时进行馆内计算机设备巡检，定时检查相关登记表格。		√		
23	档案管理风险	技术档案和业务档案保存不当，影响部门技术工作正常开展。	√			√			专人专柜保存技术档案和相关固定资产。		√		
24	意识形态内容风险	未做好网络安全防护，网页内容被非法篡改，造成意识形态风险。	√					√	《安徽省图书馆网络意识形态责任管理制》		√		

参考咨询部质量管理风险评估分析表

序号	风险项目	风险描述	风险评估：可能性（频率）小	风险评估：可能性（频率）中	风险评估：可能性（频率）大	风险评估：损失影响程度 低	风险评估：损失影响程度 中	风险评估：损失影响程度 高	风险控制措施	应对的基本措施：回避	应对的基本措施：降低	应对的基本措施：分担	应对的基本措施：承受
1	决策咨询意识形态风险	决策咨询专题选材时，文章内容存在意识形态问题，导致在社会上造成不良影响。	√					√		√			
2	决策咨询校对风险	校对时不细致，如标点符号不规范、文字错误等，导致专题成品不合格。	√				√			√			
3	决策咨询传送风险	网络传输问题导致电子版传送失败和传送不及时，造成用户不满意。	√			√			《安徽省图书馆专题文献编制管理制度》	√			
4	决策咨询成品验收风险	印刷单位制作的成品排版与定稿样式不符，数量与要求不符，导致成品质量不合格。	√				√			√			
5	决策咨询寄送风险	寄送地址、寄送对象发生变化，寄出的专题成品被邮局退回，造成专题成品不能及时送给相关人员参阅，产生不良影响。	√			√					√		

续表

序号	风险项目	风险描述	风险评估						风险控制措施	应对的基本措施			
			可能性（频率）			损失影响程度				回避	降低	分担	承受
			小	中	大	低	中	高					
6	二三次文献意识形态风险	编制二三次文献选材时，文章内容涉及意识形态问题，导致在社会造成不良影响。	√					√	《安徽省图书馆专题文献编制管理制度》	√			
7	二三次文献排版、校对风险	未按要求排版，版面不清晰、字体错误、标点符号不规范、文字错误等；校对时不细致、未能全部校出错误点，导致专题成品不合格。	√				√			√			
8	二三次文献成品验收风险	印刷单位制作的成品排版与定稿样式不符，数量与要求不符，导致成品质量不合格。	√				√			√			
9	二三次文献寄送风险	寄送地址、寄送对象发生变化，寄出的专题成品被邮局退回，造成专题成品不能及时送给相关人员参阅，产生不良影响。	√			√					√		

续表

序号	风险项目	风险描述	风险评估						风险控制措施	应对的基本措施			
			可能性（频率）			损失影响程度				回避	降低	分担	承受
			小	中	大	低	中	高					
10	文献传递咨询员风险	咨询员业务能力不够，答题不规范，答非所问，导致读者不满意。	√			√			《全国图书馆参考咨询服务规范》	√			
11	文献传递甄别题目风险	从平台接任务时未仔细审题，无法提供文献，导致读者未能及时获取文献，读者给出不满意评价。	√			√				√			
12	文献传递涉密问题风险	审题不严，传递涉及国家机密的敏感性文献，导致泄密，给国家造成损失。	√					√		√			
13	文献传递质量风险	未按要求格式传递文献，或者文献与需求不符，文献传递不合格，造成读者无法使用，读者给出不满意评价。	√				√			√			
14	处理不合格文献风险	对于被质检员判定不合格的文献没有及时修改，重新传递，导致读者不满意。	√			√				√			
15	工具书排架风险	图书排架发生错误，读者无法找到所需图书，造成读者不满意、投诉等风险。	√				√		《中国图书馆分类法》	√			

续表

序号	风险项目	风险描述	风险评估						风险控制措施	应对的基本措施			
			可能性(频率)			损失影响程度							
			小	中	大	低	中	高		回避	降低	分担	承受
16	书库环境风险	因气候变化,书库温湿度未达图书存放要求,导致图书霉变、损坏,造成读者无法查阅,引起读者不满意投诉。	√				√		《安徽省图书馆书库管理制度》	√			
17	工作环境风险	员工在整理工具书书库时,图书上附着的灰尘、霉菌等对员工健康造成危险。嵌入在部门工作、阅览区域的未封顶民国书库每天都散发出霉味,可能也影响了馆员的健康。		√							√		
18	阅览开放风险	个别读者违反《安徽省图书馆读者入馆须知》,影响其他读者正常阅览,造成不良社会影响。	√					√	《中华人民共和国公共图书馆法》《安徽省图书馆读者入馆须知》《安徽省图书馆收费项目及标准》		√		
19	阅览室桌椅安全风险	阅览室桌椅损坏未及时发现,造成读者受伤。	√				√		《基础设施控制程序》		√		
20	阅览室灭火器风险	阅览室灭火器放置地不当,或在灭火器周边堆有其他物品,影响灭火器的正常使用。	√				√		《安全保卫控制程序》		√		

续表

序号	风险项目	风险描述	风险评估						风险控制措施	应对的基本措施			
			可能性（频率）			损失影响程度							
			小	中	大	低	中	高		回避	降低	分担	承受
21	读者接待风险	读者对工作人员服务态度、问题处理等产生不满引起投诉。	√				√		《图书馆实时咨询服务规范》《参考咨询控制程序》	√			
22	现场咨询风险	到馆读者现场咨询工作人员问题，未得到满意的答复引起读者投诉。								√			
23	电话咨询风险	读者对工作人员电话咨询服务态度、问题处理等产生不满引起投诉。	√				√			√			
24	QQ咨询风险	读者在QQ上提出咨询未得到工作人员及时回复或对回复不满意引起投诉。	√				√			√			
25	图书剔除风险	破损图书未及时剔除，影响读者使用图书，导致读者不满意。涉及意识形态内容的图书没有及时剔除下架被读者借出，造成不良的社会影响。	√				√		《安徽省图书馆图书剔除控制程序》	√			
26	问题图书风险	读者所查图书出现缺页、内容页有污渍等现象，导致读者无法使用；图书的馆藏地点与检索结果不一致导致读者找不到图书，造成读者不满意。	√				√		《安徽省图书馆各阅览室反馈采编部处理图书记录表》	√			

续表

序号	风险项目	风险描述	风险评估						风险控制措施	应对的基本措施			
			可能性（频率）			损失影响程度				回避	降低	分担	承受
			小	中	大	低	中	高					
27	专题信息检索风险	读者不能熟练掌握检索方法，无法通过正确的检索方式获得文献，造成读者不满意。		√		√			《图书馆实时咨询服务规范》《参考咨询部读者服务规则》	√			
28	政府信息查询风险	读者表述不准确或者查找的文件不在政府公开信息范畴内，造成读者不满意。		√		√				√			
29	电子资源传送风险	读者不按规定使用网络传送方式，擅自使用U盘等外接存储设备来复制材料，导致机器中毒损坏。	√			√			《安徽省图书馆计算机设备管理办法》	√			
30	电子资源使用风险	读者利用电脑设备下载内容涉及违反国家法律法规的信息，利用电脑设备在网上发布不当言论，造成不良的社会影响。	√					√		√			
31	电子设备故障风险	电子检索设备出现故障无法正常使用时，没有及时维修或报废，影响读者使用，造成读者对图书馆服务工作不满意。	√				√		《安徽省图书馆计算机设备管理办法》		√		
32	员工知识技能更新风险	培训不及时，工作人员知识面得不到扩充、观点、技能陈旧，影响工作的创新开拓发展。	√				√		《安徽省图书馆职工培训制度》		√		

续表

序号	风险项目	风险描述	风险评估 可能性（频率） 小	风险评估 可能性（频率） 中	风险评估 可能性（频率） 大	风险评估 损失影响程度 低	风险评估 损失影响程度 中	风险评估 损失影响程度 高	风险控制措施	应对的基本措施 回避	应对的基本措施 降低	应对的基本措施 分担	应对的基本措施 承受
33	文献查证内容风险	查证范围局限，查证结果不全，不能满足文献查证的要求，导致查证不合格，无法满足用户的要求，造成读者不满意。	√			√			《参考咨询部读者服务规则》	√			
34	科技查新风险	查新点把握不准确，导致漏查、错查，出具的查新报告不合格，造成误判，给相关部门及企业带来巨大的经济损失。	√				√		《科技查新技术规范》	√			
35	固定资产故障风险	固定资产出现损坏无法使用时，没有及时报修或作报废处理，影响读者服务工作。	√			√			《安徽省图书馆固定资产管理办法》	√			
36	固定资产归属风险	固定资产归属部门不明晰，导致固定资产管理混乱，造成审计不合格。	√			√				√			
37	业务档案管理风险	因业务档案管理不善，没有进行分类、按专题、按年度存放，导致业务档案杂乱无章，查阅不便，甚至丢失。	√				√		《安徽省图书馆业务档案管理办法》	√			
38	业务数据统计风险	在业务数据统计过程中，数据统计口径不统一，数据的统计不全面，导致业务数据统计结果与实际情况不符。	√				√			√			

借阅部质量管理风险评估分析表

序号	风险项目	风险描述	风险评估						风险控制措施	应对的基本措施			
			可能性(频率)			损失影响程度							
			小	中	大	低	中	高		回避	降低	分担	承受
1	读者服务规范性风险	日常读者服务中馆员的言行不规范，导致图书馆对外形象的不良影响。		√				√	依据《借阅部服务规范检查表》，定期进行服务规范检查，发现问题及时整改。		√		
2	服务标识管理风险	阅览室设施设备、书架等服务标识不清晰，导致读者无法正确使用图书馆各类设备和文献资源。	√				√				√		
3	书刊排架风险	书刊排架不准确，导致读者无法获得所需书刊。		√			√				√		
4	书库管理风险	防潮、防火等管理不到位，未能达到文献保护要求。		√				√			√		
5	读者投诉风险	由于服务质量或服务态度等原因、与读者沟通不畅，导致读者投诉。		√				√	依据《读者沟通控制程序》《读者服务控制程序》，对读者投诉及时进行反馈和整改。		√		
6	读者投诉处置风险	对读者投诉未能及时处置、回复，导致读者不满。	√					√		√			
7	读者借阅逾期费收缴风险	读者缴纳借阅逾期费因特殊原因减免，没有如实记录，导致上交数额不符。	√				√		依据《安徽省图书馆读者借阅逾期费登记表》，对特殊原因造成的逾期费用及时记录并报财务。		√		
8	服务设备管理风险	检索、自助借还、电子阅览及残障专用设备发生故障，导致读者服务暂停。	√				√		定期巡查，发现问题及时上报技术部门处理。		√		

续表

序号	风险项目	风险描述	风险评估						风险控制措施	应对的基本措施			
			可能性（频率）			损失影响程度							
			小	中	大	低	中	高		回避	降低	分担	承受
9	图书续借风险	读者电话续借未能办理或记录不全面，导致图书续借不成功或查询不到相关记录。	√			√			依据《安徽省图书馆电话续借登记表》，读者电话续借信息及时登记。		√		
10	图书预约/预借风险	读者预约/预借图书时未能及时履行手续，导致读者来馆借不到相关图书。	√			√			依据《读者预约/预借单》，及时记录读者预约/预借信息。		√		
11	书刊丢失风险	读者外借书刊因保管不善导致书刊丢失。		√			√		依据《安徽省图书馆基本公共文化服务以外的服务项目及费用标准》，读者丢失或污损图书按照相关制度进行赔偿。		√		
12	书刊污损风险	读者外借书刊有圈画、撕页、水渍、油渍等现象，导致影响书刊阅读。		√			√				√		
13	读者登记卡保管风险	读者登记卡保管不善或信息录入不全，导致读者记录不完整。	√			√			依据《借阅部工作制度》《办证咨询岗位职责》，规范填写、录入读者信息。		√		
14	读者信息安全风险	在服务过程中泄露读者个人信息，导致读者个人权益受损。	√					√	依据《中国图书馆员职业道德准则》《办证咨询岗位职责》，加强职业道德教育。	√			

续表

序号	风险项目	风险描述	风险评估						风险控制措施	应对的基本措施			
			可能性（频率）			损失影响程度							
			小	中	大	低	中	高		回避	降低	分担	承受
15	办证押金风险	未按核定标准收取各类型读者证押金，或因系统统计偏差，导致在办证过程中实际金额与统计金额不符。	√				√		依据《办证咨询岗位职责》《安徽省图书馆办证须知》，规范办证、退证流程，及时申请办证备用金。		√		
16	读者退证风险	因办证备用金的不足导致退证时金额不足，或未按规定办理退证，导致上交财务手续不全。		√			√				√		
17	书刊接收风险	到馆书、报、刊及光盘未能及时登记、处理、上架，导致记录不全。	√			√			依据《借阅部工作制度》《借阅部接收光盘登记表》《借阅部中文报纸验收单》，书报刊及时登记、上架，外借光盘及时登记。		√		
18	随书光盘外借风险	读者外借光盘时未能及时登记，导致记录不全。	√			√					√		
19	业务数据统计风险	因各项业务记录登记不及时、不全面，或统计方法不科学、数据来源不可靠，导致统计结果不准确。	√				√		依据《安徽省图书馆借阅部业务统计月报表》，每月对业务数据进行准确统计。		√		
20	书刊剔除风险	剔除书刊的界定不准确、业务操作不规范，导致馆藏数据不准确。	√				√		依据《文献处置控制程序》，剔除图书报分管馆长批示后交由典藏部及时处理。		√		

续表

序号	风险项目	风险描述	风险评估 可能性（频率） 小	中	大	损失影响程度 低	中	高	风险控制措施	应对的基本措施 回避	降低	分担	承受
21	图书退库风险	未履行退库程序，导致馆藏数据不准确。	√				√		依据《借阅部退库图书登记表》，退库图书报分管馆长批示后移交典藏部。		√		
22	问题图书处置风险	图书出现缺页、馆藏分配错误等现象，未及时反馈给采编部处理，导致影响读者阅读。	√			√			依据《安徽省图书馆各阅览室反馈采编部处理图书记录表》《反馈采编部处理图书登记表》，问题图书及时交还采编部处理。		√		
23	报刊下架风险	报刊未能按规定时限下架，导致报刊装订工作的完整性和连续性受到影响。	√				√		依据《借阅部工作制度》《借阅部连续出版物装订控制程序》，及时对报刊进行下架装订，对缺失的报刊进行补充，对合订本报刊验收入库。		√		
24	报刊装订风险	报刊送装过程中因工作失误造成报刊丢失，导致报刊入藏缺乏连续性。	√					√			√		
25	报刊合订本验收风险	报刊合订本验收时未能发现错装、印刷错误等质量问题，导致调阅等阅读服务受到影响。	√				√				√		
26	报刊合订本调阅风险	工作人员调阅报刊合订本时未能完整填写调阅单、读者阅览结束后还回未及时检查和归库上架，导致报刊合订本丢失、损坏。	√				√		依据《中外文报刊合订本调阅规则》《借阅部中文报刊调阅单》，完整填写调阅记录，读者还回时进行检查并及时入库。		√		

续表

序号	风险项目	风险描述	风险评估						风险控制措施	应对的基本措施			
			可能性（频率）			损失影响程度							
			小	中	大	低	中	高		回避	降低	分担	承受
27	期刊卡片目录标注风险	因工作人员抄写错误，导致卡片目录信息与实际馆藏信息不相符。	√				√		准确填写期刊卡片目录，避免信息错误。		√		
28	中外文报刊入库风险	未按要求完成报刊合订本中转库倒库和入总库工作，导致书库胀库。	√			√			依据《借阅部工作制度》《报刊库管理岗位职责》，涨库报刊及时进行倒库。		√		
29	残障读者服务风险	在为残障读者服务过程中未能充分考虑其特殊性，导致残障读者人身安全等得不到保障。	√				√		依据《借阅部阅读推广活动应急预案》，大型残障读者阅读活动提前报安全保卫部。		√		
30	盲用智能听书机外借风险	智能听书机外借时未能履行手续或手续不全，导致设备丢失。	√			√			依据《安徽省图书馆盲人数字阅读听书机管理办法》，智能听书机借阅信息及时登记。加强听书机内容的监管，督促读者妥善保管听书机，避免丢失或损坏。		√		
31	盲用智能听书机使用风险	读者利用盲用智能听书机下载封建迷信、色情、暴力及危害社会公德等违反国家法律法规的信息，导致不良社会影响。	√					√			√		
32	盲用智能听书机丢失或损坏风险	人为造成的破损、故障和配件遗失，导致盲用听书机不能继续使用。		√			√				√		

续表

序号	风险项目	风险描述	风险评估						风险控制措施	应对的基本措施			
			可能性（频率）			损失影响程度							
			小	中	大	低	中	高		回避	降低	分担	承受
33	分馆、服务点管理风险	未能履行对分馆、服务点的业务辅导及管理职能，导致分馆、服务点不能有效为读者提供服务。		√			√		依据《安徽省图书馆服务点建设管理协议书》《安徽省图书馆分馆建设协议书》《安徽省图书馆分馆、服务点管理规定》，每月统计分馆、服务点阅读数据，定期督促检查。		√		
34	分馆、服务点更换图书风险	分馆、服务点更换图书时未能登记册数，导致记录不全。	√				√			√			
35	分馆、服务点图书丢失风险	分馆、服务点因管理失误，导致图书丢失。		√			√				√		
36	集体借阅风险	未按程序签订协议或未履行协议有关要求，导致管理脱节或图书滞留。		√			√		《安徽省图书馆集体借阅协议》	√			
37	廉政风险	因服务供应商进行利益诱惑及影响，导致工作人员行为失职。	√					√	《借阅部廉政协议书》	√			
38	固定资产丢失和损坏风险	因固定资产交接、报修不及时、报废手续不全，导致固定资产丢失、损坏。	√					√	依据《资产设备内部交接清单》，及时记录固定资产信息。	√			
39	阅览室安全风险	下班时未能做好安全检查、切断电源、关好门窗，导致文献资源丢失等。	√					√	依据《借阅部工作制度》《各部门日常安全检查记录》，各阅览室设立安全责任人。		√		

续表

序号	风险项目	风险描述	风险评估						风险控制措施	应对的基本措施			
			可能性（频率）			损失影响程度							
			小	中	大	低	中	高		回避	降低	分担	承受
40	阅览开放时间风险	阅览室未按规定时间开放，导致不能正常开展读者服务。	√					√	依据《借阅部工作制度》，工作人员提前十分钟到岗，准点开放接待读者。		√		
41	阅览环境风险	未能按照要求对阅览室桌椅和书架进行清洁，或因入室把关不严有问题读者进入，导致读者阅览环境不整洁、不安全。	√				√		依据《借阅部工作制度》，定期打扫阅览室。		√		
42	馆际互借风险	馆际互借单位未能签订协议或未按规定还书，导致馆藏文献丢失。	√					√	依据《安徽省图书馆馆际互借协议》《安徽省图书馆馆际借书单》，及时记录并跟踪还书时限。		√		
43	阅读推广活动安全风险	开展大型读者活动时未能有效应对突发状况，导致读者人身安全受到损害。	√					√	依据《安徽省图书馆借阅部阅读推广活动应急预案》，开展大型活动前提前向安全保卫部报备，活动期间做好安全防范，及时处理突发状况。		√		
44	书刊意识形态风险	作者及内容存在意识形态问题，导致在社会上造成不良影响。	√				√		《安徽省图书馆意识形态管理制度》		√		

少儿部质量管理风险评估分析表

序号	风险项目	风险描述	风险评估：可能性（频率）小	风险评估：可能性（频率）中	风险评估：可能性（频率）大	风险评估：损失影响程度 低	风险评估：损失影响程度 中	风险评估：损失影响程度 高	风险控制措施	应对的基本措施：回避	应对的基本措施：降低	应对的基本措施：分担	应对的基本措施：承受
1	少儿读者人身安全风险	在为少儿读者服务过程中未能充分考虑其特殊性，导致少儿读者人身安全等得不到保障。	√					√	《少儿部读者安全防控预案》《安徽省图书馆突发事件应急预案》		√		
2	问题书刊处置风险	因书刊内容不适合少儿，馆藏分配错误，或书刊出现缺页等现象，未及时反馈给采编部处理，导致影响读者阅读。	√					√	依据《安徽省图书馆各阅览室反馈采编部处理图书记录表》《安徽省图书馆各阅览室反馈采编部处理期刊记录表》《反馈采编部处理图书登记表》《安徽省图书馆意识形态工作管理办法》《安徽省图书馆文献处置控制程序》		√		
3	读者服务规范性风险	在日常读者服务中馆员的言行不规范，导致图书馆对外形象的不良影响。	√					√	《少儿部工作制度》《少儿部服务规范检查表》		√		
4	服务标识管理风险	阅览室设施设备、书架等服务标识不清晰，导致读者无法正确使用图书馆各类设备和文献资源。	√				√		《少儿部工作制度》《少儿部服务规范检查表》《少儿部阅览室作业指导书》《少儿部书刊排架规则》		√		

续表

序号	风险项目	风险描述	风险评估						风险控制措施	应对的基本措施			
			可能性（频率）			损失影响程度				回避	降低	分担	承受
			小	中	大	低	中	高					
5	书刊排架风险	书刊排架不准确，导致读者无法获得所需书刊。	√				√		《少儿部书刊排架规则》《少儿部服务规范检查表》		√		
6	阅览场所安全风险	下班时未能做好安全检查，切断电源、关好门窗，防潮、防火等管理不到位，导致安全事故发生。	√					√	《少儿部工作制度》《少儿部服务规范检查表》《少儿部读者安全防控预案》《各部门日常安全检查记录》《安徽省图书馆突发事件应急预案》《读者服务环境控制程序》		√		
7	读者投诉风险	由于服务质量或服务态度等原因与读者沟通不畅，导致读者投诉。	√					√	《少儿部工作制度》《安徽省图书馆读者投诉记录表》《读者服务控制程序》《读者沟通控制程序》		√		
8	读者投诉处置风险	对读者投诉未能及时处置、回复，导致读者不满。	√					√	《安徽省图书馆读者投诉记录表》《读者沟通控制程序》《少儿部工作制度》	√			

续表

序号	风险项目	风险描述	风险评估：可能性（频率）小	中	大	损失影响程度 低	中	高	风险控制措施	应对的基本措施：回避	降低	分担	承受
9	读者借阅逾期费与赔书款收缴风险	读者缴纳借阅逾期费与赔书款因特殊原因减免，没有如实记录，导致上交数额不符。	√					√	《安徽省图书馆基本公共文化服务以外的服务项目及费用标准》《安徽省图书馆读者借阅逾期费登记表》《少儿借阅室读者须知》		√		
10	服务设备管理风险	自助借还设备发生故障，导致读者服务暂停。	√				√		《读者服务控制程序》《读者服务环境控制程序》《公用电子信息设备控制程序》《网络服务控制程序》		√		
11	图书续借风险	读者电话续借未能办理或记录不全面，导致图书续借不成功或查询不到相关记录。	√			√			《少儿部工作制度》《安徽省图书馆电话续借登记表》《读者服务环境控制程序》《网络服务控制程序》《公用电子信息设备控制程序》		√		
12	书刊丢失风险	因巡查监管不到位，导致书刊被盗。	√				√		《少儿部工作制度》《少儿部服务规范检查表》《安全保卫控制程序》《读者财产保护控制程序》		√		

续表

序号	风险项目	风险描述	风险评估						风险控制措施	应对的基本措施			
			可能性（频率）			损失影响程度				回避	降低	分担	承受
			小	中	大	低	中	高					
13	书刊污损风险	读者外借书刊有圈画、撕页、水渍、油渍等现象，导致影响书刊阅读。			√		√		依据《安徽省图书馆基本公共文化服务以外的服务项目及费用标准》《少儿部工作制度》		√		
14	书刊接收风险	到馆书、报、刊未能及时登记、处理、上架，导致记录不全。	√			√			《少儿部工作制度》《少儿部服务规范检查表》《安徽省图书馆图书册送单》《少儿部期刊订阅一览表》《少儿部报纸订阅一览表》		√		
15	业务数据统计风险	因各项业务记录登记不及时、不全面，或统计方法不科学、数据来源不可靠，导致统计结果不准确。	√				√		依据《安徽省图书馆业务数据统计管理办法》《网络服务控制程序》《公用电子信息设备控制程序》		√		
16	书刊剔除风险	剔除书刊的界定不准确、业务操作不规范，导致馆藏数据不准确。	√				√		《少儿部工作制度》《少儿部阅览室作业指导书》《安徽省图书馆文献处置控制程序》		√		
17	廉政风险	因服务供应商进行利益诱惑及影响，导致工作人员行为失职。	√					√	依据《安徽省图书馆廉政风险防范管理工作制度》《少儿部廉政协议书》	√			

续表

序号	风险项目	风险描述	风险评估						风险控制措施	应对的基本措施			
			可能性（频率）			损失影响程度				回避	降低	分担	承受
			小	中	大	低	中	高					
18	固定资产丢失和损坏风险	因固定资产交接、报修不及时、报废手续不全，导致固定资产丢失、损坏。	√					√	《安徽省图书馆固定资产管理办法》《资产设备内部交接清单》《少儿部工作制度》	√			
19	阅览开放时间风险	阅览室未按规定时间开放，导致不能正常开展读者服务。	√					√	《少儿部工作制度》		√		
20	阅览环境风险	未能按照要求对阅览室书架进行清洁，导致读者阅览环境不整洁。	√				√		《少儿部工作制度》		√		
21	阅读推广活动安全风险	开展大型读者活动时未能有效应对突发状况，导致读者人身安全受到损害。	√					√	《安徽省图书馆突发事件应急预案》《少儿部读者安全防控预案》《读者服务监视和测量控制程序》		√		
22	阅读推广活动记录风险	未能及时做好活动相关记录，导致活动记录不完整。	√			√			《少儿部工作制度》《安徽省图书馆读者活动统计表》《特色服务品牌控制程序》	√			

续表

序号	风险项目	风险描述	风险评估						风险控制措施	应对的基本措施			
			可能性（频率）			损失影响程度				回避	降低	分担	承受
			小	中	大	低	中	高					
23	图书借阅过程的风险	因读者的粗心，不能按正确步骤操作，导致图书借还失败；或因保管不善，导致借书证被盗、遗失，被他人拾取后冒借。	√				√		依据《安徽省图书馆少儿阅览室读者须知》《安徽省图书馆办证须知》《少儿部工作制度》《读者服务控制程序》		√		
24	教育培训风险	在举办教育、培训青少年活动中，对培训内容把控不严，导致教育培训起不到应有的效果。	√					√	《中华人民共和国未成年人保护法》《不合格服务控制程序》《读者服务监视和测量控制程序》		√		
25	阅读推广活动意识形态风险	在开展阅读推广活动时，活动内容涉及意识形态问题，导致在社会上造成不良影响。	√					√	《网络意识形态责任管理规范》《意识形态工作管理规范》		√		

社会教育部质量管理风险评估分析表

序号	风险项目	风险描述	风险评估						风险控制措施	应对的基本措施			
			可能性（频率）			损失影响程度							
			小	中	大	低	中	高		回避	降低	分担	承受
1	主题风险	因沟通不畅或判断失误造成的活动主题脱离实际需求或违背意识形态管理原则等，造成活动效果不佳。	√					√	依据《安徽省图书馆讲座工作管理办法》《安徽省图书馆讲座工作监管方案》《社会教育部业务工作流程》，关注读者需求和社会热点，坚持围绕中心、服务大局、立足安徽、彰显特色。重大研究选题要请示、送审。	√			
2	策划风险	阅读推广活动策划创意不足或准备不够细致充分，造成读者参与度不高、活动效果反馈不好。			√		√			√			
3	师资风险	主讲老师专业素质、政治素养、语言表达等方面不足造成讲座、培训等活动效果不佳。		√			√		《继续教育培训任课教师备课、上课管理制度》《继续教育培训教学质量督导评估制度》《安徽省图书馆讲座工作管理办法》《安徽省图书馆讲座工作监管方案》		√		
4	资源风险	社会资源挖掘不足，导致服务质量下降。			√		√		依据《社会教育部工作制度》《社会教育部岗位职责及要求》，积极主动与社会各界进行广泛密切的联系，建立良好的合作关系，整合有利资源。			√	

续表

序号	风险项目	风险描述	风险评估						风险控制措施	应对的基本措施			
			可能性（频率）			损失影响程度							
			小	中	大	低	中	高		回避	降低	分担	承受
5	宣传推广风险	活动宣传、推广的力度不够，导致活动参与度不高，影响力有限，认可度不足。		√			√		依据《社会教育部工作制度》《社会教育部业务工作流程》，及时在本馆网站、电子显示屏、宣传展板上发布活动信息以及媒体报道；对读者服务热情周到，做到有问必答，耐心真诚。		√		
6	商业化风险	与合作方沟通协商不当，导致一些企业、商家、个人为了商业利益进行商业宣传或活动安排，导致读者群体对活动不满，损害部门及全馆形象。	√					√		√			
7	读者流失风险	活动质量和服务不到位，导致读者满意度下降，读者流失。		√				√			√		
8	统计风险	日常统计工作不规范，导致上报数据不准确。		√			√				√		
9	安全风险	因活动场地安排不当、现场安保措施不全面、与低龄学员家长对接不及时等因素造成读者人身安全得不到保障。		√				√	依据《社会教育部安全管理制度》，密切关注活动安全和活动动态，及时发现并去除影响安全的诸因素；读者活动人数较多时，报保卫科备案，并要求保卫科协助活动安保。	√			

续表

序号	风险项目	风险描述	风险评估						风险控制措施	应对的基本措施			
			可能性（频率）			损失影响程度							
			小	中	大	低	中	高		回避	降低	分担	承受
10	投诉风险	活动质量或服务受到读者投诉、遇到投诉处理不当造成的风险。	√				√		《安徽省图书馆读者投诉建议管理规定》		√		
11	信息发布规范性风险	活动信息内容不准确、语言表达不规范等问题，导致发布信息有误。		√		√			依据《安徽省图书馆信息发布保密管理制度》《安徽省图书馆信息公开制度》		√		
12	信息发布意识形态风险	活动信息发布存在意识形态偏离等问题，导致在社会上产生不良影响。	√					√		√			
13	信息发布时效性风险	活动信息发布不及时，造成读者无法及时准确了解活动相关信息并产生不满。		√		√				√			
14	展览内容风险	展览图文内容把关不严，审查不仔细，或意识形态方面存在问题，导致读者质疑，引起公众不满。		√				√	依据《社会教育部工作制度》《社会教育部业务工作流程》，注意对展览内容的审核，同时做好展览现场的布置、服务，相关部门工作协调，照相、录像、安全保卫、环境卫生等，热情接待团体读者来馆参观。	√			
15	展品制作风险	制作或验收把关失误，导致展品不能正常使用，影响展览效果。	√				√			√			
16	展品保护风险	展览运输或展览期间展品保护不当导致展览中断，影响展览正常展出。	√				√			√			
17	展览基础设施风险	与后勤服务部沟通不畅，导致展厅设施不完善或设施损坏后未及时检修，影响展览效果。	√			√				√			

续表

序号	风险项目	风险描述	风险评估						风险控制措施	应对的基本措施			
			可能性（频率）			损失影响程度				回避	降低	分担	承受
			小	中	大	低	中	高					
18	通知规范风险	通知拟定不规范或通知发放不当，导致单位和个人对培训相关信息的误解。		√			√		《社会教育部业务工作流程》	√			
19	学员报到风险	监管不到位、不细致，导致培训报名时学员的漏报，学员人数统计有误。		√		√			《继续教育培训后勤保障工作制度》		√		
20	授课时间风险	时间安排不当，导致与学员们的工作有较大冲突，以致按时上课的学员数量较少。	√			√					√		
21	学员考勤风险	考勤管理不严格，导致学员不按规定时间上课，以致培训效果不佳。		√			√		《继续教育培训学员考勤管理办法》		√		
22	继续教育证书管理风险	证书登记与验证疏忽，导致学员在单位考核中不合格或不能评为优秀等级，影响职称评定。		√				√	《继续教育证书登记制度》	√			
23	学时认证风险	没有按照规范和程序进行认证，导致学时认证有误，影响学员的评优、评先、职称评定等。	√				√			√			
24	反馈风险	问卷调查设计不规范、不科学，导致调查结果不真实，以致不能有效指导继续教育培训工作。		√			√		《继续教育培训教学质量督导评估制度》《继续教育培训效果跟踪评估制度》		√		

续表

序号	风险项目	风险描述	风险评估						风险控制措施	应对的基本措施			
			可能性（频率）			损失影响程度							
			小	中	大	低	中	高		回避	降低	分担	承受
25	评估风险	日常管理不到位，使基地评估不合格，导致有关部门取消本馆继续教育基地资格。		√				√	依据《安徽省图书馆继续教育基地培训管理制度》	√			
26	讲座场地风险	讲座所需报告厅被外单位或馆其他部门提前预订，造成没有合适场地使用。		√			√		依据《社会教育部工作制度》《社会教育部安全管理制度》《安徽省图书馆接待服务工作制度》，认真做好部门各项业务开展的准备工作，包括活动会场的布置、服务，相关部门工作的协调，照相、录像、安全保卫、环境卫生、茶水服务等。		√		
27	设备故障风险	报告厅设备陈旧、故障或操作不当，造成讲座无法正常开展。			√			√			√		
28	接待工作风险	日常接待中的工作失误造成对部门甚至全馆整体形象的不良影响。	√			√				√			
29	读者提问风险	部分听众情绪激动、表达不畅，造成提问互动环节受阻。			√			√	依据《安徽省图书馆讲座工作监管方案》		√		

研究辅导部质量管理风险评估分析表

序号	风险项目	风险描述	风险评估						风险控制措施	应对的基本措施			
			可能性（频率）			损失影响程度							
			小	中	大	低	中	高		回避	降低	分担	承受
1	征文选题风险	征文选题不符合意识形态要求、时代背景、图书馆事业发展需要，导致与征文目标不符。		√			√		依据《安徽省图书馆学术征文工作制度》，学术征文信息及时发布，评审结果及时公示。		√		
2	征文收集遗漏风险	因工作疏忽造成征文收集遗漏，导致作者投稿失败。	√				√				√		
3	征文评审风险	评委不能公正评审，导致评审结果不公平。	√					√			√		
4	课题信息收集风险	未及时查看相关课题（项目）申报通知，导致不了解课题申报情况。	√			√			依据《安徽省图书馆科研课题（项目）申报管理办法》，课题（项目）信息及时发布，跟踪立项课题（项目）完成进度。		√		
5	课题信息通知风险	未及时张贴课题（项目）申报通知，导致馆员未能及时申报课题。	√				√				√		
6	课题信息报送风险	因工作疏忽遗漏申报课题，导致馆员申报课题失败。	√				√				√		
7	课题立项信息搜集风险	未及时关注课题（项目）立项公告并通知申报人，导致课题研究延误。	√				√				√		
8	课题结项报送风险	未及时将课题（项目）结项申请表报送主管单位，导致课题结项延误。	√				√				√		

续表

序号	风险项目	风险描述	风险评估 可能性（频率）-小	可能性（频率）-中	可能性（频率）-大	损失影响程度-低	损失影响程度-中	损失影响程度-高	风险控制措施	应对的基本措施-回避	降低	分担	承受
9	调研选题风险	调研选题不符合图书馆发展需要，导致调研未能达到促进业务工作的目的。	√			√			依据《安徽省图书馆业务调研工作办法》，依据调研收集资料，分析获取调研数据，确保调研结果的针对性和有效性。		√		
10	调研方案拟定风险	调研方案内容不充分，导致调研不能达到预期效果。	√			√					√		
11	调研执行风险	未能及时开展调研，导致调研计划延误。	√			√					√		
12	调研数据收集风险	因数据收集不完整，导致调研分析结果偏差。	√				√				√		
13	调研数据分析风险	因调研数据的选择与实际需求不符合，导致依据调研数据分析形成的报告不符合预期要求。	√				√				√		
14	教育培训主题策划风险	未能结合图书馆事业发展实际科学设置培训主题，导致培训未能达到提升馆员业务能力目的。	√			√			依据《安徽省图书馆研究辅导部教育培训工作制度》		√		
15	教育培训课程设置风险	授课内容与培训主题不符，导致培训未能达到预期目的。	√			√					√		
16	教育培训管理风险	在培训各环节中跟踪管理不及时，导致参训人员未能达到培训要求。	√			√					√		
17	教育培训经费管理风险	经费预算不符合实际情况，导致培训支出超标。	√			√					√		

附　录

附录一　安徽省图书馆 2022 年度质量管理体系管理评审报告

附录二　安徽省图书馆 ISO 质量管理体系论文选编

《推行质量管理 提升服务绩效——对我省公共图书馆导入 ISO9001 质量管理体系的思考》

《以国际质量标准提升图书馆服务》

《ISO9000:2000 与图书馆质量管理的原则》

《论图书馆全面质量管理模式的建立与运行》

《PDCA 循环理论在阅读推广中的应用》

《质量管理体系在公共图书馆网络管理中的运用》

《公共图书馆质量管理体系建设探讨》

附录三　2022 年“强管理 提效能 优服务——安徽省图书馆的质量故事”主题获奖征文选编

《ISO 体系视角下的策展手记》

《焦大爷又来了》

《心中有光 脚下有路——以扎实行动促进质量提升》

附录四 相关文件选编

《中共中央 国务院关于开展质量提升行动的指导意见》

《安徽省质量促进条例》

附录一　安徽省图书馆 2022 年度质量管理体系管理评审报告

安徽省图书馆 2022 年度质量管理体系管理评审报告

一、管理评审目的

审查体系的适宜性、有效性、充分性，迎接第三方再认证审核。

二、管理评审范围

体系文件，体系内的管理、服务活动，包含体系覆盖的 14 个部门。

三、管理评审综述

根据 ISO9001:2015 标准要求和本馆的《管理评审控制程序》规定，2023 年 1 月 31 日，林旭东馆长主持召开安徽省图书馆 2022 年度质量管理体系管理评审会议，馆领导和全体中层干部参加会议。管理者代表王建涛副馆长总结了全馆 2022 年度质量管理体系运行状况，质量办汇报了重点工作完成情况、内审报告、整改报告、读者投诉和读者满意度调查分析等，林旭东馆长、王建涛副馆长、高全红副馆长、董松副馆长和中层干部评述了质量管理体系运行情况，认为在响应读者需求、组织贯标培训、修订体系文件和开展内部审核等方面还需要进一步加强。林馆长强调，质量管理工作要对接安徽“新春第一会”要求，在全馆发扬自我革命的精神，树立质量立馆的理念，强化至臻求实的举措。

经过讨论，一致认为，2022 年安徽省图书馆深入学习宣传贯彻党的二十大精神，践行“传承文明、服务社会”的初心使命，持续实施 ISO 质量管理体系，将质量管理理念融入图书馆工作的各个环节，有效推进了质量目标的贯彻落实，质量管理工作取得了较好成效。

(一)坚持质量立馆,提升质量管理水平

2022 年度,管理层把运行质量管理体系作为内控的重要手段之一。共组织 3 次质量管理检查和 1 次内部审核,组织召开 1 次管理评审,迎接 1 次外部监督审核。

全馆增强问题意识,坚持目标导向,以持续改进为抓手,业务工作和读者服务质量进一步提升。同时,监测发现了体系运行存在的问题,并有针对性地提出了 41 条改进建议。相关部门积极分析原因,制定了切实可行的整改措施。

(二)多措并举,推动图书馆标准化工作迈向新台阶

3 月,成功申报社会管理和公共服务综合标准化试点。4 月,召开社会管理和公共服务综合标准化试点工作启动会,确定了标准化试点方案和创建任务时间节点,组织构建了安徽省图书馆标准化体系框架。

12 月,牵头成立长三角地区公共图书馆标准化工作联盟,探索联合开展图书馆标准化工作,共同推动区域内公共图书馆服务便利共享,促进长三角公共图书馆事业高质量一体化发展。

举办“强管理 提效能 优服务——安徽省图书馆的质量故事”主题征文活动,营造人人关心质量、参与质量控制、建设质量文化的浓厚氛围。

参与起草的《图书馆馆藏资源开发与应用指南》等 6 项地方标准正式发布,完成《城市阅读空间服务规范》1 项标准的起草工作。截至 2022 年底,全馆主持、参与制订的国标和省标分别达到 3 项和 13 项。完成《安徽省图书馆 ISO9001 质量管理体系建设实践》一书的初稿修订。在全省公共图书馆联盟 2022 年总结工作会议上,专门举行了标准宣贯,推动标准在联盟成员馆应用。

(三)迎接评估定级,促建促管促效能提升

全力协助省文化和旅游厅做好全省公共图书馆评估工作。组织全省公共图书馆参加中图学会“副省级以下公共图书馆评估定级工作培训班”。组

织举办安徽省第七次县级以上公共图书馆评估定级工作培训班。对照“省级图书馆评估标准”积极开展自查自评,补差补缺,力争以评估为契机,改善办馆条件,促进各项工作发展,发挥以评促建、以评促管、以评促效能提升的作用。

全年接待读者164.2万人次,书刊外借105.4万册次,有效持证读者28.2万人。数字资源访问6738万次,同比增长21.4%;下载161.2万次,同比增长7%。

(四)加强基础业务建设,优化读者服务方式

全年入藏中外文图书7.5万种13.6万余册,订购中外文报刊2800多种4.46万余册,购买各类数字资源库42个,向国图联合编目中心上传数据2900多条。发布“新书推荐”“热门书评”等书刊导读150多期。

编制《信息参考》等二三次文献22期,为省人大常委会研究室编制《审议参考》6期、议题26个,编发《长江国家文化公园建设》等2022年省两会专题文献8个,编辑《安徽文化新闻简报》11期。《安徽数字创意产业发展现状与对策分析》等入选长三角《两会参阅》决策报告。

开通皖事通办证功能,协同推进图书馆社保一卡通项目的应用。新建凤阳县小岗村等图书分馆5个,新增庐阳长者中心等图书服务点5个,分馆和服务点数量分别增至17和66个。正式开设“夜读空间”,构建少儿科普和户外阅读空间,优化读者阅读环境。

(五)丰富读者活动内涵,深入开展全民阅读

全年开展各类读者活动1137场次,首次超千场。其中线上活动236场次,比去年同期增长111%,线上参与150多万人次。

主题活动异彩纷呈。开展“伴着书香过大年”系列主题活动50余场,“新春首日封”活动已成品牌。策划“4·23世界读书日”线上活动30余场。“让书回家——还书免责活动”“徽风送书——你选书我买单”活动等,惠及普通读者。

品牌活动惠及不同群体。举办新安百姓讲堂22场、英语沙龙108场、读

者俱乐部活动 12 场、残障人士读书文化日 15 场、少儿假期主题阅读 43 场等。

特色文旅活动创新推出。持续开展“从图书馆出发”“安图文化研学一日营”等研学活动。在“中国旅游日”举办“漫卷诗书 大美中国”线上答题，推动文旅融合发展。“英语沙龙”推出西、俄、法、韩等多语种交流平台。与俄罗斯楚瓦什国立图书馆共办“安徽与楚瓦什饮食文化图片展”，并在借阅部筹建楚瓦什文化角。

发挥省馆龙头作用。依托全省公共图书馆联盟，策划开展“弘扬伟大建党精神 百馆共读《觉醒年代》”“‘童声朗朗’少儿故事大会”等大型主题阅读推广活动。成功策划举办主题为“阅读新时代 奋进新征程”的联盟 2022 年书香安徽“江淮读书月”系列活动，成员馆共举办活动 3000 多场次，参与读者 200 余万人次。组织 34 个成员馆 1200 多名选手参加“2022 长三角阅读马拉松大赛”。参加由长江沿线 13 家省级图书馆共办的“长江读书节第三届讲书人大赛”，取得佳绩。

（六）推进智慧图书馆建设，提升数字服务能力

全国智慧图书馆体系建设 10 个项目通过验收，提交国图审验。获评立项智慧图书馆体系建设项目 13 个。完成 2023 年度 9 个智慧图书馆体系建设项目的申报。拍摄制作“成语中的安徽”等宣传微视频 40 多集，《星火燎原》动漫获评广电总局优秀网络视听作品。

实施人工智能（AI）＋线上展览示范应用建设项目。安徽省图书馆联盟云平台顺利迁移至省政务云。完成中心机房服务器升级等项目建设。

（七）开展古籍保护利用，传播优秀传统文化

完成古籍普查目录出版和 75 部 402 册古籍数字化加工及高仿线装书复制项目。《安徽省图书馆藏桐城派作家稿本钞本丛刊》获 2019—2020 年度省社会科学奖出版类三等奖。《安徽省图书馆藏章伯钧珍藏善本书志》《安徽省歙县博物馆等 37 家收藏单位古籍普查登记目录》正式出版。全省 69 家古籍收藏单位的 7 万余部 64 万册馆藏古籍普查登记工作圆满完成。

修复古籍5237叶，超额完成与国家级古籍修复技艺中心签订的年度任务。数字化扫描馆藏珍贵文献8.88TB。举办首期“安徽古保讲坛”，报批筹建第二批“全国古籍修复中心”。完成寿县图书馆等馆藏古籍的修复验收，启动桐城市图书馆古籍修复项目。

加强古籍活化利用，传播馆藏典籍价值。打造“典籍中的安徽”新闻媒体宣传品牌，系列宣传被写入省委、省政府《关于推进新时代安徽古籍工作的若干措施》中。举办廉洁文化包公主题典藏古籍文献展，推动中华优秀传统文化创造性转化、创新性发展。

（八）举办职业与技能培训，强化学术研究

组织学习习近平总书记给“中国好人”李培生、胡晓春的回信精神，开展“强国复兴有我”群众性主题宣传教育活动。组织开展职业道德教育培训，邀请全国文化和旅游系统先进工作者来馆作主题报告。举办3期馆员业务能力培训讲座。顺利通过省级专业技术人员继续教育基地评估。组织举办联盟第三届业务技能大赛、公共图书馆高质量发展论坛，提升全省图书馆馆员业务素养。

完成省社科创新发展研究课题攻关研究项目《新时代公共文化服务可及性研究》结项。4项选题列入省文化和旅游厅年度调研工作选题，是厅系统自行调研选题入选最多的单位。面向全省各类型图书馆开展业务案例评选，并对其中15项业务案例予以示范推广。入选省图书馆学会学术研究重点课题2项、一般课题1项。修订《安徽省图书馆馆级课题管理办法》，通过馆级课题立项3项。全年出版专著2部、发表论文20多篇。

（九）创新管理严格要求，保障事业安全发展

出台《专业技术人员能力业绩量化考核考评办法（试行）》等文件，进一步优化职工考评制度，完善人才考评体系。启动岗位设置调整和中层干部聘期考核。

统筹推进疫情防控和读者服务工作。启动省“敬老文明号”创建，提前做好“全国文明单位”的申报准备。开展馆区环境治理，完成馆舍整体修缮方案

项目申报。加大消防保障力度和提升响应速度。组织安全检查、消防培训和反恐防暴演练 7 次，为本馆事业安全发展提供保障。

（十）拓展宣传推广途径，树立良好社会形象

围绕“江淮读书月”等重点活动制定宣传方案，召开媒体吹风会、通气会。在主流媒体策划系列专题报道，利用微信、抖音等新媒体宣传吸引年轻受众。

全年各类主流媒体报道 300 多篇次，发布微信 48 期、微博 567 条、抖音 72 条，在安徽文化云上传活动信息 319 条。新媒体粉丝量增至 20.34 万人，比 2021 年底增加了 19%。

（十一）回应读者诉求，提升读者体验

2022 年，安徽省图书馆进一步畅通读者反馈渠道，征询读者需求，提高读者服务的水平和质量。

读者反馈的诉求主要有以下方面：(1)增加阅览座席数量，满足读者自习和阅览的需求。(2)提高外包人员的服务意识，增强读者的归属感。(3)完善现有的管理制度和改进服务方式，提升读者阅读体验感。

根据读者提出的意见和建议，通过增加阅览座席、畅通读者沟通渠道等途径，及时满足读者阅读需求。在西一楼开放夜读空间，借阅服务时间延长至晚上 10 点，满足读者夜读的需求。

12 月，质量管理办公室通过微信公众号发布网络调查问卷，采取线上调查的方式对安徽省图书馆的读者进行满意度调查。发放问卷 300 份，回收有效问卷 300 份，有效回收率为 100%。读者对安徽省图书馆的总体满意率为 95.67%。读者意见的收集和分析为加强业务建设、丰富服务内容，更好地满足读者阅读需求，提升服务质量和水平，提供了决策依据。

（十二）2022 年获得的主要荣誉

2022 年，荣获“第十三届安徽省文明单位”“2020—2022 安徽省省直文明单位”“安徽省少先队校外实践教育基地”“年度优秀数据上传机构”“年度优秀数据监督机构”称号。馆工会荣获“安徽省教科文卫体系统工会工作先进

集体”称号。馆党委获省文化和旅游厅“先进基层党组织”称号。馆团支部荣获“安徽省五四红旗团支部”称号。少儿部荣获“全省实施妇女儿童发展纲要先进集体”称号。历史文献部荣获“省直机关三八红旗集体”称号。林旭东获得“安徽省文化和旅游系统先进工作者”称号。洪娜获评“全国缩微工作先进个人”。王喜亮获评“全省爱国拥军模范”。

四、管理评审结论

安徽省图书馆质量管理体系符合 ISO9001:2015 标准要求,质量管理体系文件在各部门能够正常实施和保持,体系运行监视和测量符合要求,体系运行有效。

五、问题及整改措施

存在的主要问题:

1. 质量管理有倦怠现象,员工贯标动力和意愿有待进一步激发。

2. 开展质量监测的力度和精准度有待增强,质量管理的正负向激励措施不足。

3. 标准和业务工作的深度融合仍显不足,专业化、标准化管理思维有待进一步强化。

4. 质量管理体系文件需要结合业务发展进行进一步修订和完善。

整改措施:

1. 强化质量管理监测,发挥质量管理的监督、激励作用。

2. 加强员工质量管理培训,增强全员标准意识和服务意识。

3. 深入推进“长三角地区公共图书馆标准化工作联盟”工作,保持与长三角地区图书馆的交流与合作。

4. 继续修订、完善质量管理体系文件,出版《安徽省图书馆 ISO9001 质量管理体系建设实践》,总结梳理多年来的贯标经验。

附录二　安徽省图书馆 ISO 质量管理体系论文选编

推行质量管理 提升服务绩效

——对我省公共图书馆导入 ISO9001 质量管理体系的思考

林旭东

摘　要：在“质量强国”战略背景下，面临读者需求的持续挑战，公共图书馆应该推行质量管理，提升服务绩效。源于企业管理又广泛用于管理企业的质量管理体系，也适用于公益性文化单位的公共图书馆。贯标可以强化馆员的服务质量意识，纠正公共图书馆“门易进、脸难看、书难借”的惰性现象。思考三项推行措施，在安徽省图书馆示范引领下，安徽省公共图书馆可迈上“质量强馆”之路。

关键词：质量管理　公共图书馆

伴随着文化大发展大繁荣，公共图书馆建设得到各级政府高度重视。在公众赞叹崭新的馆舍成为各地文化标志时，有识之士也遗憾地发现进入图书馆的读书人数并不多。原先以为服务“收费”是进馆障碍，可实行免费开放后，读书人数虽有短暂的增加，但随后又出现逐渐流失现象。原因何在？公共图书馆的管理存在瑕疵，服务不能令读者满意应该是原因之一。要充分发挥馆藏惠民作用，获得可持续发展的内外动力，笔者以为全省公共图书馆要不失时机导入 ISO9001 质量管理体系，提高科学管理水平，提升社会服务效益。

1. 澄清一种模糊观点

1987 年国际标准化组织（ISO）在总结各国全面质量管理经验的基础上，制定了 ISO9000 系列管理标准。ISO9001 是 ISO9000 族标准在 2000 版修订时由繁到简的结果，统一了 ISO9000 族标准所包括的一组质量管理体系核心标准，增加了融合性，减少了操作的复杂程度。ISO9001《质量管理体系 要求》规定了质量管理体系要求，用于证实组织具有提供满足顾客要求和实用法规要求的产品的能力，目的在于增进顾客的满意度。这个源于企业管理又广泛用于管理企业的质量管理体系，是否适用于作为公益性文化单位的公共图书馆呢？回答是肯定的。

ISO9001族标准涵盖了公共图书馆。ISO9001标准在引言中明确指出：“标准是通用的，不是专门为某一具体工业行业或经济部门而制定的。”ISO9001适用于服务业，也适用于非营利性部门的图书馆业。

ISO9001族标准适用于公共图书馆行业。相对于企业，图书馆的“读者”就是企业的“顾客”；图书馆“提供文化信息服务”就是企业的“产品”。以“读者为本”，强调读者满意率，一直是图书馆工作的关注点。只有不断满足读者需要，吸引越来越多的读者走进图书馆、利用图书馆，公共图书馆才能赢得生存和发展的基础。这与ISO9001质量标准的核心宗旨是一致的。ISO9001标准的核心是“以顾客为关注焦点”，即组织依存于顾客。一个组织倘若没有了“顾客”，也就失去了服务的对象乃至存在的基础。因此，组织应当理解顾客当前和未来的需求，满足顾客要求并争取超越顾客期望。

近年来，国内外一些公共图书馆已将ISO9000族标准引入图书馆质量管理中。国外有英国、美国、新加坡的公共图书馆通过了ISO质量管理认证；国内有国家图书馆、上海市图书馆部分业务、广东省立中山图书馆通过了ISO质量认证；安徽省图书馆也成功导入ISO9001质量管理体系。

总结国内外公共图书馆开展质量管理的实践，图书馆质量管理的含义可概括为：一种以提高服务质量为中心，以全员参与为基础，以读者满意为目标，综合运用管理技术、专业技术、思想教育、经济手段等，对图书馆全部业务流程进行全面监控的系统管理方法。而依据ISO9001标准要求，结合图书馆工作特点，编写质量管理体系文件并严格执行，持续改进，就是建立和运行ISO9001质量管理体系。其内容包括：按读者要求建立部门机构及界定其职能和权限；有效保障图书馆信息产品和服务质量的流程设计和改进；保证图书馆质量方针和目标得以实现，并起到控制、跟踪、监督和审核作用的文件体系。

笔者预感，ISO9001质量管理体系导入并获得认证，将成为公共图书馆提高竞争力的一个重要抓手。

2. 认识两点意义

公共图书馆导入 ISO9001 质量管理体系，可以完善现有业务管理，强化馆员的服务质量意识，纠正一些馆“门易进、脸难看、书难借”的惰性现象。

一是改革公共图书馆传统行政管理模式，提高业务科学管理水平。图书馆传统管理模式是“单向”的纵向管理。馆长惯于向下发布命令，管理随意性强，对自身职责、职能权限缺乏约束。员工则习惯于被动接受命令，在工作中缺乏主观能动性。ISO9001 质量管理体系是一个从业务流程、工作环节、服务方式到管理手段的全方位、全过程、立体型的质量管理系统，它通过完整的内容和严谨的结构，实现质量管理规范化及质量活动程序化。促使图书馆对组织结构进行有效规划，对各工作环节的岗、权、责进行文件化、系统化的控制，明确各部门、各岗位职责，理顺各部门、各岗位工作的“接口”。消除了图书馆上至最高管理者下到操作人员的随意性，呈现有序的“法治”管理状态。“写我所做、做我所写、查我所做、改我所错”，强化了图书馆“自我定位、自我约束、自我完善”能力，改进了传统管理方式活力不足的弊病。

二是提升服务质量，增强图书馆的吸引力。ISO9001 质量标准的宗旨是“满足顾客的要求”和“以顾客为关注焦点”，该宗旨应用于公共图书馆就是要求工作人员站在读者的立场上考虑和解决问题，不断增强服务意识、改善服务态度和提高服务技能。管理者要规范地、强制性地对图书馆质量管理的每一个环节、每一个流程进行标准化管理，尽力为读者营造一个文明、愉悦、温馨的借阅环境，最大限度地满足不同类型读者的需求。此外，ISO9001 质量管理体系把管理程序的建立、实行、检查、监督、记录和问题的预防、纠正、协调、反馈，以及体系的完善、提高等一整套要素有机结合起来，使服务质量检查监督体系由分散、被动型，向程序化、制度化的预见型转化。图书馆工作人员能主动识别、主动改进工作中出现的问题，保证最终向读者提供承诺的标准化服务，有效降低读者投诉率。

公共图书馆当前面临网络信息服务和数字媒体的挑战，读者流失导致公众质疑的压力和转型发展的机遇并存。可以确信，提高服务质量和社会美誉度，一定会留住现有读者、吸引潜在读者。

3. 思考三条措施

3.1　文化主管部门积极推进

各级公共图书馆隶属当地的文化主管部门。没有上级文化主管部门的认同和支持，单凭图书馆一厢情愿地导入 ISO9001 质量管理体系，将会承受压力和风险。公共图书馆成功导入 ISO9001 质量管理体系的关键是主管部门的重视和支持。

各级文化主管部门不能片面追求馆舍建设的速度、规模和数量，体现面子上的文化"大发展和大繁荣"，而是要重视图书馆建成后的管理和服务的质量和效益。毋庸讳言，我省公共图书馆质量管理的基础还很薄弱，服务质量的提高滞后于读者阅读需求的更新和社会公众的期待。

首先，要加强公共文化服务单位的质量文化建设，充分认识实行 ISO9001 质量管理体系的紧迫性和重要性。安徽省文化厅（现安徽省文化和旅游厅）的《安徽文化工作》和安徽省图书馆学会的《图书馆工作》，可以刊登专门的质量管理文章宣传质量管理知识和意义。把建立质量管理体系看作各级公共图书馆提高管理水平，参与市场竞争、发挥社会效益的必要手段。在各级公共图书馆中导入 ISO9001 质量管理体系，应当作为我省"打造质量强省，建设美好安徽"活动之一。

其次，鼓励自愿性质量认证。考虑到公共图书馆资金承受能力等实际情况，图书馆可以决定导入和使用 ISO9001 质量管理体系，并不一定要申请认证。但经过 CQC 的认证可以产生更好的效果。因为质量认证属于第三方审核，更能得到社会的认可、读者的信任。站在图书馆角度，凡能通过认证的，表明该馆各项管理系统整合已达到国际标准，能持续稳定地向读者提供预期和满意的合格服务。站在读者的角度，表明该馆以读者为中心，能满足读者书刊借阅、信息共享的需求，是值得信任的享受文化权益的好去处。

特别是 ISO9001 质量认证实行了"有效期"制度。在此制度下，贯标的图书馆就必须不断努力，整改不止，确保"没有最好，只有更好"。这将使图书馆与时俱进、创先争优、持续提高服务质量，从而赢得社会的赞誉和政府的支持。

3.2　建立人才、资金保障和考核激励机制公共图书馆在每年招聘工作人员时，上级人事主管部门要允许招考具有质量管理知识的专门人才。始于教育、终于教育。每年负责全省图书馆专业人员继续教育的省图书馆学会，要增设质量管理课程对馆长或业务骨干进行ISO9001质量管理体系培训，为建立、完善、有效运行质量管理体系提供人才支撑。

调研发现，缺少经费是各级公共图书馆导入质量管理体系的实践障碍。我省公共图书馆总经费投入普遍不足。在实施ISO9001质量管理体系后，为满足读者需要势必要增加书刊采购、改善设施环境、利用先进技术、进行人员培训、开展外部审核认证等费用，政府、社会必须提供资金支持。如果不在质量管理上花点儿钱和时间、精力，公共图书馆可能在别的地方要付出更大的代价。

导入质量管理体系可纳入图书馆绩效考核评价指标，要强化质量考核结果运用，严格质量事故调查和责任追究，加大警示问责和督导整改力度。质量绩效考核结果可以作为馆领导班子建设和中层干部选拔任用、培养教育、管理监督、激励约束的依据。还可以作为公共图书馆绩效工资的发放依据。把质量考核与分配有机结合起来，发挥绩效工资的激励导向作用。在分配中坚持多劳多得、优绩优酬，重点向质量关键岗位、业务骨干和作出突出成绩的工作人员倾斜，从物质利益上调动全员参与质量管理的积极性。

现在各级公共图书馆陆续实施公益性事业单位绩效工资，此时正是导入ISO9001质量管理体系的良机。

3.3 发挥省图书馆质量管理引领示范作用

安徽省图书馆2008年导入ISO9001质量管理体系。2009年2月、2012年2月两次通过CQC安徽评审中心审核，获得中国质量中心颁发的ISO9001:2008质量管理体系证书，证明在“文献信息资源的保护、数字加工、利用和服务”方面，具有持续稳定地提供满足公众阅读服务需求和符合法律规范要求的能力。

5年的贯标实践，安徽省图书馆制定了“馆藏丰富、管理科学、环境优美、服务文明、读者满意”的质量方针，确立了分期递进的一批质量目标，编写了具有行业特点的一部质量体系文件，培养了有质量管理意识、可以维护、改进质量体系的一支馆员队伍，坚持了每年内部审核和外部监督审核的一套制度，创立了“新安百姓讲堂”“残障人士读书文化活动日”“读者英语沙龙”等5个特色服务品牌，实现了公共图书馆服务“公益性、基本性、均等性、便利性”要求。1913年诞生的百年老馆焕发出勃勃生机！被评为“全国文化先进集体”“全民阅读示范基地”“安徽省‘十一五’期间扶残助残先进集体”“2011年安徽省卓越绩效奖单位”。年接待读者人次和书刊借阅册次连续多年保持在100万以上，读者满意率超过90%。取得这些绩效，导入ISO9001质量管理体系功不可没。

因此，安徽省图书馆可以作为质量管理的龙头示范，总结贯标经验，接受兄弟馆参观学习，组织贯标业务培训，辅导全省各级公共图书馆建立适合行业特点的ISO9001质量管理体系。

总之，我省各级公共图书馆导入ISO9001质量管理体系，就是要在公共图书馆这样的文化单位建立以追求高质量为目标的质量文化，铸就一种追求卓越的职业精神，最终提高读者满意率，助推图书馆事业可持续发展。现今的中国已经迈入“质量时代”。国家《质量发展纲要》首次提出“质量强国”战略。落实“质量强省”，我省各级公共图书馆必须走“质量强馆”之路。

（本文于2013年9月在安徽省质量技术监督局举办的安徽省“金种子杯”质量强省有奖征文中获奖，收录时略有修改）

以国际质量标准提升图书馆服务

阚　华

摘　要：剖析图书馆服务质量管理中存在的问题，探讨ISO9000标准中“以用户为关注焦点”和“持续改进”两项最重要的原则，分析建立图书馆质量管理体系、评估用户满意度方法和提高服务质量应重视的几个问题。

关键词：国际标准化　图书馆　服务质量　用户满意度

当前我国图书馆所采用的技术与发达国家相比，已不那么逊色，但在服务意识、服务品质上却差距甚大。究其根源：(1)缺乏科学的质量管理体系；(2)重硬件轻软件，管理者把主要精力放在图书馆现代化技术上，较少关注图书馆的服务意识和质量意识；(3)馆员服务意识、质量意识淡漠，“用户第一，服务至上”的服务理念未能融进图书馆的组织文化中；(4)各部门协调性差，管理者无法获得质量的信息。没有一流的服务就没有一流的图书馆。为提高图书馆服务质量，应当导入ISO9000标准并以标准的要求规范图书馆的工作。

国际标准化组织(ISO)成立于1947年，是当今世界上最权威、最具广泛基础的非政府性标准化组织。目前，世界上已有150个国家和地区将它制定的标准作为国家标准等同采用，50多万家企业拿到了ISO9000质量管理体系认证证书。我国也是ISO的正式成员，是较早采用和贯彻ISO9000标准的国家之一，并积极地将该委员会制定的标准等同转化为国家标准。ISO9000标准适用于各行各业，也适用于图书馆。如美国哈佛大学图书馆、俄勒冈州立大学图书馆和台北市立图书馆等都成功地应用该管理模式来提高自己的管理和服务水平。用ISO9000标准加强服务质量管理，提高图书馆的服务与管理水平，需要认真地加以探索。笔者认为，图书馆界应该坚持“以用户为关注焦点”和“持续改进”两项最重要的原则，确保用户的要求得到确定和满足，并通过这一标准的认证，向用户证明具有保证服务质量的能力。

1. 以用户为关注焦点

“以用户为关注焦点”是ISO9000:2000标准的最核心原则。对于图书馆来说，图书馆依存于用户。没有用户或者不能满足用户要求的图书馆是无法生存的。关注用户，也是关注图书馆自己，两者是辩证统一的。用户的需求是千变万化的，图书馆要适应这种变化，和用户沟通，将用户的要求转化为内部的目标和要求并分解落实，坚持“用户第一，服务至上”的服务理念，全方位、多角度地满足用户要求。

一般来说，图书馆有两类基本的用户：馆外用户与馆内用户。前者指那些在图书馆之外的用户，它可以指团体或个人。有许多馆外用户，有些是显在的，还有些则是潜在的。馆内用户指图书馆内部的员工。图书馆每个员工扮演接受别人服务和为别人服务的双重角色。可以说，现代图书馆质量管理就是“始于识别用户的需求，终于满足用户的需求”。图书馆员工要明确了解谁是自己的用户，关注自己的用户，关心自己的用户。不仅要了解常规用户，还要了解和关心未成年人用户、残疾人用户，千方百计满足这些用户的需求。

准确理解用户当前和未来的需求，理解用户的现实需求和潜在需求，将用户需求有效地转换为馆内各业务工作环节的具体要求，是图书馆保证和提高用户满意度的基本保障。用户的需求涉及多个方面，如专业需求、加工需求、载体需求、传输需求等，图书馆只有在正确识别用户需求的基础上，将用户的需求转化为信息搜集、加工和服务等工作人员能明确理解的具体工作要求和质量要求，减少或避免各业务环节工作的盲目性，才可能使最终形成的信息产品和提供的信息服务满足特定用户的要求。

质量方针和质量目标是全面质量管理得以实施的核心，应针对用户对图书馆的需求和期望，以实现用户满意为首要目标。在图书馆的质量方针和质量目标中必须体现用户的要求，并且这些要求在图书馆内应能得到充分理解和沟通，通过各种方式对用户尤其是本馆核心用户的需求进行充分的调查分析，了解用户的具体需要和对本馆服务的各项要求。根据用户需求，以及本馆的主体服务对象、馆藏资源、馆舍条件、国家政策等实际情况，制定若干年的总体发展规划与近期的目标，确定质量方针和质量目标，并制定相应的具体实施措施。

图书馆要不断完善服务，包括热情、周到、开放、亲切的借阅服务，准确、迅速的信息咨询服务，积极、主动推介图书和图书馆利用的指导性服务，接受用户各种意见和要求。图书馆用极致的服务给用户以惊喜，即服务要超出用户的想象和预期的结果，用户因受到超值的服务而喜出望外，这是一种超附加值的劳动，其核心是“高效＋优质＋个性内涵”。要站在用户的角度为用户着想，让用户获得“满意加惊喜”。图书馆要培养稳定的用户群，不仅要培养稳定使用书刊的用户群，还要培养稳定使用电子文献、音像资料的用户群，吸引更多用户走进图书馆，利用图书馆。

2. 持续改进是永恒目标

“持续改进”是 ISO9000：2000 标准的最重要原则之一。图书馆必须建立“持续改进”机制。图书馆应对照质量方针和目标，利用审核结果、信息分析结果等，持续改进质量管理体系。要使图书馆能适应环境变化要求，增强适应能力并提高竞争力，改进整体业绩，让所有用户都满意。“持续改进”是图书馆提高用户满意度能力的循环活动，它作为一种管理理念、服务理念、图书馆的价值观，在质量管理体系活动中是必不可少的，是质量改进成功的标志。持续改进，精益求精，永无止境地追求更高质量、更优服务，这就是图书馆全面质量管理和实现提高用户满意度的永恒目标。

图书馆可通过内部审核和外部评审等方式，评价图书馆质量管理体系运行状况，找出不合格的地方，通过适当的统计技术进行数据分析，为图书馆的质量管理体系、用户服务和其他支持服务的管理过程提供有价值的信息，帮助图书馆的最高管理者作出适用于图书馆发展的正确决策。在馆内实施统一、适用、一致的方案，可以更快捷、更有效地进行持续改进，持续提高服务质量。

持续改进过程的实现必须采取适当的方法和手段，比如在图书馆的质量管理活动中，可以采用质量管理体系审核，应用统计技术进行数据分析等方法。持续改进不仅应作为图书馆管理者的目标，也应作为每名员工的工作目标。因此，图书馆要为员工提供有关持续改进所运用的方法和手段的培训，增强全馆员工的服务观念、质量意识，提高员工的服务技能，掌握质量体系有关文件和服务规范，实现持续改进目标。

持续改进是一种循环的活动，每一轮改进都应首先建立相应的目标，以指导和评估改进的结果。应根据图书馆总的质量目标和各个部门的分质量目标，测量和追踪持续改进的状况。

应当利用审核结果、信息分析结果等，持续改进质量管理体系。通过对文献分编过程、服务过程，以及用户的满意程度、管理性等过程的监视和测量，查找潜在的或已经存在的不合格项。对已经识别的潜在的不合格项采取预防措施。对已经存在的不合格项采取纠正措施。改进的对象可能是服务实现过程中的某些环节，也可能是管理性过程或支持性过程中的某些环节。

建立有效的投诉管理体系，改进质量管理问题。图书馆即使全力以赴，也多多少少仍会有不满意的用户。用户的抱怨若不能得到有效处理，就有可能会对图书馆的服务造成严重的后果或影响。国外有研究表明，大多数用户在遇到问题时都不会投诉(50%的用户遇到问题但不投诉，45%会就地投诉，5%会向高层领导投诉)。用户之所以不向图书馆投诉，很多情况下是因为投诉渠道不通畅、投诉不方便。建立有效的投诉管理体系，能够主动识别和改进质量管理问题，使用户能够方便地发表意见，提出投诉，并使他们有关的问题得到迅速解决，提高用户的满意度。

3. 建立图书馆质量管理体系

要建立符合 ISO9000 标准的图书馆质量管理体系，主要应遵循以下步骤。

(1)必须建立高效、精干的质量管理部门，由图书馆专业人员和质量管理专家组成。

(2)制定工作计划、质量方针和质量目标。工作计划有长期和近期之分。要建立详细周到的质量管理实施方案，明确工作内容、工作要求、工作进度和最终的工作成效。质量方针和质量目标的具体内容既要反映本馆特点，也要充分考虑图书馆发展背景、发展规模、人文因素等。还要从实际出发，量力而行，把一些可预见的变化因素考虑进去，并使质量方针和质量目标具有一定的超前性和可操作性。

(3)编写质量管理体系文件。质量管理体系文件有很强的约束力，对它的执行贯穿于质量管理的全过程。质量管理体系文件的建立，使每项服务过程处于质量管理体系文件的控制下，有明确的管理及工作程序，员工能自觉地按要求完成工作任务，进而保证过程质量和服务质量。质量管理体系文件主要包括质量手册、服务规范、服务提供规范、质量控制规范、质量记录等。作为指导图书馆各项具体活动的详细作业文件，它为各项活动规定具体的技术要求和实施细节，包括各类作业指导书、报告、表格等，是管理体系运行的基础。图书馆在建立和实施质量管理体系时，绝对不能忽视支持性文件的补充和完善。

(4)要按照质量管理体系文件要求，建立内部质量审核和管理评审的程序。内部审核是由馆内员工组成的内审组对质量管理体系的有效性所做的检查和评定，通过广泛收集意见，对存在的问题与不足，开具不合格报告。要求被开具不合格报告的处室提高质量管理意识，开展持续改进工作，提高服务质量和用户满意度。由专家技术监督局质量认证专家和图书馆界专家组成的外审组按照质量管理体系的要求，对图书馆有关部室进行严格的评审。在评审中应将形成的管理评审报告及时分发到相关部门，并跟踪验证管理评审落实情况，最后召开会议宣布审核报告。在部分项目得到整改，乃至全部项目获得通过后，图书馆方可上报质量技术监督局，由认证单位批准颁发ISO9000证书。

4.评估用户满意度

严格按照质量管理体系要求，评审用户满意度，是质量管理评审最重要的组成部分。评审用户满意度可采取以下方法。

确定用户满意度测量范围。要分析和掌握用户与本馆的所有接触点，并针对每一接触点来设定问题，尤其要设定那些用户认为最重要的问题，然后制定用户满意度测定计划，对用户进行调查、统计、分析和评估，具体掌握用户对服务满意与否的所有要素。用户信息需求受个体、社会、自然等多方面因素影响，其信息需求常处于变化之中。对用户满意度的测定，须定期系统地实施，并与以前的结果进行阶段性比较，了解他们不满意之处或对图书馆服务质量的要求，重新制定改进项目，并予以实施。

评审员可以通过组织图书情报工作委员会和用户协会，召开用户座谈会和用户代表大会；可开展用户问卷调查，召开服务听证会，设立用户意见箱；

可以通过征求意见或问卷调查，广泛地、经常性地收集用户对服务的意见，调查图书馆用户满意度。

检查用户服务效率。可以运用图书馆统计学方面的一些技术，对用户服务作出评估，如统计出图书馆机读数据库被检索的次数，采购部门所采购的各专业图书量与相应的使用量，远程文献传递到用户的时间等。将质量管理标准活动开展前后的统计数据作比较，可测量出质量管理开展后图书馆工作效率的提高状况。这种测量对图书馆质量管理系统来说是至关重要的。

将用户满意程度的测量或评价结果与相近规模的其他图书馆进行比较，据此来评价和改进内部的管理过程，从而有效地培育忠诚的用户。用户满意度指数可用来比较不同的图书馆，或比较不同时期的图书馆，预测长期绩效，回答具体问题。显然，衡量用户满意度本身并不是目的，目的在于通过对调查数据的统计分析，将反映用户满意程度的统计调查结果用数字、表格、图形表示出来，触发图书馆的改进行动。

5. 提高用户满意度应重视的几个问题

员工是联系广大用户和馆藏书籍的桥梁与纽带。只有将馆员的作用发挥得淋漓尽致，用户的满意度才可呈上升趋势。因此，图书馆要以人为本，关注员工，善待员工。要尊重人才，知人善用，合理安排员工的工作岗位，各司其职，各尽其能，注重发挥实干者的作用；要营造团结和谐、公平民主、办事公道的工作环境；要建立一套健全的、富有创新性的员工选聘、管理和激励机制，有利于调动全体员工的积极性和创造性。从服务的角度来讲，图书馆在关注用户的同时，要重视内部服务，只有完善的内部服务，才会创造满意的外部服务。

ISO9000 质量管理标准贯标是一项全新的、技术要求较强的工作，图书馆必须对全体员工进行 ISO9000 标准具体内容，以及用户服务质量规范、用户服务提供、质量控制规范等内容的培训，为建立完善的质量管理体系并确保其有效运行打好基础，增强员工服务意识，提高服务技能。

服务质量包括服务技术质量和服务态度两个方面。服务技术质量是服务质量的核心，主要指某项服务带给读者的价值，包括使用的设备和操作方法等技术层面的内容，这种服务可称为“实质服务”。服务态度则是功能服务，主要指读者接受服务的感受，即读者对服务的认可程度，具体表现为馆员在为读者服务过程中的热情、诚恳、耐心、周到的情感投入。服务质量的显著提高，将显著提升图书馆的整体形象，提高广大读者的满意度、追随度和忠诚度。

要创立服务品牌。如果一家图书馆能够通过自己的某种独特性，或一定的规模和馆藏，或某一信息产品，或某一特色服务，在同一行业中形成差别优势，这种优势就是品牌。图书馆服务品牌就是以高质量的、独特的服务方式和服务延伸，全方位地满足用户，它不仅有高超的服务艺术、丰富的知识底蕴，更重要的是还凝聚着一种服务文化。它让用户在获得文献信息服务的同时，得到一种审美愉悦和馆员与用户之间高尚的爱的体验。图书馆要通过自身独特的服务，吸引越来越多的注意力。图书馆要形成自己独特的、鲜明的质量管理标准，创立自己的品牌，提升办馆效益。

要建立诚信机制，加强督促，增强图书馆的向心力。诚信是一种道德规范，也是一种道德制度。质量诚信机制是图书馆大力倡导诚实守信职业道德的关键。诚信服务一经对外宣传，便使图书馆的各项承诺、图书馆员工的服务行为接受社会的公开监督，让用户切切实实感受到图书馆开展诚信服务的诚意和决心。建立诚信服务监督机制，可以增强馆员对用户诚信服务的自觉性，以高质量的服务赢得用户的信赖。建立诚信服务监督机制的日的是增强用户对图书馆的向心力，使双方形成合力，共同推动图书馆事业发展。

参考文献

1. 樊怡菁. 图书馆质量管理的新理念[J]. 图书馆论坛，2003(4).

2. 袁泉. 用 ISO9000 理念加强图书馆质量管理[J]. 贵图学刊，2001(2).

3. 张开凤. 图书馆质量管理刍论[J]. 情报杂志，2003(6).

4. 赖晓云. 以用户满意为中心的图书馆质量管理[J]. 图书馆学研究，2004(4).

5. 王建涛. ISO9000：2000 与图书馆质量管理的原则[J]. 图书情报工作，2004(10).

（本文发表于《国家图书馆学刊》2006 年第 1 期，收录时略有修改）

ISO9000:2000 与图书馆质量管理的原则

王建涛

摘　要:应用 ISO9000:2000 的管理理念,对照质量管理标准中的相应条款,分析和阐述图书馆质量管理中应遵循的 8 项原则:以顾客(用户)为关注焦点、领导作用、全员参与、过程管理、系统管理、持续改进、基于事实的决策和与供方互利。在此基础上,就每项质量管理原则在图书馆中的实际应用提出相应的措施。

关键词:ISO9000:2000　图书馆　质量管理　管理原则

ISO9000 族标准是国际标准化组织质量管理和质量保证技术委员会(ISO/TC176)制定的所有国际标准的统称,该族标准已在全球范围内得到广泛应用。经过对世界上许多经济发达国家多年来质量管理实践经验的科学总结,ISO 于 2000 年 12 月 5 日正式颁布 2000 版 ISO9000 族标准(ISO9000:2000)。运用该族标准,可帮助组织实施并有效运行质量管理体系,适用于各种类型和规模的组织。

图书馆作为一种服务性社会机构,当然包括在该族标准中描述的“任何组织”的适用范围中,同其他社会机构一样,图书馆也面临着提高产品(服务)质量的问题,而引进一套科学、完善的质量保证体系,采用“文件化”“程序化”“过程方法”等质量管理方法和模式来控制图书馆工作是提高图书馆服务质量和保证图书馆质量管理水平的有效途径。在 ISO9000:2000 标准的引言中,列出了 8 项质量管理原则,这些原则是当代各行各业质量管理中应该遵循的基本规律,是一切质量管理活动中都适用的理念和原则,也是 ISO9000 族标准的理论基础,其精髓贯穿于标准的条文中。将这些原则应用于图书馆管理中,将有助于我们改进原有的管理理念,活跃思维,全方位控制图书馆产品(服务)的质量。笔者认为,图书馆的质量管理应当遵循以下 8 项基本原则。

1. 以顾客为关注焦点

组织依存于顾客。因此,组织应当理解顾客当前和未来的需求,满足顾客要求并争取超越顾客期望——引自 ISO9000:2000。

对于图书馆来说,读者或用户就是我们的顾客,我们给读者提供的产品就是服务。读者是图书馆生存之本,"服务是图书馆存在的理由"。为读者提供高质量的服务,满足读者的要求与期望,就是体现"以顾客为关注焦点"的原则。读者的要求是不断变化的,为了使读者满意并创造自身的竞争优势,图书馆还应该了解读者未来的需求,并争取超越读者的期望。

1.1　调查、识别并理解读者的需求和期望

图书馆不仅要明确读者的层次类别、知识结构、各群体数量和比例、利用图书馆的频率和方式,还必须了解他们的需求和期望。根据我国等同采用 2000 版 ISO9000 族标准的国家标准 CB/T19001－2000(以下提及的国家标准均指该标准)中的 7.2 条款(以下括号内的条款号均来自该标准)对顾客(即图书馆的读者)与产品(即图书馆提供的服务)的有关要求,图书馆的首要任务是识别和理解用户的需求与期望,包括当前的和未来的,并将用户需求转换为服务特性,体现在向顾客提供服务的服务规范中。

1.2　确保图书馆的运作目标与用户的需求和期望有机结合

图书馆最高管理者(馆长或参与决策的副馆长)在制定图书馆的运作目标时,应针对读者对图书馆的需求和期望,以实现读者满意为首要目标。图书馆的质量方针和质量目标中必须体现读者的要求,并且这些要求在图书馆内应能得到充分理解和沟通。GB 国家标准要求最高管理者在建立质量目标时应考虑产品要求的内容(5.4.1、7.1),而产品要求主要是指顾客的要求。据此可以认为,图书馆的运作目标必须考虑提供服务的内容与提供这些服务的可能性。

1.3　测量读者的满意程度并根据结果采取相应措施,系统地处理好图书馆与读者的关系

读者满意程度测量的目的是评价图书馆是否达到了预期目标,为进一步改进提供依据。读者满意程度的测量或评价可以有多种方法。测量和评价的结果将有助于图书馆明晰需要开展的活动和需要采取的改进措施。国家

标准明确要求要监视和测量顾客满意度(8.2.1)。图书馆可以借助于数据分析所提供的顾客满意程度的信息(8.4),进一步通过纠正措施(8.5.2)和预防措施(8.5.3)达到持续改进的目的。

2. 领导作用

领导者确立组织统一的宗旨及方向。他们应当创造并保持使员工能充分参与实现组织目标的内部环境——引自ISO9000:2000。

质量方针、质量目标构成了图书馆宗旨的组成部分,即图书馆预期实现的目标。图书馆领导者的作用体现在能否将图书馆的运作方向与图书馆宗旨相统一,并创造一个全体员工能充分参与实现图书馆整体目标的内部氛围和环境。

2.1　为本图书馆描绘清晰的远景,确定富有挑战性的目标

图书馆应确立明确的质量方针或者说质量蓝图。为了实现蓝图,图书馆的领导者还应设定具有可测性、挑战性和可实现性的质量目标。这些在国家标准中都有明确的描述,如最高管理者应制定质量方针和质量目标(5.1),并在相关职能和层次上分解质量目标(5.4.1),质量目标应在质量方针的框架下形成(5.3),方针和目标应通过管理评审予以评价(5.6)。在这种标准要求下,图书馆的各项工作就有了一个统一的方针,以及在方针指导下的质量目标,而所有为实现这一目标的各种活动都会在有序和受控的状态下进行。

2.2　在图书馆的所有层次上建立价值共享、公平公正的道德伦理观念

在图书馆中,人与人之间所建立的关系,很大程度上取决于图书馆的管理文化。图书馆的领导者可以通过管理文化在图书馆各层次上建立价值共享、公平公正的道德伦理观,重视人才,尊重每个人,树立职业道德观念,在馆内创造良好的人际关系环境,将员工活动的方向统一到图书馆的方针、目标的方向上。在图书馆的质量管理体系活动中,管理者作出承诺是必要的(5.1),管理文化的建立可通过培训来实现(6.2.2)。

2.3　为图书馆员工提供所需的资源和培训,并赋予其职责范围内的自主权

图书馆的领导者应充分调动每个员工的积极性,发挥员工的主观能动性,明确规定图书馆内部的职责、权限,并赋予员工职责范围内的自主权。按

照标准要求，图书馆的领导者应通过培训提高员工的技能(6.2)，为其工作提供合适的资源(6.1)，创造适宜的工作条件和环境。同时，注意对员工的能力和业绩进行评估，采取激励机制，鼓励创新。

3. 全员参与

各级人员都是组织之本，只有他们的充分参与，才能使他们的才干为组织带来效益——引自ISO9000：2000。

图书馆的质量管理是通过图书馆内各职能部门、各层次人员参与产品实现过程及支持过程来实施的。人人充分参与是图书馆良好运作的必要条件，当每个人的才干都得到充分发挥并能实现创新和持续改进时，图书馆将会获得最大效益。

3.1　让每个员工了解自身贡献的重要性及其在图书馆中的角色，以主人翁的责任感去解决各种问题

在图书馆内，每个员工都应清楚本身的职责权限，以及和他人之间的相互关系，了解自身工作的目标、内容，以及实现目标的要求、方法，理解自身活动的结果对下一步与图书馆整体目标的贡献和影响，在各自的岗位上树立责任感，发挥个人潜能，并能以主人翁的责任感正确处理和解决问题。

3.2　使每个员工根据各自的目标评估自身业绩状况

员工可以从自己的工作业绩中得到成就感，并意识到自己对图书馆的贡献，也可以从不足中找到差距以求改进。因此，正确地评估员工的业绩，可以激励其工作积极性。员工的业绩评价可采用自我评价或其他方法进行。

3.3　使员工积极寻找机会，以增强自身的能力、知识和经验

在信息服务逐步向知识服务过渡的图书馆中，应授予图书馆员工更多的自主权去思考、判断、行动，因而图书馆员工必须有较强的和在不断变化的环境中判断、处理问题的能力。

4. 过程管理

将活动和相关的资源作为过程进行管理，可以更高效地得到期望的结果——引自ISO9000：2000。

过程方法是ISO9000族标准的精髓之一。过程是指通过利用资源和实施管理，将输入转化为输出的一组活动，一个过程的输出可直接形成下一个

或几个过程的输入。如图书馆的文献采编可视为一个过程，而采编过程的输出则是读者服务过程的输入等。图书馆的工作可以分成许多个这样的过程。系统地识别和管理图书馆工作中的各种过程，特别是这些过程之间的相互作用，可称为“过程方法”。中国的图书馆管理大都采用常规的经验式管理，而采用过程方法不仅能系统地识别图书馆需要控制的所有过程，更主要的是还能通过对过程的识别、控制和管理来提高管理效率和管理质量。

4.1　为了取得预期的效果，系统地识别图书馆所有的活动

活动决定输出的结果。为了确保结果能满足预期的要求，必须有效地控制所有的活动。因而识别活动，特别是系统性地识别所有相关的活动，也就是全面地考虑与图书馆服务相关的所有活动及相互间的关联，可以使图书馆采取有效的方法对这些活动予以控制。

4.2　分析和测量关键活动的能力

掌握关键活动的能力，将有助于了解相应的过程是否有能力完成所策划的结果。在现代图书馆工作中，关键活动应该在知识服务领域，在对信息进行有效组织的基础上，进行信息重组和知识发现，并据此开展深层次的知识服务，这是提升图书馆核心竞争能力的关键环节。因此，必须对图书馆掌握这方面的能力进行分析和测量，从而判定图书馆是否能把握住未来发展的方向，以及适应这种发展方向的能力。根据标准的要求，图书馆在确认、分析和测量关键活动的能力时，应采用适宜的方法(7.5.2、7.6、8.2.3)。

4.3　识别图书馆各过程之间的顺序和相互关系

在正常情况下，各图书馆根据各自性质、规模和服务对象，设置多个职能部门承担相应的工作，形成不同的过程，但总体来说，这样的过程应包括管理过程、资源提供过程、服务实现过程、测量分析与改进过程 4 种。其中，服务实现的过程是主过程，其他 3 个过程是支持过程。每类过程又可分解为若干小过程。过程的分解应注意分类标准的统一性，过程与过程之间可以有接口，但不能有重叠。内部沟通可为图书馆管理这种识别接口提供条件(5.5.3)。按照国家标准的要求，要设计和开发图书馆工作流程，识别并管理这些流程之间的接口，使设计和开发的输出符合用户要求(7.3.1)。

5. 系统管理

将相互关联的过程作为系统加以识别、理解和管理，有助于组织提高实现目标的有效性和效率——引自ISO9000:2000。

为了成功地管理和运作一家图书馆，需要采用一种系统和透明的方式进行管理。在图书馆质量管理中采用系统方法，就是要建立一个文件化的质量管理体系，把质量管理体系作为一个大系统，对图书馆质量管理体系的各个过程加以识别、理解和管理，以实现图书馆的质量方针和质量目标。在管理中采用系统方法的优点是可以使图书馆活动中的各个过程相互协调，最大限度地实现预期的目标。

5.1　建立一个体系，以最佳效果和最高效率实现图书馆的目标

每家图书馆都有自己的目标，虽然各图书馆根据自身特点和具体情况提出的目标有大有小，但目标既然提出，就应该尽一切可能去实现。目标的实现有赖于图书馆的管理活动，管理应该有系统性。因此，图书馆为了实现既定目标，应该建立一个围绕这一目标的质量管理体系。一个良好的体系是高效地实现目标的保证。国家标准为建立这样的体系提供了系统的方法和逻辑步骤(4.1)，也指明这样的系统用文件来表述将更加清晰(4.2)。

5.2　做好标准的宣贯，强化责任感，减少因职能交叉造成的工作障碍

图书馆在作出建立和实施质量管理体系的战略抉择之后，首先要进行标准的宣传贯彻，使全体员工充分理解质量管理体系中先进的管理理念和管理方法，理解总目标对他们的意义，以及在实现目标过程中各自的作用和责任，并在此基础上明确职能，确定职责，沟通了解，从而减少或消除由于职能交叉和职责不清导致的工作障碍。有关这方面，国家标准也作出了明确的要求，如职责和权限的确定(5.5.1)、内部沟通(5.5.3)，以及能力意识和培训活动(6.2.2)等。

5.3　理解体系内各过程的相互依赖关系

系统管理方法和过程管理方法关系非常密切，它们都是以过程为基础，都要求对各个过程之间的相互作用进行识别和管理。图书馆的活动包含许多过程，如文献采编、文献阅览、参考咨询等，都可用过程方法来控制，而这些过程间都有非常强的关联性，其相互作用和相互依赖关系表现在某个过程的

输出就是下一个过程的输入。实际上，这种相互作用和依赖的关系是很复杂的。国家标准就每一个过程，从原则角度指明它们相互间的关系。例如，明确以服务实现过程为主过程(7)，并明确其与管理活动(5)、资源提供(6)和测量分析改进(8)间的相互关系。

5.4　设定目标，并确定如何展开图书馆体系中的特殊活动

图书馆的整体运作目标是通过内部各个过程的协调运作实现的。因此，图书馆应根据总体目标，设定各过程的分目标。文献的采编过程、读者的接待过程、信息的咨询过程及其他业务和行政管理过程都定有明确的分目标，通过运作这些过程，实现分目标，从而确保实现图书馆的总体目标，这是系统方法的重要思想。为了实现图书馆设定的总目标和分目标，图书馆应特别注重在每个过程中的特殊活动，即直接影响该过程输出结果的活动，如过程的运作方式，如何监视、测量、分析每个过程的工作效果，资源的提供，以及改进的方法等。

6. 持续改进

持续改进总体业绩应当是组织的一个永恒目标——引自ISO9000:2000。

持续改进总体办馆业绩和成果应该是图书馆的一个永恒目标。随着社会的发展，人们对信息和知识的需求越来越迫切，用以前的办馆指标来评估现代图书馆的办馆业绩显然没有什么意义。面对现代社会的信息需求，图书馆应建立一种适应外界环境变化的机制，增强图书馆迎接挑战的能力并提升自身的竞争力，改进业绩，让读者和所有相关方面(政府、相关投资者等)都满意，这种机制就是持续改进。图书馆的存在和发展取决于持续改进的方向和能力。

6.1　在整个图书馆范围内采用一致的方法，持续提高图书馆的办馆业绩

基于总体办馆宗旨，图书馆可通过内部审核和管理评审等方式评价图书馆的质量管理体系运行状况，找出不合格的地方，通过适当的统计技术进行数据分析，为图书馆的质量管理体系、读者服务和其他支持服务的管理过程提供有价值的信息，帮助图书馆的最高管理者作出适用于图书馆发展的正确决策。在图书馆范围内采用这种统一的、适用的、一致的方案，可以更快捷、

更有效地实施持续改进的活动。

6.2 为图书馆员工提供有关持续改进所运用的方法和手段的培训，增强全馆员工的质量意识

持续改进是图书馆制定改进目标，寻求改进机会，最终实现改进目标的循环过程。过程的实现必须采用适当的方法和手段，比如在图书馆的质量管理活动中，我们可以采用质量管理体系审核(8.2.2)，应用统计技术进行数据分析(8.4)等方法，对于图书馆员工来说，这些方法的真正掌握，只有通过相应的培训才能实现(6.2.2)。持续改进不仅应作为图书馆管理者的目标，也应作为馆内每名员工的工作目标。

6.3 建立目标，以指导、测量和追踪持续改进的情况

持续改进是一种循环的活动，每一轮改进都应首先建立相应的目标，以指导和评估改进的结果。为此，应根据图书馆总的质量目标和各个部门的分质量目标，测量和追踪持续改进的状况，并关注持续改进的成效，并对相关的员工给予表扬或奖励。

7.基丁事实的决策

有效决策是建立在数据和信息分析的基础之上的——引自ISO9000:2000。

成功的结果取决于活动实施前的精心策划和正确的决策。在国家图书馆决策中，应该以事实和数据为依据，而不能仅仅凭经验、靠感觉。特别是在分析质量问题时，一定有一套量化的评价标准，不能仅用“好”与“坏”来衡量，应该将读者调查、统计数据、效率测量等科学的方法作为决策的基础。基于事实的决策方法的优点在于，决策是理智的，增强了依据事实证实过去决策的有效性的能力，也增强了评估、挑战、改变判断和决策的能力。

7.1 确保数据和信息足够精确和可靠

这是决策正确的保证条件。在图书馆质量管理工作中，为了确保有关数据的准确性和可靠性，必须确保所有的数据来源于现实的工作中或工作的记录中。在国家标准中，对记录的控制(4.2.4)是这一活动的具体要求；依赖于有效沟通(5.5.3、7.2.3)，可以获取准确可靠的数据和信息。

7.2 使用正确的方法分析数据

在分析已经获得的相关数据时，应该采取各种有效的方法，采取适当的

统计技术以便分析结果更为准确，并用于决策。关于数据的分析方法，国家标准中也有明确的要求，如过程的监视和测量(8.2.3)，测量、分析和改进的总则要求(8.1)，用户满意(8.2.1)的测量和监控等。

7.3　基于事实分析，权衡经验和直觉，作出决策并采取措施

将依据数据和信息分析所得到的结果，与经验和直觉平衡，可进一步判断、确认结果的可靠性，依据可靠的结果所作的决策是可行的。在决策的基础上采取措施，将能获得满意的结果。

8.与供方互利

组织与供方是相互依存的，互利的关系可增加双方创造价值的能力——引自ISO9000:2000。

对于图书馆来说，供方可能包括文献供应商、书目数据供应商、数据库供应商、办公设备和专用设备的供应商、资源共建共享的合作方等，甚至包括行政拨款单位和其他投资方。图书馆与这些供方间的关系是相互依存、相互支持的。在现代的信息服务中，没有一家图书馆能够仅凭自己的资源，通过本馆的独立操作完全满足读者的信息需求。因此，图书馆必须和相关的供方保持良好的关系。

8.1　在对短期收益和长期利益综合平衡的基础上，确立与供方的关系

任何一家图书馆都有自己的供方或合作伙伴，而供方与图书馆发生关系的纽带是利益关系。由于竞争的加剧和读者要求的日益提高，图书馆与其他信息机构之间、图书馆与图书馆之间的竞争不仅取决于图书馆的能力，也取决于供方的能力。为了双方的利益，图书馆应考虑与供方或合作伙伴建立合作关系或联盟关系(7.4.1)。在这种情况下，图书馆既要考虑合作带来的短期收益，更要考虑长期合作可能带来的长远利益。

8.2　识别和选择关键供方

关键供方是影响图书馆运行状况的关键因素。因此，图书馆应识别并选择在图书馆运行中起着关键作用的供方和合作伙伴。合适的供方对用户的满意度和图书馆的业绩可起到相当重要的作用。在图书馆的供方范围中，起关键作用的可能是信息资源的供应商(包括文献供应、书目数据供应、数据库供应等)和专用技术的供应商(如图书馆自动化系统)等，但不同的图书馆的

关键供方可能有所区别。图书馆可通过数据分析(8.4)获得有关供方信息，在评价的基础上进行选择、合作(7.4.1)。

8.3 开辟一个通畅、公开地与供方沟通的渠道

图书馆与供方的相互沟通，对于服务的最终实现并满足读者的需求是必不可少的环节。有效的沟通可以使双方减少损失，在最大限度上获得效益。具体方法可以包括对供方作出的改进和取得的成果进行评价并予以鼓励，或者与供方确定联合改进的方式。实施这一步骤将会进一步促进图书馆与相关供方的密切关系，增进供方改进产品的积极性，增强双方创造价值的能力，共同赢得读者的满意。

参考文献

1. 国家质量技术监督局. 中华人民共和国国家标准：质量管理体系标准(GB/T19000－2000、GB/T19001－2000、GB/T19004－2000)[S]. 北京：中国标准出版社，2001.

2. 吕梅. ISO9001 理念在现代图书馆服务中的阐释[J]. 图书馆论坛，2003(2).

3. 李慧，何绍华. 网络信息服务的全面质量管理[J]. 图书情报工作，2001(4).

4. 张华湘. 医院图书馆推行 ISO9001 质量管理体系浅析[J]. 中华医学写作杂志，2003，10(8).

5. 周明圣. 教育系统质量管理体系[M]. 北京：中国计划出版社，2003.

6. 李学方. 服务组织质量管理体系建立实施与改进[M]. 北京：中国标准出版社，2003.

(本文发表于《图书情报工作》2004 年第 48 卷第 10 期，收录时略有修改)

论图书馆全面质量管理模式的建立与运行

王建涛

摘　要:图书馆行业建立全面质量管理模式是质量管理时代的必然选择,它可以确保图书馆提供给读者最满意的信息产品与信息服务。文章在阐述图书馆实施全面质量管理意义的基础上,探讨图书馆行业如何构建全面质量管理模式,并针对目前图书馆界在实施全面质量管理过程中存在的问题提出建议。

关键词:质量管理　图书馆　图书馆管理　管理体系

当前图书馆所处的环境发生了很大的变化,无论是技术环境还是人文环境,都使我国图书馆行业面临前所未有的挑战。在我国公共文化服务体系的构建过程中,图书馆承担的社会职能也越来越多,社会公众对图书馆的需求方式越来越多样化。图书馆如何在这种环境下最大限度地满足用户的多样化需求,如何在社会环境发生重大变化的条件下提高图书馆的服务质量,进而提高读者对图书馆服务的满意度,已经受到业界的广泛关注。全面质量管理模式在企业界已经取得广为人知的成就,为图书馆界引进这一管理模式打下了基础。同时,企业界多年的理论和实践探索为图书馆行业创新管理理念和建立新型的质量管理模式提供了借鉴。在新的质量管理理念下,“以人为本”不再仅仅是以读者为中心,还包括图书馆员工的参与和认可,从而达到读者、馆员等多方满意的效果。

全面质量管理模式要求将图书馆的所有工作流程及环节视为一个系统化的动态有机整体,对其进行全面的管理。将所有影响图书馆质量的各种因素综合考虑,强调在整个质量管理过程中进行持续改进,最终目的是满足读者不断变化的信息需求。

1. 图书馆推行全面质量管理的意义

1.1　引入先进的管理理念

对于全面质量管理，诸多学者都会有不同的见解和认识，有观点认为，全面质量管理是一种基于一定管理体系和制度安排的过程；有观点认为，全面质量管理是一种组织文化；还有观点认为，全面质量管理是一种管理理念和指导原则。

不论理论界的各种观点如何，我们都有这样一个共识，全面质量管理的引入，对图书馆行业的管理理念造成了很大程度的影响。相对于传统的管理模式，全面质量管理模式有了进一步的突破与创新，有利于推动图书馆管理迈入一个新时代。随着全面质量管理模式渐渐为业界所接收，其优越性也日益凸显，大部分的图书馆开始认识到，引进先进的管理方法和理念，有利于自身的发展，而这一认识也促进了新的管理模式的推广和普及。

1.2　降低运行成本，提高运行效率

要想提高服务效率，就意味着必须拥有良好的组织结构、合理的业务流程与高素质的员工队伍。全面质量管理在企业界实践多年，大多数的实践结果都表明，这种管理模式有利于降低成本、提高效率。在图书馆领域，也不难发现，系统规范每一个步骤，从源头对信息进行质量控制比出现问题之后再逆向层层追溯问题的本源成本更低，运行效率更高。显而易见的是，图书馆通过全面质量管理提供的服务会更大限度地满足读者需求，从而带来读者流量增加、社会影响力扩大等效应。

1.3　提升读者和员工满意度

从图书馆内部角度而言，实施全面质量管理给予员工更大的管理参与权和话语权，也不断地提升员工的综合素质。全面质量管理模式推崇全员参与，强调每一个人在图书馆质量管理中的重要作用。全员参与的质量管理氛围可以充分发挥图书馆每一位成员的聪明才智，增加图书馆员工的自我认同感和组织认同感。在这样的情况下，员工往往可以创造更为和谐的服务环境和氛围。同时，通过全面质量管理，可以提升图书馆每一个环节的服务质量，使读者在获取服务的过程中逐步认识到图书馆细致周到的服务态度与服务理念，有利于其实现信息需求的满足，还可以培养读者对图书馆的忠诚度。

2. 图书馆全面质量管理模式的构建

2.1 规范程序

全面质量管理模式讲究规范化的工作程序，要求明确所有基于规范工作流程的各岗位职责与工作方法，据此制定出工作手册和工作程序，并在规范工作程序的基础上分析出图书馆工作的关键环节，使图书馆的管理保持连贯性和稳定性，无论是普通员工还是领导层的变化，都不会影响工作的连贯性。安徽省图书馆在2008年开始推行ISO9001质量体系认证时，根据ISO9001质量体系认证的步骤和要求，制定了全馆层面的《程序文件》和各部门《工作手册》，明确人力资源、读者服务、文献采购、专题文献服务等工作程序规范。通过这种程序化、文件化的方式明确了图书馆所有岗位的工作宗旨，规定了工作程序、工作步骤和执行的逻辑顺序，并用记录证实所有工作程序的客观状况，进而对图书馆工作宗旨、工作程序、工作步骤、工作要求和工作责任等问题进行有效的控制。

2.2 明确职责

图书馆工作目标的实现是以各岗位职责的实现为基础的，没有明确的岗位职责，就无法控制和保证图书馆服务绩效的实现。因此，为了与图书馆全面质量管理模式相适应，图书馆必须以岗位说明书的形式将各岗位的职责固化下来。安徽省图书馆在实施ISO9001质量体系认证时制定的《质量手册》，通过制定组织机构和职责、管理职责等文件规定了本馆管理层、各职能部门和相关人员的工作职责。同时，在实施全面质量管理中执行责任制度，要求馆员真正履行各自的职责，对于具体的工作操作与职责要求不符的行为进行责任追究，以确保岗位职责在图书馆具体工作中得到全面的贯彻。

2.3 建立并保持记录

建立并保持完整的工作记录是证实具体工作行为与标准要求符合程度的重要手段，在图书馆全面质量管理中，建立记录是质量管理反馈环节中的重要内容。安徽省图书馆在《程序文件》中制定了专门的《记录控制程序》，各部门《工作手册》也针对本部门的具体工作制定了《质量记录表》，对全面质量管理的运行情况进行有效的监控 。通过《质量记录表》可以建立完善的工作记录，也可以为管理体系的改进提供客观、可信的依据。在建立质量管理记录过程中，安徽省图书馆特别注意记录的详细性和及时性，同时规范记录的收集、分类、统计和归档工作。

2.4　加强考核

考核是验证图书馆员工工作效果最有效的方法之一，也是一种与馆员切身利益相关的激励行为，进行合理化的考核可以科学评价图书馆每一位工作人员。安徽省图书馆每个季度对全馆员工进行工作绩效考核，并把质量管理作为一项重要的考核内容，通过建立科学、客观、可操作的考核指标，对员工作出公正合理的评价。现在安徽省图书馆对员工的考核已经得到广泛重视，工作评估可以细致到每一天，并将其作为提升工作质量和评价工作绩效的依据。

3. 实施全面质量管理过程中存在的问题

3.1　观念有待转变

随着“以读者为中心”服务理念的推行，图书馆对读者需求的关注程度越来越高。读者之所以来图书馆，是因为要寻求图书馆的服务，可能是借阅自己需要的文献，也可能是咨询相关的课题，或是参加各类读者活动。无论读者提出的是哪一类需求，依托的都是图书馆，读者需求的满足程度和满足质量也取决于图书馆的服务质量。因此，图书馆树立“质量第一”的观念就不是一句口号那么简单，追求服务质量实质上就是从读者的角度出发，为读者提供优质快捷的信息产品和服务。树立“质量第一”的观念，从本质上看，就是树立“以读者为中心”的观念。

要树立“质量第一”的观念，必须克服当前存在的 ISO9001 质量管理和传统管理不相容的情况，将质量管理这一观念融入图书馆的组织文化中，要在图书馆的组织文化中植入质量文化的基因，注重培养和提高图书馆工作人员的质量意识、质量观念和质量管理方法，培养全员参与的意识。

3.2　图书馆员工素质有待进一步提高

全面质量管理思想是否能够成功运用到图书馆管理系统中，在一定程度上取决于图书馆全体员工的认同和参与。在图书馆工作系统中，最了解具体业务内容和业务流程的是各个岗位的工作人员。在实际工作中，工作人员经常会面临一些新情况、新问题，需要充分发挥他们的智慧，及时解决各种问题,更好地为读者服务。因此,实施全面质量管理要以图书馆全体员工为主体,在图书馆范围内进行全员质量管理知识培训,激发全体人员的质量参与意识,也要提高他们的专业技能和业务素养,只有提高了人员的综合素质,才能提供高质量的服务。

3.3 效率与效益的关系有待平衡

效率与效益的关系需要很好的平衡,不能一味只追求质量而放弃效率,也不能只注重效率而不顾质量,二者需要辩证地看。如何在满足读者基本需求的前提下定位好服务效率和服务质量之间的关系,是图书馆行业实施全面质量管理面临的一大挑战。

全面质量管理是一种重视质量的管理模式,但并不代表在具体的管理过程中无限制地不顾效率地一味追求质量。如果仅仅追求质量,势必会造成管理成本的大幅提高,这在图书馆管理实践中是不可取的,图书馆为读者提供信息产品和信息服务的质量,要根据读者的需求有一个恰当的定位和合理的取舍。低质量的产品和服务无疑是不符合读者需求的,有违图书馆服务的初衷。图书馆在具体管理中需要在服务成本和服务质量之间作出一个合理的、适当的选择。现代图书馆要实施全面质量管理,就需要对业务流程进行系统优化和重组,尽量消除不增加价值的简单劳动,充分发挥现代信息技术的效能,以尽可能经济的方式提供高质量的服务。

4. 实施全面质量管理模式的几点建议

4.1 以读者需求为中心确定图书馆质量方针和目标

为读者提供符合要求的信息产品和信息服务的能力决定了现代图书馆服务质量的优劣。因此,图书馆在实施全面质量管理过程中,确定质量方针和质量目标时,要坚持“以读者需求为中心”的原则,只有围绕这个中心,图书馆的质量管理才能有的放矢,才能有针对性地提高图书馆的服务质量。

安徽省图书馆在《质量手册》中制定了质量方针和质量目标,并在长期的工作过程中,总结出多种多样的实现质量方针和质量目标、满足读者需求的方法,如用户调查、座谈会、书友会、沙龙活动等,这些方式都能及时搜集读者的反馈信息,这是开展全面质量管理的基础。通过对一系列数据的分析,可以及时掌握读者需求的特点,明确自己提供的产品与读者期望的差距,这样就可以及时对质量方针及质量目标进行修改，并根据读者需求的变化趋势确定新的方针和目标，尽可能使图书馆的工作目标与读者期望相一致。同时，为了更好地实施质量方针，安徽省图书馆还对质量方针和目标进行分解并使其具体化，将全馆的方针和目标分解成明确可行的各部门具体的方针和目标，并注意哪些因素与信息产品和服务的质量相关。

4.2　组织结构应当趋于扁平化

图书馆实施全面质量管理是对传统的经验式管理的变革，需要将传统图书馆的组织结构进行重组，减少管理上的层次结构，提高工作效率，用最有效率的方式为读者提供最满意的服务。各部门之间要加强沟通与协调，在实施全面质量管理时，各部门及员工必须保持理念与步调一致，不可各自为政，同时需要进一步明确各部门的质量责任和工作权限。管理人员包括最高管理者和普通员工之间应有良好的沟通渠道，图书馆各级管理者要进行充分的授权，给予基层员工充分的工作自主权，提高一线工作人员为读者提供服务的积极性和主动性，通过每名员工服务质量的改进，进而提高全馆的服务质量。

4.3　设计符合实际的全面质量管理框架及程序

图书馆全面质量管理模式的建立，需要在组织结构、部门职责、作业过程等各个环节进行实际的调查分析，确保组织机构的设置与其匹配的机构和岗位更为合理，职能更为明确，更加符合图书馆服务过程的要求，每个环节都有相应的部门或岗位予以支持。各部门要设立统一的标准，通过书面文件的形式规范图书馆的质量管理行为，要对整个管理过程实行过程控制，使管理具备权威性、严肃性和普遍认同性。在标准的执行过程中要坚持围绕读者这一中心，充分激发全体馆员的工作积极性。

安徽省图书馆在建立全面质量模式之后，根据图书馆的实际工作变化和质量管理抽查情况，随时核对质量管理与业务流程设计得是否合理，定期进行质量管理体系文件的修改。对不适应变革要求的业务流程进行进一步的调整和重组，调整和删减不合理的环节，通过业务流程的精减，减少不必要的资源消耗。在业务流程再造过程中，将现代信息技术充分融合进来，从而提高整个流程的运行效率。同时，围绕图书馆《质量手册》提出的质量方针和目标，通过一系列的评估、整合与规划，将服务方法和经验转化为切实可行的业务流程及流程文件，严格按照相关程序文件按部就班地进行工作。

4.4　开展质量审核

质量审核工作是验证全面质量管理开展效果的有效方式之一 。质量审核的目的是评价全面质量管理模式在图书馆的运行情况，在绝大多数情况下都是以发现问题为主要目的，通过发现问题寻求改进方法，通过反复发现问题和改进，可以防止问题再次发生，从而达到不断完善管理体系的目的。安徽省图书馆根据《质量手册》制定的内部审核等文件，规定了我馆质量审核需要包括的几个方面的内容：首先是内部审核，定期和不定期地组织馆内人员对质量结果进行审核、监督和评议，评价通过质量活动获得的有关结果是否达到了图书馆预先制定的目标；其次，聘请第三方专家对图书馆的质量管理状况予以评审，查问题，找不足，看质量管理体系运行得是否有效，是否存在隐患；再次，对读者满意度进行测评，通过多维度的综合测评，明确原来读者不满意的地方是否得到了改进，总体满意度是否得到了提高。

实施ISO9001质量管理体系认证，是图书馆界多年来探讨的一个学术问题，很多图书馆都想付诸实施，但因主客观条件的限制，最终都未能组织实施。安徽省图书馆自实施ISO9001质量管理体系以来，逐步完成建立组织机构、开展教育培训、制定质量方针和质量目标等步骤和有关质量管理体系认证文件的编写工作，目前已经顺利通过两轮体系认证。通过推行体系认证，我馆的办馆效益得到明显提升：一是强化了"以读者为中心"的服务理念，读者在图书馆的主体地位得到全方位的体现；二是激发了全体馆员的主人翁意识，让每位馆员都有强烈的服务意识、问题意识和纠错意识，体现在工作态度上就是变"要我干"到"我要干"；三是增强了图书馆的可持续发展能力，构建了功能完备的图书馆管理新体系，强化了图书馆的动态管理和运作模式，促进了图书馆可持续发展；四是提高了图书馆的核心竞争能力，在新的服务和管理模式下，图书馆所提供的服务一方面是被质量管理体系认证机构认证的，是为社会认可和信赖的，具有公正性；另一方面也为图书馆宣传自己、竞争信息市场、提高知名度提供坚实的管理保证，具有渗透性。

参考文献:

1.贺军.论现代图书馆全面质量管理[J].情报探索,2007(7).

2.张玉凤.论图书馆全面质量管理[J].图书馆工作与研究,2001(2).

3.郝亚玲.全面质量管理思想与大学图书馆质量管理体系的建立[J].宝鸡文理学院学报(社会科学版),2004(5).

4.孟鲁洋,吴雷.图书馆信息服务数据质量管理与评价[J].现代情报,2012(8).

5.马俊喜.现代高新信息技术条件下图书馆的信息服务工作[J].贵图学刊,2000(1).

(本文发表于《大学图书情报学刊》2014年第32卷第5期,收录时略有修改)

PDCA循环理论在阅读推广中的应用

——以安徽省图书馆为例

朱海峰

摘　要:结合PDCA循环特性和图书馆阅读推广特点,分析PDCA循环理论应用于图书馆阅读推广活动的必要性和可行性,构建PDCA循环理论在图书馆阅读推广工作中的应用模式,提出以用户为关注焦点、注重过程管理和持续改进以提高阅读推广活动实效的几点思考。

关键词:PDCA循环　阅读推广实效　应用模式

近年来中国图书馆界的阅读推广活动开展得如火如荼、有声有色。图书馆界的专家学者和从事阅读推广工作的同仁对阅读推广的研究也在逐渐深入,但大多是对活动项目的介绍评议和对单一主题式模式的研究,缺乏对可复制推广模式的探讨。

2011年度安徽省图书馆喜获安徽省质量技术监督局设立的质量荣誉"安徽省卓越绩效奖"。安徽省图书馆利用PDCA质量管理循环建立起科学、规范、可操作、行之有效的质量管理模式开展阅读推广工作,使馆员的思想方法和工作步骤条理化、形象化、程序化和科学化,保证和不断提高了阅读推广质量,提升了图书馆的服务品质。同时,这种模式是可复制、可广泛使用的。

1. PDCA循环的基本内容

美国统计学家、管理学家戴明在概括人们做事情时经历的一般过程后,提出了PDCA循环管理法。PDCA循环理论的基本含义是工作之前要制定一个计划,然后将计划付诸实施,再对实施情况及结果进行检查、总结和处理,由此循环往复,以期提高工作质量或水平,从而促进人们所从事的事业快速发展。它包含P(Plan)——策划、D(Do)——执行、C(Check)——检查、A(Action)——处置四个阶段。

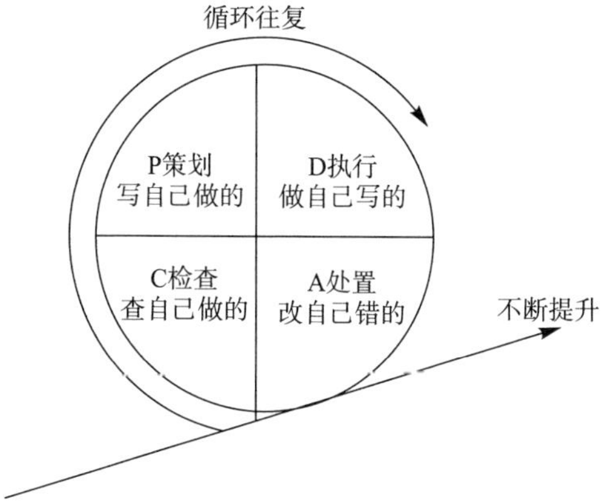

图1 PDCA循环的步骤和方法

笔者用最简单的话来解释PDCA循环就是：写自己做的—做自己写的—查自己做的—改自己错的，循环往复，不断提升。

2. 基于PDCA循环实施阅读推广活动的必要性和可行性

2.1 基于PDCA循环理论实施阅读推广活动的必要性

其一，实施基于PDCA循环的阅读推广，是图书馆事业的切实需要。无论现代图书馆如何转型，提高阅读推广服务质量，使阅读推广更规范、合理、科学，是图书馆可持续发展的良好途径和有力措施。

其二，实施基于PDCA循环的阅读推广，是提高阅读推广实效的需要。我国的阅读推广起步不久，许多图书馆的阅读推广活动还停留在应景、应时的短效性层面，存在着统一协调机制不够有力、阅读活动数量虽多但成效不显、部分活动存在形式主义色彩、青少年的阅读行为亟待引导等问题。对阅读推广过程进行管理、加强阅读推广活动的监控、建立和完善阅读推广的有效模式是摆在我们面前十分严峻而紧迫的任务。

其三，实施基于PDCA循环的阅读推广，是中国的阅读推广走向国际化的需要。在国际交流与合作中需要有一套被各国认可的模式或标准，而PDCA循环理论已在国际上有一定的应用基础，因此有必要在阅读推广中引入PDCA循环管理的理念，以适应阅读推广与国际交流。

2.2 基于PDCA循环理论实施阅读推广活动的可行性

对于阅读推广而言，把持续改进和创新的理念贯穿于全过程，使阅读推广活动按照 PDCA 循环方式不停地运转，并在周期与周期之间实现连续、循环上升，将会推动活动质量的持续提升。我国图书馆在实施阅读推广活动中面临着各种挑战，客观上存在引进 PDCA 循环管理模式和思想的需求。

根据 PDCA 质量管理循环的特点，图书馆可以构建自上而下、循环反复、全过程、持续改进和具有敏感性的阅读推广运行机制，其原因就在于 PDCA 循环与阅读推广活动两者的规律相符。PDCA 循环包括的策划、执行、检查、改进四个过程，尽管所用术语与阅读推广活动不尽相同，但两个模型在本质上是一致的。

3. PDCA 循环在阅读推广活动中的应用

3.1　P——策划(Plan)

策划即根据顾客的要求和组织的方针，为提供结果建立必要的目标和过程。其基本内容可概括为：做什么(What)、为什么做(Why)、何时做(When)、何地做(Where)、谁去做(Who)和怎么做(How)，简称“5W1H”。

步骤一：选择活动主题

阅读推广活动设计所选择的主题范围应是以满足读者需求为前提，以推广阅读、吸引更多的人爱上阅读为目标。同时，需要根据图书馆的资源、技术等能力来确定阅读活动的开展方向。

阅读活动的主题是活动的切入点，主题的选择很重要，如果不进行调研，论证主题的可行性，就可能带来决策上的失误，有可能在投入大量人力、物力后造成阅读活动设计的失败。选择一个好的主题可以降低活动的失败率，降低活动“风险”。

步骤二：设定目标

在明确阅读推广活动的主题后，需要设定一个活动目标，也就是规定活动所要做到的内容和达到的标准。目标可以是定性+定量化的，能够用数量来表示的指标要尽可能量化，不能用数量来表示的指标也要明确。目标是用来衡量实验效果的指标，所以设定应该有依据，要通过充分的现状调查和比较来获得。

步骤三：提出各种方案并确定最佳方案

阅读推广活动的方案，可以让活动相关人员通过多种方式加强沟通，还可向社会广泛征集。现实条件中不可能把所有想到的实验方案都实施,所以提出各种方案后优选并确定出最佳的方案是较有效率的方法。

步骤四:制定对策

有了好的阅读推广活动方案,其中的细节也不能忽视。计划的内容如何完成好,需要将方案步骤具体化,逐一制定对策,明确回答出方案中的"5W1H",即为什么制定该措施(Why)?达到什么目标(what)?在何处执行(Where)?由谁负责完成(Who)?什么时间完成(When)?如何完成(How)?

3.2 D——执行(Do)

即按照预定阅读推广活动计划,在实施的基础上,努力实现预期目标的过程。

步骤五:实施对策

对策制定完成后就进入了实验、验证阶段,也就是"做"的阶段。在这一阶段除了按原先制订好的阅读活动计划和方案实施,还必须对整个活动过程进行监控,确保工作能够按计划进度实施。同时,建立起数据采集,收集过程中的原始记录等相关文档。

3.3 C—— 检查(Check)

即确认阅读推广活动的实施方案是否达到了目标。

步骤六:效果检查

阅读推广活动方案是否有效、阅读推广活动目标是否完成,只有在进行效果检查后才能得出结论。在阅读推广活动的各项计划措施落实以后,对照"策划"检查执行情况,评价是否达到预期的效果,并及时总结执行过程中活动的经验与存在的问题。要检查所有的活动资料和材料并形成检查报告,建立和健全原始记录和统计资料;要对阅读推广活动过程、活动效果等信息进行系统收集、分析与整理;要定期发布与活动质量有关的信息,并将这些信息及时反馈给有关部门和个人、有针对性地控制活动中的工作状况。通过检查,确定哪些工作已经完成,哪些工作有待改进,对已发现的问题进行科学分析,从而找出问题产生的原因。

3.4　A——处置(Action)

步骤七:标准化

对已被证明的有成效的措施,要进行标准化,制定成工作标准,以便以后的执行和推广。笔者所在的读者活动部就已形成《部门业务工作流程》,其中包括"公益讲座工作流程""公益展览工作流程"等标准化的结果。

步骤八:问题总结

对于阅读推广活动方案效果不显著的或者在实施过程中出现的问题,进行总结,为开展新一轮的 PDCA 循环提供依据。

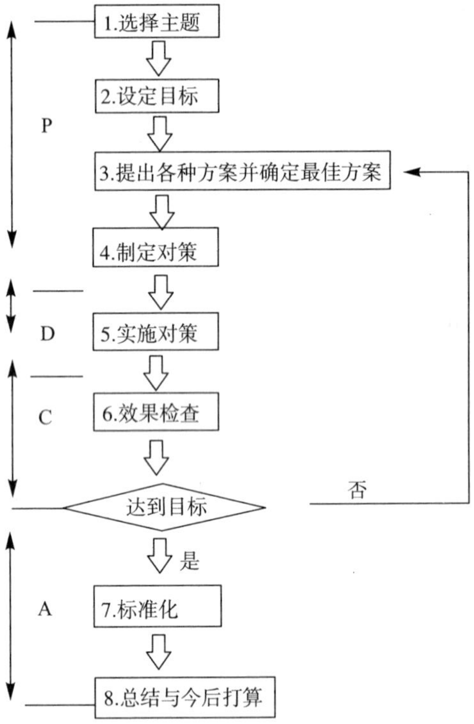

图 2　阅读推广活动 PDCA 过程分解流程图

4. 图书馆在阅读推广中应用 PDCA 循环理论的思考

4.1　以用户为关注焦点

质量管理的最终目的是使顾客满意。对于图书馆的阅读推广来说,读者、用户、社会大众都是顾客,理解和满足他们的阅读要求,让读者亲近书、喜欢书,亲近阅读、喜欢阅读,然后习惯阅读,最后享受阅读,应是图书馆阅读推广的最终目标。阮冈纳赞的《图书馆学五定律》早在80年前就体现了"以用户为中心"这一主题。英国公共图书馆的阅读推广活动将"读者发展"作为其服务的一项主要内容,"读者发展"这一概念的提出也充分体现了"以读者为中心"的现代图书馆服务理念。

安徽省图书馆的阅读推广活动在策划阶段想方设法征询用户的意见,调研读者需求。在调查时力求做到调查目标明确、调查对象有针对性、调查方式恰当。在调查时针对调查对象的不同分别采用建议箱、网上调查、调查问卷、面对面调查、自由式调查等方式开展调研。还邀请用户参与策划过程,充分发挥用户组织的主观能动性。如安徽省图书馆的"英语QQ沙龙"活动,策划时会在其QQ群中广泛宣传,而后由群中的英语爱好者组织制订策划书,讨论活动方案,最后再由图书馆进行可行性分析。

读者的需求是不断变化的。因此,图书馆不但要理解用户当前的需求,还应预测用户未来的需求,满足并争取超越用户的期望。安徽省图书馆不仅为读者提供了公益讲座服务,还组建了"新安百姓讲堂听众俱乐部",俱乐部经常开展互动性比讲座更强的活动,如音乐会、朗诵沙龙、书画交流、经典诵读等,使得听众俱乐部的成员之间建立起了深厚的情谊。俱乐部成员还经常在馆外自发组织、参加学习活动,其乐融融。这些就是超越读者期望的一种努力。

4.2　注重过程管理

我国图书馆阅读推广管理大都采用常规的经验式管理,而采用过程方法来管理不仅能系统地识别图书馆需要控制的所有过程,更主要的是还可通过对过程的识别、控制和管理来提高管理效率和管理质量。过程方法是一种对如何使活动为顾客和其他相关方创造价值进行组织和管理的有力方法。活动效果实际上是活动过程的结果,为了实现阅读推广的目标及其实效,必须识别和确定所需过程。

注重阅读推广过程的管理,也就是针对怎么做(How to do it)问题进行设计。我们总是渴望阅读推广活动能够取得好的效果,却对得到结果的过程不耐烦,渐渐形成快速解决问题的观念,好像过程仅仅代表着推迟作决策或不愿意解决问题。结果是,我们常常采用可以最迅速解决问题的办法,却出现后来由于解决方案不全面而导致的相同或相关问题。因此,我们有必要学会在阅读推广活动开始时就更准确地界定问题，经过系统分析，找出持久的解决办法。认真分析现状，找出存在的问题及产生问题的因素，预测影响结果的种种可能，做好人员分工、资金预算、资源整合等。

PDCA循环中存在诸多过程，这些过程之间必然存在内在联系和相互影响。一个过程的控制和完成，必然影响下一个过程目标的实现，并影响到整个活动。以下为安徽省图书馆讲座工作流程：

了解读者需求→讲座主题内容策划→报部门领导审查→征求合作单位意见→报分管领导批准→确定主讲嘉宾→发布信息(图书馆网站、宣传展板、电子大屏、新闻媒体)→联系相关部门→活动的相关准备→场地布置→组织实施讲座→现场录像→负责讲座活动主持→讲座过程服务→听众调查、反馈→活动统计→小结报道网上发布→图文资料归档→活动持续改进。

在上述讲座活动的诸多环节中，任何一个环节的组织过程的质量，都直接关系着听众的满意度、活动的质量和效果。事实上，阅读推广的过程不会是一个简单地按顺序排列的结构，而是一个相当复杂的过程网络。注重过程管理实际上是对过程网络的一种管理，它要求系统地识别并管理所采用的过程及过程的相互作用。

4.3 阅读推广活动的持续改进

持续的质量改进是PDCA循环永恒的目标，也是PDCA管理方式中最重要的组成部分。它强调的是在工作中，每个人每时每刻都对工作中可以改善的细微之处加以反省，随时加以改进，不求大求全，重在持续不断。通过持续不断的PDCA循环，我们可以将成功经验加以固化，规范工作流程和标准，使工作质量和效率得以不断提升。PDCA的持续改进要求对于阅读推广来说在任何时候都具有重要意义，因为持续改进是一种纠正措施、预防措施和创新措施。

其一，阅读的多元化，使我们感受到竞争的激烈，迫使我们对阅读推广活动的管理、发展战略等进行改进。

其二，任何一种阅读推广项目在运行中都会产生各种各样的问题。这些问题若不及时加以解决，就会使该活动项目日趋混乱，最终导致失败。为防患于未然，避免问题增多造成混乱，使阅读推广永远充满生机，应进行持续改进。

其三，知识经济时代正大步向我们走来，我们只有不断创新，包括活动主题的创新、活动形式、管理或体制创新等，才能适应现代知识经济的要求。创新的过程实际上也就是改进的过程，而质量改进又为图书馆的阅读推广创新提供了基本方法。

其四，阅读推广的前途如何，希望往往在阅读推广人身上，在发展越来越依赖知识和智力的当代更是如此。上海师范大学教授梅子涵表示，“阅读推广人的素质已经成为制约阅读推广运动的最大的因素”。图书馆的所有工作人员都应将阅读推广视为己任，通过 PDCA 循环方法的运用，充分发挥自己的创造性，不断提升策划能力和营销能力，并持续改进，使阅读推广事业充满活力，让更多的人享受阅读。

参考文献：

1. 新华网. 国民阅读率下降建议将全民阅读上升为国家战略[EB/OL]. [2010-02-25]. http. //news. xinhuanet. com/book/2010-02/25/content _ 13042682. htm.

2. 中华人民共和国国家质量监督检验检疫总局，中国国家标准化管理委员会. 中华人民共和国国家标准 GB/T19001－2008/ISO9001：2008 质量管理体系　要求[S]. 北京：中国标准出版社，2009.

3. 罗曼. 图书馆全面质量管理[M]. 安徽大学出版社，2003.

4. 粟慧. 中国图书馆的“读者发展”之策——英国“读者发展”的启迪[J]. 图书情报工作，2007(4).

5. 北京国英卓越技术培训中心. 2008 版质量管理体系内审员实用教程[M]. 北京：中国铁道出版社，2009.

6. 中国经济网. 深圳培训“阅读推广人”撒播“读书种子”[EB/OL]. [2012-03-29]. http://www. ce. cn/culture/gd/201203/29/t20120329 _ 23200126. shtml.

（本文发表于《农业图书情报学刊》2014 年第 26 卷第 2 期，收录时略有修改）

质量管理体系在公共图书馆网络管理中的运用

侯　勇

摘　要:结合公共图书馆网络管理的工作需求,提出ISO质量管理体系作为网络管理的新模式,以顾客至上、服务至上的原则,全面提高网络管理服务质量。

关键词:质量管理体系　公共图书馆　网络管理服务

ISO9001是国际标准化组织发布的关于质量管理体系要求的系列标准,其以顾客满意为目标,按标准要求运行,并持续改善提升。目前,国内部分公共图书馆引进ISO质量管理体系,该体系的管理模式充分体现了公共图书馆所应有的优质服务内涵。在公共图书馆网络管理中运用ISO质量管理体系,可以改变管理理念,整体提高服务质量。

1. 推行ISO质量管理体系的目的

公共图书馆网络管理中心就本质而言,是一个服务性部门,其主要职责是承担公共图书馆局域网的建设,负责公共图书馆中心机房计算机硬件设施、软件系统和网络的日常维护工作,保证网络及各应用系统安全运行,为图书馆网络用户进行网络资源的划分,解决网络故障、账号的开设等各种问题。在服务中引用ISO质量管理体系,主要在于贯彻"以人为本,主动服务"理念,打破传统的管与被管的管理理念。

2. 图书馆网络质量管理体系的建立

2.1　制定切实可行的质量目标

每个公共图书馆网络的规模和发展都不相同,质量目标的制定也有所差异。以笔者所在的安徽省图书馆网络部为例,其质量管理目标是建设、管理、运行和维护全馆局域网,为馆内网络用户提供技术支持和优质服务,保障馆局域网网络的良好运行和发展,按时高标准、高质量完成馆领导安排部署的各项建设任务。目标还要可测量,以数据和记录作依据。例如,网络设备完好率大于95%、及时维修率不低于95%、服务质量考核符合率不低于85%、顾客满意率90%以上等。

2.2　明确网络服务用户

ISO质量管理体系的关注焦点是顾客。公共图书馆网络管理的顾客即是网络服务用户,含上网读者、本馆工作人员、洽谈业务的人员、设备的供货商、光纤网络的提供商等。公共图书馆网络依存于顾客,因此需要在实际工作中了解顾客需求和期望,对顾客作出质量允诺,最大限度地满足顾客需求。

2.3　明确网络管理各人员质量职责与权限

对从事网络管理的每一位员工,应建立合理的岗位职责及其相应的服务行为规范,使其职责明确,接口清楚。以安徽省图书馆网络部为例,将网络管理各岗位人员按照工作性质、范围,明确为网络运行管理员、应用系统管理员、网站维护员、设备维护员、资源建设人员、师资培训人员、电子阅览室管理员等职责,同时建立相关网络管理和工作制度,如业务操作系统及应用软件的管理、计算机硬件设备及其附属设备、计算机网络运行管理、电子文献阅览室管理等;明确规定网络信息应用服务,如图书馆自动化业务管理,办公自动化OA系统等系统的申请、办理过程。

2.4　网络质量管理文件的策划

公共图书馆网络管理部门应依据公共图书馆网络管理的特点与要求,策划与编制网络管理质量文件,并严格实施。在制定公共图书馆网络管理质量文件时应按GB－19001－ISO9001:2001标准,并结合公共图书馆网络管理部门的实际,来选择和确定质量管理文件要素。以安徽省图书馆网络部为例,网络管理质量文件包括如下几个内容。质量体系:网络管理部门工作手册;局域网安全控制程序。其中,网络管理部门工作手册主要有工作总体目标、组织机构图、职责和岗位要求,局域网安全控制程序主要有网络安全管理、计算机安全管理、数据系统的安全管理、信息上网管理、口令密码安全管理、设备维护及保养、机房运行安全管理、特殊情况的处理、安全责任追究及相关文件等。资源管理:网络人员培训控制,各岗位人力分配控制,中心机房计算机、网络及其他设施管理,办公设施管理等。在服务实现上,实施计算机网络信息集成管理，招标、采购管理，业务服务管理，机房设备安全管理，网络服务监视和测量装置的控制，服务标识与可追溯性，与顾客相关沟通和合同评审等。

2.5　编绘网络管理工作流程图

对于网络管理工作中的一些操作流程，可以编绘工作流程图，让用户和网络部管理员了解整个工作过程的操作步骤。安徽省图书馆网络部在部门工作手册中绘制了网络管理工作流程图，如《中心业务软件管理流程图》《安徽省图书馆机房维护和管理工作流程图》《安徽省图书馆各部门开通网络工作流程图》《安徽省图书馆计算机、网络故障报修工作流程图》《网站信息发布工作流程图》等。各流程图强调工作过程有效性、实用性，做到层次最细化。每个管理员可依流程图，清楚在工作中该做什么，遇到情况该如何解决，如何最大限度地让用户满意。

3. 图书馆网络质量管理体系的运行

3.1　实施

3.1.1　全面发动

就是做好发动网络管理员的思想，以体系文件为日常管理工作的行为准则。组织全体人员学习、掌握质量管理体系文件内容，使之在实际中很好地使用它。

3.1.2　全员参与

网络管理部门全体员工要用质量管理体系文件规范日常工作。只有把握好质量管理体系文件与网络管理日常工作两者之间的相互关系，才能不断夯实基础管理工作，提升工作绩效。

3.1.3　全程监控

每周或每月检查网络管理部门各项工作一次，使各个过程受控，确保网络管理质量体系实施。

3.2　检查

质量管理体系的内审是验证体系策划是否符合实际运行，确保体系运行有效的核心。安徽省图书馆把目标考评与管理体系内审检查相结合，形成有自身特色的内审检查运行机制。

3.3　改进

3.3.1　重视数据记录

ISO质量管理体系强调以记录说话，以数据服人。数据记录是网络管理提高服务水平、实施持续改进的一项核心基础工作，主要是收集网络管理和服务范围内相关数据。以安徽省图书馆网络部为例，收集《中心机房网络、设备巡检及维护日志》《网络综治安全日志表》《计算机、网络故障护维工作单》《应用系统维护、备份日志》《OPAC检索机维护表》《网站运行状况维护表》等相关数据，进行统计分析，并把分析结果变为有用的改进信息，作为增强网络顾客满意、确保网络服务的保障，提升整体服务的改进和持续发展；对其发生不良数据的过程和活动，应限期进行纠正，采取有效措施来解决问题，预防同类问题的再次发生。

3.3.2　网络管理体系的持续改进

在贯标过程中体系运行难免会出现一些问题，它是一个逐步完善持续改进的过程。网络管理体系持续改进的具体实施运作是按照"提出可能影响质量管理体系的改进建议和计划—在网络管理实际工作中运行—收集相关记录数据—监察分析—改进"的循环模式，以达到体系自我完善的目的。主要通过年度、季度或月度对网络服务各项工作中质量控制节点，查找是否达到文件规定的要求，结合收集到的相关数据，开展内部审核和管理评审，进行自查，发现不足，及时自纠，并限期落实整改，形成闭环。

4.如何避免和清除"两张皮"的现象

在贯标过程中，几乎所有单位在建立和实施质量管理体系的初期都会出现"两张皮"的现象。所谓"两张皮"是指实际工作与质量体系完全分离，即"做"与"写"不一致。在一定程度上，"两张皮"现象制约着体系应用的有效性。

4.1　树立正确认识，转变思想观念是前提

"两张皮"现象是贯标与日常工作中最常见，也是最头痛的现象。要想克服"两张皮"现象。应提高执行质量管理体系对提高网络服务质量重要性的认识，紧紧围绕网络部质量目标和自身特点，坚持以为用户服务为中心，做好部门全体人员的培训，使员工自觉地按贯标的要求做好网络服务工作。

4.2　领导管理层决策是关键

"领导作用"是质量管理体系八项基本原则之一。在贯标过程中,只有管理层切实加强机制建设,才能确保体系有效建立与运行,消除"两张皮"的现象。

4.3 明确和落实管理职责是保障

职责、职能不明不清也是造成体系运行出现"两张皮"现象的重要原因。严格以职责与职能明确各网络管理人员岗位责任,各管理人员认真履行自己的义务,把各项工作落到实处,保障质量管理体系真正运转起来。

4.4 完善质量管理运行机制是保证

"写我所想、做我所写、记我所做"是编写适合的网络管理质量体系文件的第一步,在质量体系文件建立后,体系运行的各个环节必须按体系规定认真执行,才能达到建立质量体系的目的,保证网络服务质量。

4.5 监督检查是重要手段

加强内外审核,做好网络管理评审,从而实现体系自我完善,确保体系应用与日常管理统一有效,杜绝"两张皮"现象。

贯标的经验告诉我们,公共图书馆网络管理只有全面推行ISO质量管理体系,并使之有效运行,才能帮助网络服务工作步入标准化、规范化、制度化的轨道,才能提高网络服务质量。

参考文献:

1.刘春.ISO质量管理体系在高校网络管理中的实践与思考[J].中国科教创新导刊,2010(28).

2.周艳红.浅论如何解决体系运行中"两张皮"的现象[J].中国科技财富,2010(3).

3.石然.高职院校岗位设置管理与人员聘用的初步探讨[J].科园月刊,2010(7).

4.朱乃文,李国兴.质量管理体系——PDCA循环在高速公路运营服务中的应用[J].中外公路,2004(2).

(本文发表于《图书馆学刊》2015年第9期,收录时略有修改)

公共图书馆质量管理体系建设探讨

孙丽滨

摘　要:本文阐述了公共图书馆实施质量管理的意义,分析了构建公共图书馆质量管理体系的基本要求、内容和步骤,并总结了实施质量管理过程中应注意的几个问题。

关键词:质量管理体系　公共图书馆　图书馆管理

ISO9000 认证标准是国际标准化组织(ISO)制定的国际标准之一,包含四个核心标准,其中"ISO9001 质量管理体系要求"是认证机构审核的依据标准,也是准备进行认证的企业需要满足的标准。ISO9000 标准中提出的"质量管理原则"是科学的质量管理理论和实践的总结,这一理念为图书馆提升管理水平提供了一系列新思维、新模式。

公共图书馆在全面免费开放之后,各馆的人力、物力、财力及管理水平参差不齐,因此在业务发展中自身管理体系存在的诸多不足也日益显现,在一定程度上给公共文化服务质量打了折扣。公共图书馆资金来源基本上是财政拨款,馆员工资、图书馆活动经费等都是按照固有的模式与标准来核发,这种方式虽然带来很多便利,但也容易造成管理僵化、人员欠缺积极性。此外,因为文化事业单位的管理体制也在不断完善当中,监督激励机制在很多方面没有细化,合理性欠缺,造成不同的公共图书馆的工作效率和服务质量也有较大差异。因此,公共图书馆也亟待自我提升,进一步建立科学化、规范化的管理制度,从而提高业务质量与社会效益。

20 世纪 90 年代,我国有一部分图书馆开始引入 ISO9000 标准,多以航海类院校为主。例如,大连海事大学图书馆、青岛远洋船员学院图书馆、上海海运学院图书馆等。2002 年,澳门大学图书馆也通过了 ISO9001 认证,成为澳门第一个通过 ISO9001 标准认证的图书馆。我国大陆图书馆实施 ISO9000 标准较早的是海南大学图书馆,该图书馆作为独立的个体在 2005

年7月19日通过了ISO9001认证。其后,2006年7月,广东海洋大学图书馆也获得了ISO9001认证证书。目前,高校图书馆中海南大学图书馆和广东海洋大学图书馆作为独立个体进行认证,其余通过ISO质量体系认证的高校图书馆均采用以院校为主体,图书馆参与其中的方式。在公共图书馆方面,2008年底,安徽省图书馆通过ISO9001质量管理体系认证,成为我国第一个全方位推行ISO9001质量管理体系认证工作的省级公共图书馆。经过十多年的发展,目前ISO9001质量管理体系已在上海图书馆、国家图书馆、杭州图书馆等多家公共图书馆的部分业务板块逐步推行。

1. 公共图书馆实施质量管理的意义

公共图书馆倡导"服务第一,读者至上"的宗旨,这与ISO9000标准"以用户为关注点,通过控制服务实现过程所需的资源和产品及过程的监视测量手段等,从而达到持续改进服务水平、提高服务质量的效果"本质上是一致的。对公共图书馆来说,ISO9000标准是适用的,也是具备实际可操作性的。

1.1　有利于提升公共文化服务质量

公共图书馆秉持"公益性、基本性、均等性、便利性"的原则,以发挥社会职能为中心,引导公众走进图书馆,激发公众的读书热情。然而在实际运行中,往往存在某些业务工作无法量化标准、无法进行有效监督管理等问题。传统的质量管理模式往往是高层管理者直接下达指令,执行过程和工作效果很难有效控制。ISO9000标准则强调全员参与质量管理,它将组织质量管理的职能进行细化,明确职责,梳理流程,通过管理评审不断自我完善。对公共图书馆来说,从计划到实施,再到检查,最后到持续改进这一过程,全程规范管理,将所有环节纳入质量体系运行规范之中,这种模式是一种突破创新,有利于推动图书馆事业发展,有利于整体公共文化服务质量的提升。

1.2　有利于更新管理理念

我国图书馆界在探寻适合现代化图书馆管理的方法上,作出了许多尝试。例如,量化管理、目标管理等。这些探索对提升图书馆管理水平起到了积极作用,但从整体来看,这些方法在通用性、适用性及持续改进方面,仍有所欠缺。各图书馆都有自身的管理制度,但因发展水平的差异,一些规章制度相对完善并落实到位的图书馆形成了良性循环,自身不断提升,也促进了图书馆事业的整体发展；而有的图书馆管理制度本身尚待细化，贯彻落实方面也有所欠缺，在运转时可能出现各种疏漏，导致最终的服务效果无法达标。而引入 ISO9000 标准，实施 ISO9001 质量管理体系则将馆员、设备、环境等都囊括在体系之内进行全面管理。同时，这一体系也强调持续改进和提升。

图书馆的用户是一个相对稳定的群体，将图书馆服务视为产品，以读者满意为服务目标，有机统一各业务环节，对馆员、业务流程、设备、方法等进行全面实时控制，有助于推进图书馆服务规范化发展，实现从传统管理模式向现代管理模式转变。

1.3　有利于提高监督管理水平

图书馆服务的过程是持续的，在传统管理模式下，涉及多个业务环节的服务很难进行回溯管理，一旦出现问题，缺乏相应的监管机制，往往不了了之，难以保持管理的连贯和稳定性，影响服务效果。例如，一次不合格服务可能会导致图书馆用户的不信任和对图书馆整体服务质量的不确信，这种情况如果图书馆不能及时获知并查找原因，那么最终会导致用户放弃使用。只有通过规范工作流程，明确工作程序，借助于程序化、文件化的管理方式，才能实现对整体过程实时监管，做到有据可查、有章可循，及时反馈，及时处理。

1.4　有利于增强核心竞争力

图书馆的生存与发展取决于它为用户提供的服务质量，ISO9000 系列标准是"以顾客为关注焦点"，通过全员共同努力，最终达到顾客满意这一目的。按照这一出发点，图书馆通过规范化强制对每一流程进行标准化管理，最大限度地满足不同读者的需求。满足不同读者的需求需要全体工作人员不断提高服务意识，提升服务技能，进而提高图书馆的业务水平和用户满意度，保证服务的整体持续改进与提升。这样的良性循环提升了图书馆的社会影响力，也提高了图书馆的核心竞争能力。

2. 公共图书馆建立质量管理体系的要求与内容

2.1　构建图书馆质量管理体系的基本要求

2.1.1　以读者满意为最终目标

在设计图书馆质量管理体系框架时，要本着严格对读者负责、最大限度地满足读者需求的原则，充分利用现有的信息资源，采用多样化措施，围绕读者满意这一目标工作。建立客观科学的读者评价制度,包括图书馆信息资源建设、管理制度的制订和对图书馆员的评价等方面。

2.1.2 以持续改进为基本原则

社会发展推动信息需求和获取途径的不断变化。图书馆要以适应读者需求变化为持续改进的动力,不断完善服务体系,这样才能更好地抓住机遇,促进图书馆事业的发展。

2.1.3 以过程控制为建设根本

用标准过程来控制质量,就要对每项业务、每个流程、每个岗位进行细化,在充分分析各个流程内容的基础上作出标准化的规定,改变以往工作中的随意现象,让每项工作都有章可循,保障整个管理体系健康运转。

2.2 质量管理体系的基本内容

2.2.1 资源质量管理

馆藏文献资源质量管理主要是根据读者的信息需求,对信息资源进行选择并有效组织,从而向读者提供高效服务,涉及采编、典藏、流通等各个环节的质量管理。加强馆藏资源的质量管理,还应对资源是否能满足读者需求及资源本身的质量进行反馈,反馈内容包括资源量、资源结构、利用效果等方面。

2.2.2 读者服务质量管理

公共图书馆是公益性的文化服务机构,不以营利为目的,实现社会效益是它的主要目的。公共图书馆免费开放以来,更多读者走进了图书馆,读者需求更加多元化。图书馆既要尽可能满足不同年龄、职业、习惯、兴趣爱好、教育程度的读者需求,又要兼顾图书馆本身的性质和功能定位。因此,图书馆应该重视读者调查,对读者的需求进行全方位的分析,从而了解读者的真实需求。根据读者需求进行数理统计和分析,最后形成阶段性的总结报告,这些报告可以为提升读者服务水平提供科学依据。

2.2.3 整体运行管理

要提升服务效率,就要有规范的架构、合理的流程,以及高素质的人才队伍。通过科学化、标准化的管理,强调质量中心、全员参与,以开放的方式促进读者与图书馆、图书馆员工与领导之间的双向平等交流,最大限度地获取及时的反馈意见和各项建议。质量管理体系的良性运行，就是对图书馆整体业务运行进行实时监测和定期监测，从而加强图书馆自我约束、自我完善的能力。

3. 公共图书馆质量管理体系建立的步骤

3.1　明确业务流程，编制质量系统文件

建立质量管理体系要以质量管理系列标准为基础，明确质量管理实施的范围，设计好管理框架和管理程序。图书馆不同于生产型企业，围绕质量管理体系的 PDCA 循环，首先要对原有业务流程进行优化，规范工作程序，在此基础上进行质量管理体系相关文件的编写。《质量手册》等体系文件需要编写人员在充分熟悉业务流程的基础上，明确管理职责，在信息资源管理、人力资源管理、服务质量管理及环境管理等方面进行研究分析和总结。要根据各图书馆的实际情况，编制符合业务实际情况的可操作性强的质量管埋体系文件，避免脱离图书馆业务实际。

3.2　保持流程记录，维护体系健康运行

要维护质量管理体系的正常有效运行，就要建立规范有效的运行体系和反馈体系。这需要全体馆员树立质量管理意识，通过馆员培训与指导，将质量标准贯彻到每项业务工作中去。在实施质量管埋体系时，编制详细的部门质量手册，将本部门的各岗位职责描述清晰，要求各岗位业务人员切实履行各自职责。跟踪反馈整个工作过程，判断工作效果是否达到预期目标。建立工作记录是反馈体系中的重要内容。建立完整的记录并进行整理统计归档工作，有利于及时有效地跟踪反馈。

3.3　规范监督机制，持续进行跟踪改进

规范动态的监督是保证质量管理体系健康运转的有效手段之一，依靠客观的标准和科学的考核机制，对图书馆业务流程作出评价。这项评价应该基于工作流程，通过查阅各工作环节的详细质量管理记录，与实际工作效果相结合，查找不符，提出整改建议，根据整改建议，涉及的部门要及时纠正，在下一次审核时由审核小组进行及时跟踪和总结反馈，以此形成良好的质量体系改进循环。

在具体实施上，可以根据具体情况设立质量管理体系检查表，直观反映问题。以安徽省图书馆质量管理体系相关文件为例，在每次内部审核结束时，审核小组会根据审核情况认真填写质量管理内部审核检查表（见表1），力求客观反映实际情况，提出问题和相应的整改建议。相关审核表完成后，经统一汇总整理，下发到各部门，根据检查反馈情况及时改进。

表1　质量管理体系内部审核检查表

<table>
<tr><td colspan="2">编制人</td><td></td><td>审核人</td><td></td><td>日期</td><td></td></tr>
<tr><td colspan="2">受审核部门</td><td></td><td>审核地点</td><td></td><td>审核时间</td><td></td></tr>
<tr><td colspan="2">审核过程</td><td colspan="5">拟审核的相关条款</td></tr>
<tr><td>序号</td><td colspan="2">审核条款</td><td colspan="2">审核内容</td><td>审核记录</td><td>备注</td></tr>
<tr><td>1</td><td colspan="2">X. X</td><td colspan="2">待审核的业务流程内容</td><td>记录具体审核情况</td><td>提出相关建议</td></tr>
</table>

4. 实施质量管理的几点建议

4.1　积极探索标准化管理，制定相关规范

建立质量管理体系并实现业务流程的标准化管理，要充分利用图书馆界在质量管理体系认证方面已取得的经验成果，结合自身业务情况，将质量管理的理念和方法应用到日常工作中去。完善相关的服务标准化建设工作，以标准来促建设。在这一方面，安徽省图书馆进行了一些探索，联合相关单位共同申报省质量技术监督局标准项目，如《安徽省公共图书馆标准——数据接口标准》《安徽省公共图书馆标准——信息化服务标准》《公共图书馆少年儿童服务规范》《社区图书馆（室）服务规范》和《图书馆实时咨询服务规范》等5项地方标准项目。通过使用这些规范，将平时抽象化的业务具体化，以标准来衡量业务质量，以此促进质量管理体系的持续健康运转。

4.2　以读者满意为设计核心，合理设定各环节

公共图书馆以读者满意作为服务宗旨，在实行质量管理时也需将这个理念贯穿于所有环节，在设计时围绕这个中心进行，不宜过于烦琐，要注重流程的实际操作性。公共图书馆贯彻质量管理理念仍处于初步发展阶段，因此要从实际业务出发，区别于生产企业，要以切实可行为原则。这一管理模式的初衷是为了化繁为简，将复杂的业务运行过程进行梳理，要抓住关键，使其变得可管可控。

4.3　定期审核,不断完善

为了保证质量管理的顺利运行,要对其进行不断完善,因此定期审核、查找问题、持续改进等措施,就十分必要。图书馆的质量管理绝大部分是通过相关流程的工作人员进行记录、对比、分析等方式来完成的。在这一系列过程中,难免会有因为懈怠、遗忘等人为因素造成一些偏差,这就需要阶段性地查找问题,提出改进措施来加强管理,维护体系的健康运转。例如,安徽省图书馆制定了内部审核制度,包括常规性地对业务流程记录、质量达标情况进行审核,也包括不定期地抽选馆内内审员进行审核。在内部审核结束后,每个审核小组作出总结报告,提出整改意见,再下发到相关部门进行及时沟通纠偏,这一做法大大降低了不合格风险,起到监督改进的作用。除内审的方式之外,再通过定期的外部检查来进行,通过第三方质量监督机构,对图书馆的质量管理体系运行情况作出评定,以此来促进体系更好地完善。

4.4　注重内部沟通

公共图书馆质量管理体系的全面贯彻需要全体馆员的认同和自觉执行,因此体系的内部沟通就尤为重要。沟通包括以下几个方面:一是对体系理解上的沟通,包括体系文件的设计思想、实施质量管理体系的初衷及目的。这些可通过馆员培训来进行,即以质量管理体系整体情况为内容的集体培训和以业务性质划分的针对性分组培训。二是在体系实施过程中,无论是内审还是更为严格的外审,均会起到监督的作用。审查员在审查过程中会发现问题、提出意见,这些质量改进意见经审查部门整理后形成书面改进意见,送交各业务部门,由各业务部门对改进意见进行反馈。同时,对于审查员在审查过程中发现的质量管理体系问题,则应充分发挥质量管理领导小组的作用。审查部门在整理好有关意见后提上质量会议,经过质量管理领导小组充分讨论,得出合理的处理方式,力求通过有效沟通,不断完善管理体系。

5. 结论

科学的管理方式能够充分调动馆员的积极性,提升公共图书馆人员素质和业务水平,从而全面提升服务质量。公共图书馆只有在传承传统的基础上不断突破创新,作出更多符合实践规律的探索,才能推动图书馆事业进入新时代。

参考文献：

1. 周晓慧，武同雁. 我国大陆地区高校图书馆ISO9000应用状况分析[J]. 情报探索，2018(3).

2. 王双. 试论现代图书馆管理体系的建设意义和影响——评《现代图书馆管理体系研究》[J]. 图书馆工作与研究，2017(7).

3. 沈苏林，陈春英. 基于ISO9000原则下高职院校图书馆质量管理体系架构研究[J]. 图书馆工作与研究，2014(11).

4. 高红梅. ISO9001质量管理体系在公共图书馆中的应用——以上海市嘉定区图书馆质量管理体系认证为例[J]. 内蒙古科技与经济，2016(10).

5. 刘俊卿. 公共图书馆引入ISO9001：2015质量管理体系的实践——以某市图书馆为例[J]. 中外企业家，2017(13).

6. 喻华林. 高校图书馆图书采访质量控制研究[J]. 科技视界，2018(20).

（本文发表于《大学图书情报学刊》2019年第37卷第4期，收录时略有修改）

质量管理视角下公共图书馆理事会组建实践研究

——以安徽省图书馆为例

陈　莉

摘　要:随着公益性文化事业单位改革的深化,越来越迫切地需要深入推进法人治理结构建设,以促进事业单位体制机制的创新。本文通过对现有文献进行可视化分析、部分公共图书馆理事会组建情况的比较研究,分析了安徽省图书馆理事会组建过程,阐述如何在组建过程中运用ISO质量管理思想构建高效的理事会组建模式,探讨理事会组建过程中存在的现实困境及持续改进的策略。

关键词:质量管理　ISO质量管理体系　公共图书馆理事会

1. 研究背景与意义

图书馆理事会制度,是指由理事会来行使决策权力的图书馆管理体制。《关于深入推进公共文化机构法人治理结构改革的实施方案》(以下简称《实施方案》)提出,"建立以理事会为主要形式的法人治理结构"。《中华人民共和国公共图书馆法》第二十三条指出:"国家推动公共图书馆建立健全法人治理结构,吸收有关方面代表、专业人士和社会公众参与管理。"可见,国家已将构建以理事会为主要形式的法人治理结构作为公共图书馆体制机制创新的重要举措。公共图书馆理事会的组建也得到了图书馆业界的高度重视。

2018年,安徽省图书馆被文化和旅游部确定为法人治理结构试点单位之一。为了构建高效可行的图书馆理事会运行模式,我馆在组建理事会过程中引入了ISO质量管理思想,运用质量管理原则中的过程方法、持续改进、关系管理等思想,对图书馆章程及配套制度、理事推选、理事会成立大会召开等工作进行了全程管理和监控,同时采取预防措施,保障我馆理事会组建既合法又有创新,形成了系统、科学、高效的理事会运行模式。

2. 我国公共图书馆理事会组建情况

2.1　我国公共图书馆理事会组建情况

2.1.1　理事会相关文献

以图书馆法人治理或理事会的近十年研究论文为重点对知网论文数据库进行筛选，剔除图书馆学会理事会相关论文，共检索出247篇中文文献。2013—2016年文献量出现爆发式增长，2017年以后发文量虽少于前几年，但也有小幅度增加。2014年底，已有部分公共图书馆组建了以理事会为主要形式的法人治理结构基本框架，而2017年《实施方案》的出台进一步推进了理事会的组建与运行发展。同时，“公共图书馆”“法人治理结构”“理事会”是核心关键词，大多数研究涉及宏观方面的“体制改革”“理事会制度”“知识图谱”热门研究领域，但在“质量管理”应用于理事会的组建具体实操的微观研究方面，却是一片空白。

2.1.2　理事会章程及配套制度建立情况

从目前已组建理事会的公共图书馆中选取部分公共图书馆作为研究对象，包括12家省级公共图书馆和5家市级公共图书馆，分析其章程内容的完备性和配套制度的全面性，以及理事产生来源与方式。因为所有章程内容均包含总则、附则，所以图1、图2不作讨论。

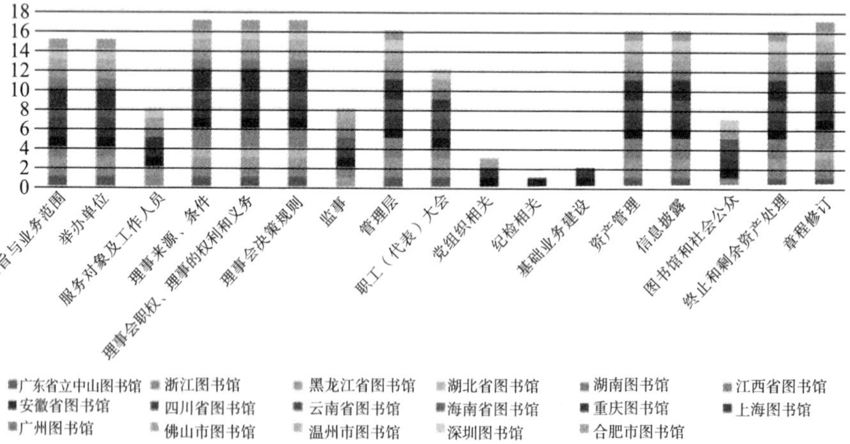

图1　部分公共图书馆章程制度建立情况(各馆)

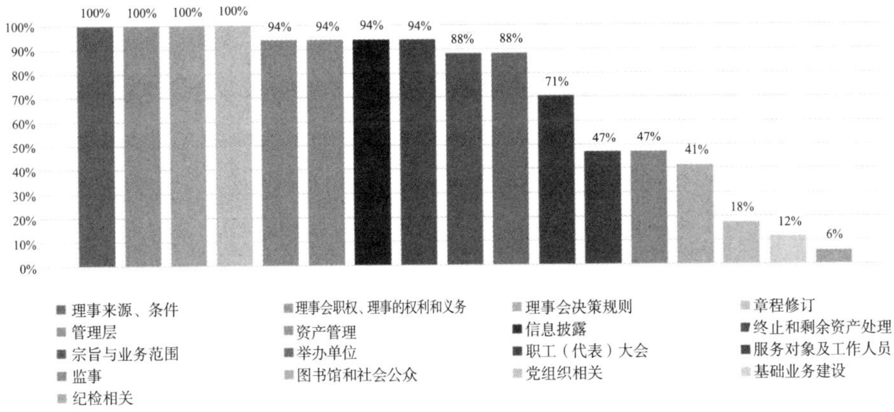

图 2　部分公共图书馆章程制度建立情况(内容)

从图 1、图 2 来看,理事来源、条件,理事会职权,理事的权利和义务,理事会决策规则,资产管理,信息披露等章程内容,各公共图书馆都有涉及。但是,服务对象及工作人员、监事、党组织相关、纪检相关、基础业务建设、图书馆和社会公众等内容在章程中明确的图书馆较少。只有安徽省图书馆、四川省图书馆、佛山市图书馆章程内容相对较为全面,这 3 家公共图书馆理事会成立时间都是 2018 年之后,其中安徽省图书馆(以下简称我馆)理事会于 2019 年 5 月 27 日成立。

2.1.3　理事产生方式和来源情况

根据调研的 17 家公共图书馆的信息,对本单位理事与社会理事的来源和产生方式进行统计分析,形成表 1、图 3 可视化结果。

表 1　社会理事与本单位理事产生方式对比

社会理事产生方式	比例	本单位理事产生方式	比例
公开招聘	53%	选举	23.5%
		推选	58.8%
推荐	47%	推荐	17.6%
		委派	5.9%
邀请	24%	馆长为当然理事	17.6%
		党委书记为当然理事	5.9%

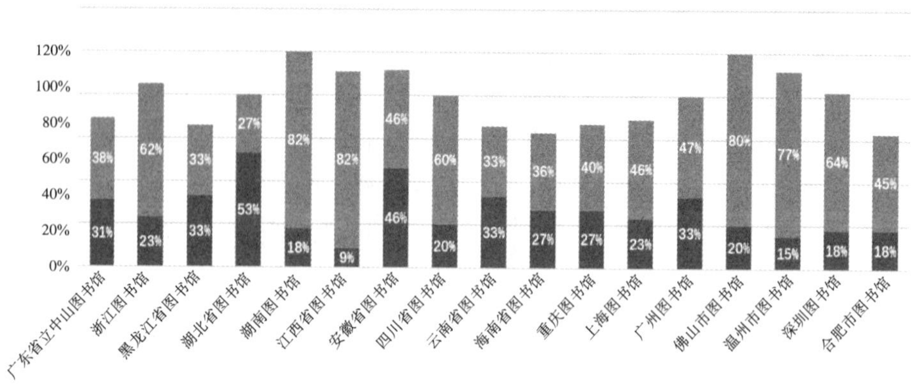

图3　部分公共图书馆本单位理事和社会理事构成占比

从图3可知，在本单位理事产生方式中，选举占比23.5%，而推选占比达58.8%；社会理事产生方式以公开招募和推荐为主要形式。本单位理事一般来源是馆领导班子成员、工会主席、工作人员。因社会理事来源涉及文化界、律师、读者代表等多方专业人士，且各馆理事来源较为分散，所以本文不作图表分析。外部理事是公共图书馆法人治理的重要主体，从本单位理事与社会理事的比例来看，只有湖北省图书馆本单位理事比例高于社会理事，安徽省图书馆、黑龙江省图书馆、云南省图书馆是1∶1的关系，其余的13家图书馆全部都是社会理事人数多于本单位理事人数。

2.2　公共图书馆理事会组建过程的局限性

根据以上资料，结合调研内容，部分公共图书馆理事会组建过程有以下几点局限性。(1)理事会组建过程的完备性值得商榷。如何发挥职工代表大会的作用，组建过程的合规性、合法性等方面难以明确。(2)章程及配套制度不全面。公共图书馆依据事业单位章程范本拟定章程，但职工(代表)大会、党组织相关、纪检相关、基础业务建设、图书馆和公众(社会)等与时代发展相适应的内容没有涵盖在内。同时，理事会履职评价及责任追究制度、监事工作制度、图书馆绩效评价制度、年度报告制度、信息公开制度等配套制度，调研的17家图书馆都没有全面建立。(3)理事会组建过程风险控制不到位。组建过程存在社会理事与本单位理事的比例控制失衡(理事比例过于倾向于内部或外部)、社会理事的来源不稳定\决策的影响力不足\理事会或理事的决策失误等风险因素，难以权衡考虑社会工作的需要与利益相关方的利益诉求。

3. 质量管理视角下安徽省图书馆理事会的组建过程

3.1　以项目管理的方式落实理事会组建方案

运用 ISO 质量管理过程方法，采用项目化管理的方式，公开招募组建工作项目组落实理事会组建方案。通过充分策划，明确了项目牵头领导、组成人员、时限、工作目标、主要任务、进度安排等。召开项目组会议，跟进项目进度，对理事会组建工作进行检查、沟通、反馈。组建前期阶段，开展实地调研、文献调研，整理分析搜集的资料，落实理事会组建依据内容与程序工作细节；实施阶段，控制时间进度，关注组建程序的合规性、合法性；总结阶段，分析项目成果，总结归纳理事会试运行问题，提出改进措施，形成项目管理的闭环。

3.2　以知识管理的思想建立有特色的章程与配套制度

按照 ISO 质量管理过程方法和持续改进的原则，建立有特色的章程与配套制度，形成组织的知识成果，这是我馆理事会组建最具有信息价值的成果。依据获取、创造、分类、存储、分享、更新等知识管理流程，经过项目组逐字逐句讨论，领导小组专题修改，征求职工意见，馆党委会和厅党组会的审议修改，律师事务所合法性审核等程序，参考了《事业单位章程范本》《中华人民共和国公共文化服务保障法》《中华人民共和国公共图书馆法》及行业规定，前后历经 14 稿，形成具有我馆特色的 12 章 98 条 9600 余字的章程。

强化成文信息控制，注重资料的完备。章程加入了图书馆 ISO 质量管理质量方针、业务建设、读者服务等内容，并与我馆业务文件、管理制度完成内容对接，做到知识信息的更新与完善；增加“服务对象及工作人员”“公众参与和社会合作”章节，与《中华人民共和国公共图书馆法》的要求相呼应；为落实党建工作要求，加入党委相关的章节内容，从理论与技术层面实现“双向进入，交叉任职”的要求。为适应文化事业单位改革发展新需求，建立公共图书馆与公众、社会的良性互动关系，章程突出了“提供文化空间服务，注重服务信息公开”。同时，在内部管理方面，建立了年报编辑、信息公开、征询反馈制度；在外部监督评价方面，建立了理事会履职评价、监事工作、绩效评价制度。

3.3　以多方参与的要求产生理事

依据 ISO 质量管理体系中关系管理的原则，保证理事产生过程的有效性、合理性和科学性。通过制定《第一届理事会组成及产生办法》《本单位理事产生方案》《理事会本单位理事选举办法》文件来规范理事的产生来源、比例结构、产生方式和程序。在公开招募与内部推选的每个环节坚持公开透明,向社会公示,接受社会监督。

具体来说,以公开招募的方式产生社会理事,审查社会理事背景,关注其投身于公共图书馆事业的公益精神和人文情怀,以及在读者群体和其所在领域的影响力,最终确定了4名社会理事,分别是新闻媒体资深总编、儿童文学作家、文化媒体企业青年人才、民主党派代表人士;在公共图书馆联盟和行业协会中推选产生了2名图书馆界代表理事。同时,严格界定选举标准和程序,组织职工大会选举产生了6名本单位理事,分别是图书馆领导班子成员、业务部门负责人。其中,通过设计合理的结构比例与控制程序,保证部分党委委员成为理事会成员,以体现“双向进入、交叉任职”的管理要求。

3.4 以流程管控的方法组织理事会成立会议

按照ISO质量管理过程方法的要求,将活动和资源作为重要因素进行管控。确定理事成立大会活动的关键环节与内容,关注的重点是到场出席率、理事信息的差错率、会议材料的有效性与准确性、会议流程的流畅性,以及理事会第一次会议审议内容的全面性、会议应急情况的处理等内容。具体涵盖几方面内容:制定方案,明确会议的程序与内容细节;通过与理事沟通明确理事职务信息的精准性;与媒体沟通会议重点及亮点;不断改进大会指南以及会议手册内容;基于风险思维设置备选计划,确保会议如期召开;遵循精简效率原则,不断改进会议议程;保证对整个会议过程做好信息记录。

4. 理事会组建过程的现实困境与持续改进

4.1 理事会组建过程的现实困境

4.1.1 理事会组建章程化难以落实

章程是理事会组建的核心内容,囿于公共图书馆的现实治理环境,理事会组建章程化难以有效实现。一方面,章程的根本性作用难以落地。章程的建设在理事会组建过程中是最重要的一步,一般是先有章程内容,再依据内容要求开展组建过程。我馆的章程结合工作实际制定,内容翔实全面,而如何有效地落实章程中规定的各项条款,强化社会合作,提升服务水平,对接实际工作,缺少切实可行的措施与途径;另一方面,章程内容对于理事会职权的界定程度难以落实法人自主权。理事会是我国公共图书馆法人治理结构的核心，享有独立决策权，以实现公共图书馆经营管理的自主性和灵活性。图书馆在组织机构设置、人事自主、财务自主以及运行管理方面受到较强的行政管控，我馆章程规定的理事会决策的范围和路径较少，目前以定期会议为主，集中于工作汇报的听取和审议，而涉及人事管理、绩效工资分配等方面的决策内容较少，理事难以深度参与决策，更难以落实法人自主权。

4.1.2　理事会组建过程风险控制不足

本文讨论的理事会组建风险主要包括理事人选变动的风险，以及理事会决策风险。在理事组建过程中，理事候选人的选择因其工作岗位的变动等原因而不断调整，出现了理事刚当选就面临人员调动而无法履职的情况，形成理事会组建过程中的重大风险点。而理事会决策的风险来自外部和内部，内部风险包括理事会成员的职业操守和胜任能力，对理事会权力监督不到位可能导致滥用权力的行为发生，对图书馆造成不良影响；对决策失误的处理程序、方式不到位带来管理和运营的隐患。外部风险包括对社会情况调研不充分，对服务对象需求把握不准而带来的决策风险，以及决策无法适时调整以应对信息社会的快速发展等风险。理事会在决策时对内外风险的评估不准确，以及忽视风险而引起的失控状态，给图书馆的治理带来不利因素。

4.1.3　理事会对社会公众的吸引力与对馆员的影响力有限

公共图书馆建立以理事会为主要形式的法人治理结构，目的在于吸收社会公众参与管理，实现共同治理，以满足公共文化服务需求，但从目前图书馆理事会组成结构来看，社会力量的参与情况和预先期望有差距。社会理事能否代表公众作出适宜的决策，行使治理权，有待实践检验；图书馆利用社会力量参与治理的形式单一，缺乏深度合作；图书馆运行公开化程度有限，社会公众参与对图书馆的监督力度不够。理事会的组建没有在馆员中做好宣传，导致馆员持冷淡、观望态度，无法理解管理运行章程化的价值。理事会在落实馆员的权益、人员聘用、岗位竞聘、职称评审等方面无法直接产生作用，因而无法激发馆员对理事会的认识热情，主动融入这种组织变革，馆员的内在活力与积极性难以被激发。总之，理事会对社会公众的吸引力和对馆员的影响力有待挖掘。

4.1.4　理事履职的绩效评价与激励机制缺乏具体的操作指引

现行的理事履职以参加理事会定期会议为主要方式。《安徽省图书馆理事会理事履职评价及责任追究制度》从履职操守、履职能力、履职表现、勤勉程度、廉洁从业等评价维度对任期内理事履行职责情况进行评价。但在实际操作过程中，如何界定理事履责行为，把控评价尺度，明确评价维度的权重，以及依据理事会的工作目标来落实履职具体内容，都缺少操作指引。我馆社会理事以兼任为主，激励方式、措施、手段在公共图书馆行业难以找到可行、有效的借鉴，基本处于"感情留人"的激励阶段，很难长效激励理事内在动力。

4.2 理事会组建过程的持续改进

4.2.1 推动理事会组建章程化，落实法人自主权

ISO质量管理体系的一个精髓在于"说、写、做要一致"，制度一经落地，可运用ISO质量管理的思想推动理事会组建章程化。一方面，结合图书馆工作实际，增强章程内容的可操作性，促使理事会组建过程的章程化。从实施细则、工作程序等方面落实理事会组建工作，以及各项行政工作、业务工作运行的章程化要求。同时，赋予理事会更多的绩效权限，从图书馆与员工共同发展的角度出发，建立有利于提高外部竞争力和内在活力的内部绩效分配机制，实行绩效工资分配与收入性分配差异化管理的内部分配政策。另一方面，强化理事会职权，拓宽决策范围，建立理事会决策支持体系。扩大理事会决策范围和挖掘决策深度，依法依规落实人力资源管理权、财政资金支配权、收入分配权、服务外包权等权利，实现自主设置图书馆的内部机构和具体工作岗位，自主实施公开招聘和聘用合同管理，自行组织竞聘上岗和考核奖惩，建立人员退出机制，夯实聘用制管理方法在图书馆人员管理中的核心地位。

4.2.2 规范理事会组建的事先预防与事后纠偏机制

基于ISO质量管理的风险思维，问题就是风险。风险应对措施包括风险规避、风险降低、风险接受。立足问题来规范理事会决策预防和纠偏机制。建立理事会组建事先预防机制，做好与报名理事的充分沟通工作，在理事人选初步确定后需征求所在单位同意。对于机关事业单位干部兼职的情况，应按干部人事管理权限来确定理事人选，以确保理事人选的相对稳定性。建立理事会决策风险防范机制，坚守公共图书馆的公益属性，引入专家咨询提升决策水平，依法依章程行使权力；贯彻ISO质量管理意识和质量文化，深入了

解服务对象需求，基于图书馆的活动资料、业务记录、管理控制措施、内部评审内容等事实进行决策；合理设置理事会的组织机构，即设立文献资源建设委员会、绩效考评委员会等专业委员会或咨询委员会等。专业委员会负责对重要的事项进行前期审议，为理事会决策提供意见，提高决策的适宜性、充分性、有效性。另外，完善事后纠偏机制，在出现决策失误、服务质量事件的情况下，能迅速响应，正确、快速地处理；建立容错机制，合理接受理事会决策的非原则性失误。

4.2.3 调动各方力量主动参与和深度合作

ISO质量管理体系的管理原则之一是全员参与。公共图书馆的发展离不开社会各界的合作与协助，应深化对公共图书馆法人治理结构多角度、多层次的宣传，吸引社会力量对图书馆发展的关注与参与。关注馆员的需求与发展，通过建立有效的员工激励机制，以及员工利益息息相关的制度、政策，激发员工的内在活力，主动参与图书馆的建设与发展。完善信息公开的内容，通过召开经验交流会、发布宣传资料等方式强化宣传理事会的建立情况与相关经验，重点对社会理事的参与和共享共建情况进行宣传。发挥理事会连接图书馆与社会的桥梁作用，建立公开透明的运行机制，将社会力量引入图书馆管理与建设的过程，通过提供优质的公益服务来吸引运作良好的社会资源参与理事会的共同治理，并促使构建相互信任与支持的协作关系。增加社会理事数量，强化社会理事在理事会中的影响力。拓展社会公众参与的渠道，改进理事会会议形式，组织读者服务例会，邀请理事参加并建言献策。发挥安徽省图书馆行业协会、安徽省公共图书馆阅读推广联盟等平台作用，联合全省公共图书馆的力量调动社会广泛参与。

4.2.4 完善理事履职评价体系与激励机制

参照ISO质量管理的绩效测评方式，从履职绩效计划、绩效实施、绩效评估、绩效面谈等环节着手，完善理事履职评价体系，提升理事的履职评价水平，以适应图书馆的发展方向。履职评价依据图书馆年度工作目标与重点任务来进行，在理事会履职会议、理事参与图书馆活动的过程中挖掘评价维度和关键点。举办单位在评价过程中，应结合管理层和社会公众的意见，落实评价工作，加强与理事的履职沟通与反馈。构建决策失误追究制度，对理事的不作为、重大失误进行追究处理。同时，建立激励机制，对理事的科学、创新决策进行激励，结合科学化聘任理事制度的建立，发挥理事在图书馆共同治理过程中的应有之责。

5. 结语

公共图书馆法人治理结构改革的目的在于构建一个能实现理事会、管理层、监督层相互制约平衡的运行机制，其中理事会是公共图书馆法人治理结构的核心。安徽省图书馆运用 ISO 质量管理思想来促进理事会的高效组建，既是一种新的尝试，也是公共图书馆科学管理、可持续发展的必然要求，是良好治理目标实现的必然路径。

参考文献

1. 蒋永福. 论图书馆理事会制度[J]. 图书馆. 2011(3).

2. 新华社. 中宣部文化部等 7 部门联合推进公共文化机构法人治理结构改革[EB/OL]. [2019-08-16]. http://www. xinhuanet. com/politics/2017-09/08/c_1121632698. htm.

3. 中华人民共和国人民政府. 中华人民共和国公共图书馆法[EB/OL]. [2019-08-16]. http://www. gov. cn/xinwen/2017-11/05/content_5237326. htm.

4. 王冬阳. 论外部理事在公共图书馆治理中的作用[J]. 山东图书馆学刊. 2014(6).

5. 贺茜. 我国公共图书馆法人治理机制研究[J]. 新世纪图书馆. 2019(7).

6. 袁澍宇.《公共文化服务保障法》视域下对公共图书馆法人治理产生的影响[J]. 河南图书馆学刊. 2018(8).

7. 新版 ISO9001－2015 中文版[EB/OL]. [2019-08-27]. https://wenku. baidu. com/view/0e594f2b17fc700abb68a98271fe910ef12daedc. html.

8. 王天乐. 我国公共图书馆理事会构成的现状及思考[J]. 图书馆研究与工作. 2018(3).

（本文发表于《图书馆研究》2020 年第 3 期，收录时略有修改）

附录三　2022年“强管理 提效能 优服务——安徽省图书馆的质量故事”主题获奖征文选编

ISO体系视角下的策展手记

历史文献部　石　梅

如何在两个月的时间内，策划并举办一场以馆藏典籍文献为呈现的专题文化展？这是今年6月初馆纪委高全红书记布置给我的一道难题。我查考了若干文献文物展的案例，根据文博行业的办展经验，正常从策划到制作实施开展的周期需要两三年，以安徽博物院《新安江上桃花红：明清时期徽州女性文物展》为例，展览专业的策划团队从最初女性主题的提出确立，到大纲的撰写、完成两次专家论证会，再到实施开展，前后经历了两年多的时间，完成了50余版的大纲文本，终于得以展陈。高书记说，这是上级领导要求我们结合实际认真贯彻落实今年2月中办印发《关于加强新时代廉洁文化建设的意见》提出的“丰富廉洁文化优质产品和服务供给，拓展利用廉洁文化资源”，任务非常艰巨，没有办展专业团队，没有充裕策展时间，没有主题方向，没有退路可言。经过多次协商，高馆长批准我做包公廉洁文化主题。

万事开头难。我的勇气不是梁静茹给的，而是来自馆领导百分百的信任，是来自馆藏文献整理研究成果的积累，更是来自对ISO贯标十五年以来团队素质的信心。省厅领导要求我们深入挖掘馆藏古籍文献中的廉洁思想，充分发挥文旅系统在廉洁文化中的阵地作用，让古籍中的廉洁文化“活”起来，这就给我们的策展工作规定了较高的质量标准。

说干就干。先编制方案，也就是体系理论中PDCA的第一个环节Plan（计划）。6月9日这一天，我把《包公故里遗踪：馆藏古籍珍本廉洁文化包公主题展策划草案》提交给高馆长，详细草拟了全盘计划，明确罗列了协作相关部门和岗位人员任务。多轮征求各级领导的意见之后，我们在7月29日报送给省厅的送审稿中，最终确定下“清心守廉洁，直道为奉公：安徽省图书馆廉洁文化包公主题典藏古籍文献展”的主题，选择正史、方志、宗谱、奏议、诗文集等史料，佐以历代记录民间文学传颂的戏文小说为衬托，集中展现包拯一生克己奉公、清廉自守的端肃品格，揭示中华优秀传统文化一脉相传的正气精神涵养。

展览是否能成功，最考验之处在于对主题进行精深的编辑和排版，而第二个环节就是 Do(执行)。在展览方案多次修订的期间，我和王东琪负责的展览大纲已经编制就绪，明确了要以“信史”为主基调来揭示北宋清官包拯生平事迹的原则，梳理包拯门人张田辑刊清康熙重刻《包孝肃奏议》十卷本中的 171 篇包拯奏折文，又从明永乐内府刻本《历代名臣奏议》中辑补出张田本佚文《论张尧佐除四使不当》篇，集中展出寻常秘不示人的馆藏古籍吸引观众，以便让我们的展览区别于其他形式的包公展。彭红编制好展陈书目，着手核对近百部的古籍文献，标记出展陈位置。展板设计环节的困难最大，因为是第一次跟广告公司合作，更是第一次与兄弟部门协作，办展经验与专业方面的不足，使得在这个环节上消耗过多，再加上高温酷暑的天气，我们承受了相当大的压力。整个展览筹备阶段，虽然时间紧迫，但大家牢牢锁定了倒排工期图，忙而不乱，渐次推进。

展览的最终呈现是否能体现策展人最初的设想，是衡量展陈质量的一项重要标准，这就要求筹备阶段的每一个环节都能顺畅地对接，也就是需要组织实施人员的精细 Check(检查)。展纲质量奠定了展陈格调，其间设置了王东琪、常虚怀和我的三轮审改，我们从各自研究的角度和深度，逐步补充完善，最终得到各级领导的批准实施。每一块展板的设计图，都是按照我们组织的图文编排。为了杜绝展览后期的知识产权隐患，我邀请刘宁老师亲自掌镜拍摄了包公祠实景图，不仅丰富美化了展板图片，还应用于海报、宣传折页设计的制作。在展板编排之际，我安排负责讲解词编撰的邵承菊同步跟进，待展板设计脱稿，她的讲解词也随即完成，较为准确地把握住策展人编排设计的整体逻辑和布局节奏，保障了开展后的现场讲解效果，弥补了展板呈现篇幅有限的不足，为观众提示了更多展出典藏文献的细节内容，成为展览的亮点和观众预约的必选服务。

筹展团队每一位成员的认真负责，体现在各环节衔接处对配合协作的共识，往复 Action(总结处理)，检查措施实施的效果，找出存在的问题再改进，直至将全部工作流程闭环。展板和海报的设计稿反复修改多次，面对领导的质疑，我们不仅要拿出设计依据，还要兼顾观感需求，属实烧脑，但仍然要坚持向日臻完美的方向，耐心打磨好每一处细节，关注到整体的效果。直到9月2日晚上10点，我和王东琪才算改定了所有展板、海报、宣传折页的图片，交付广告公司，为他们的制作和安装预留了必要的时段，确保9月6日上午展览如期揭幕。

类似深度揭示馆藏文献的主题展，近年来我们部门是首次举办，没想到策展工作得到了文博单位专家和负责舆情宣传领导的肯定，可以说是较为圆满地达到了省厅领导提出的质量标准。“中华古籍保护计划”全面启动已有15年，几乎与此同时，ISO质量管理体系在我馆导入并持续实施，两两并驾，相得益彰。一方面，古籍保护工作的良性推进得到了体系理论的指导与规范；另一方面，ISO质量管理体系的贯标导入得到了业务实践的反馈改进。在我的展览工作总结报告中，有策展背景，有质量要求，有方案报告，有过程记录，有绩效数据评估，有存在问题分析，有接续改进建议，规范体现了ISO体系视角下的PDCA闭环管理，为持续提升策展水准积累了良好的经验。

焦大爷又来了

历史文献部　王东琪

如果问读者服务工作中最难的是什么，你会怎么回答呢？是遇到不愿意遵守阅览规则的读者？还是遇到知识盲区的问题？抑或是接连不断的读者咨询让你疲于应答？先等等，别想了，因为焦大爷又来了。

焦大爷是合肥市的一名普通市民，但他身上却肩负着一项不普通的任务——他要为合肥的焦氏家族确定祖先的名讳，完成家谱的修订。国有史，州有志，家有谱。家谱的编修，对于一个家族来说可是件了不起的大事，非家族中德才兼备、德高望重的长者不能任之，焦大爷便是这样一位认真负责的主编。

核验身份证、填写登记表、将随身携带的物品放置妥当，还未等工作人员说明，焦大爷便已轻车熟路做完了《历史文献阅览室阅览规则》的规定动作。“小周老师，今天又要麻烦你了。”焦大爷说道。而小周老师，也就是我们历史文献阅览室的王牌接待员，露出了一个无奈又会心的笑容。这是焦大爷来到这里的第四年，而四年间他都在寻找着一个问题的答案——是“焦韬”还是“焦蹈”？

焦大爷第一次来到这里是在2018年的春天，他说家谱中记载，焦氏的祖先是宋时的状元郎，想要更多收集一些这位状元的生平事迹。如同往常一样，小周老师利用多种检索工具书和数据库帮焦大爷找到了关于这位名叫“焦蹈”的状元的资料，焦大爷也心满意足地离开了。然而很快，焦大爷便再次来了。家谱是民间编修的家族文献，其编纂水平也因编修人的不同而有较大差别，其中往往有讹误附会之处，如不深究便也能得过且过。而焦大爷却是一位打破砂锅问到底的负责编修，他在仔细阅读老谱后发现，家谱中出现了两位状元，一记为南宋状元焦蹈，一记为北宋状元焦韬，当是在流传过程中产生的舛误。关乎先祖名讳，又岂可轻视？焦大爷决定再访历史文献部求一个答案。小周老师利用自己所学的知识为焦大爷挑选出有可能有相关记载的古籍，在填好调阅单后一一调出，又帮着焦大爷一同翻找，一下午过去，却一无所获。不过焦大爷却并不气馁，决定下次再来。小周老师也让焦大爷填写好《历史文献部读者咨询登记表》，留下邮箱地址，如有发现，便将相应资料在线传送给他。而当时，谁都没有料到，答案的寻找会如此漫长而没有尽头。

在第三次来时，焦大爷又带来了些新的想法，他一一说完之后，小周老师按照思路又检寻了些新书翻找，依旧没有答案。第四次、第五次……数不清第几次，像走入找不到出口的迷宫，不停碰壁后又从头开始寻找。“焦大爷又来了”成了一句略带心酸的调侃。一直被同样的问题纠缠，当然会产生厌烦的情绪，可是看到焦大爷不知厌倦地寻找，也不由心生敬佩，又耐下心来仔细听着焦大爷的讲述。还有什么新的思路、新的文献能帮助焦大爷解决问题，小周老师也一直在思考着。《宋元科举题名录》《宋代进士题名录》《庐州府志》《无为县志》《太平治迹统类》《焦氏宗谱》……一部部图书调出又归还，却更加迷惑，不同时代不同书籍的记载都不尽相同，到底哪一个才是正确答案呢？

2021年的夏天还未开始炎热，焦大爷又来了。这次他想查询的是陆游书中关于“焦蹈”的记载，又絮絮说了些从各种工具书中搜罗的见闻，希望小周老师能从中发现他思考遗漏的地方。在调出书后，小周老师陪着焦大爷一同翻找，直到大钟楼五点的钟声响起。“谢谢小周老师。”焦大爷将手中的《老学庵笔记》交还给小周老师，今天也依然没有得到想要的答案。“我要搬去南方和家人一起住了，以后也许不能再经常来这里了。”像画上了一个句号，焦大爷下次也许不会再来了。“如果您今后还有什么想查的，也可以通过电话或者邮箱咨询。”小周老师递过写着联系方式的纸条，焦大爷的故事依旧未完待续中。一页页标准化质量服务的表格记载着焦大爷与小周老师四年间以心换心的交流，焦大爷亲手写下的满分的《历史文献部读者问卷调查表》也成为这段故事最好的见证。

很多读者对图书馆的想象大概是能解答一切问题的地方，然而学海无涯，书海却有涯，即便你尽了百分百的努力，也未必能给读者、给自己一个满意的答复。无数的历史碎片湮没在时间的尘埃中，即使费力翻检也只能抓住一点模糊的影子。像焦大爷这样的读者还有很多，带着问题和期待来到这里，又带着不完整的答案和遗憾离开。也许这点遗憾以后也会变成尘埃不再被提起，又或许，寻找答案本身也是一种意义。

心中有光 脚下有路

——以扎实行动促进质量提升

办公室 阮 云

在高质量发展成为新时代发展主题的当下，抓质量就是抓发展，谋质量就是谋未来。作为一名图书馆馆员，我时常在想：图书馆的服务质量体现在哪？我们能为图书馆的质量提升做些什么？今天下午在馆里碰到的一对母子，让我对这个问题有了新的思考与感悟。

男孩今年 10 岁了，他是我们第一期研学旅行活动的学员，参加活动时才 7 岁，距离现在已经过去了 3 年。我以为关于那场活动他不大记得了，可是他一眼就认出了我并且很兴奋地跟我打招呼，告诉我那场活动让他印象深刻，很多细节到现在都还记忆犹新。妈妈也在旁边说很感谢我们组织了那场活动，让孩子收获颇丰。与母子俩的聊天，把我的记忆一下子拉回到了 2019 年的夏天。

文化部和旅游部的合并，让“诗和远方”走到了一起，推动文旅深度融合成为图书馆界探索与实践的新课题。办公室的同事每每在一起策划读者活动时，都会探讨一番，怎样才能策划出既能将图书馆元素与旅游相融合，又能受读者欢迎的活动？几番思想碰撞，“研学旅行”成为我们的不二选择，这一活动载体可以很好地发挥图书馆的社会教育职能，将传播优秀文化融入旅行中。2019 年 4 月，我们成立“研学旅行项目组”，正式开始着手策划相关活动。

研学主题成为摆在项目组面前的第一道难题。因为主题决定了研学内容与路线设计，我们如果想作出有别于市场又具有图书馆特色的研学旅行，必须敲定一个让人耳目一新的主题。经过成员的热烈讨论，我们将主题确定为“合肥记忆”，计划带领学员探访合肥一些历史悠久且影响力较大的企业，从这些企业的变化与成长中来感受合肥 70 年的岁月变迁。我们从合肥的一众企业中选定了安徽叉车集团公司、安徽白帝乳业有限公司、安徽新华印刷厂和安徽芳草日化集团。然而理想很丰满，现实却很骨感。项目组成员使出浑身解数与这些企业取得联系，经过实地走访和深入沟通，却发现这些企业的旧址基本已经不见踪迹，新址的可参观性又略显不足，可以预见活动一定无法取得预期的效果，摆在我们面前的选择只有一个——推倒重来。

项目组成员坐在会议室开始头脑风暴，你一言我一语，讨论了半天却始终无法达成共识，大家都有些焦躁。“怎么办？随便定个主题干完拉倒？”这个提议得到了整齐划一的反对，成员一致认为要干就要干好，干出特色，干出成效！

调整情绪，我们回到了最基本的问题，图书馆最显著的元素是什么？大家不约而同都提到了书。可是如何将书和旅行联系起来呢？有的说先选定一本书，带着学员去体验书里的内容；有的说带着学员去出版社，看看图书是怎么编辑的；还有的说之前我们联系过安徽新华印刷厂，可以去参观书的印刷、装订。在热火朝天的讨论中，我们的思路渐渐清晰。书在生活中随处可见，可是一本书它是怎样诞生的，又是经过哪些步骤才能到达读者的手中，大多数人都只是一知半解。如果带着学员从图书馆出发，前往出版社、印刷厂、书店，最后再回到图书馆采编部，探访图书出版、印刷、流通全过程，那将是十分有意义且有意思的旅程。“从图书馆出发：一本书的旅行”，怀着无比激动的心情我们敲定了第一期研学旅行的主题。

在接下来的日子里，项目组成员投入紧张的筹备工作中。多方打听，与相关企业取得联系，沟通活动细节，制定活动方案与安全预案，与制作公司对接 logo 与徽章设计，招募学员、购买保险、采购相关物资等一系列工作在成员的分工协作下有条不紊地陆续完成。在筹备过程中，大家发现在活动的最后让学员整合自己的研学手账、雕版印刷和活字印刷作品，亲手制作一本属于自己的图书将更有意义。方案在讨论与交流中一步步充实，活动的细节在持续打磨中日趋完善。在大家的共同努力下，活动取得圆满成功，收获了小学员和家长的一致好评。

没想到时隔 3 年，我会再次碰到参加活动的学员，而他仍然清楚地记得活动的内容。这一刻我无比清楚地感受到用心用情地对待每一项工作，会给别人、给自己带来幸福与感动。

质量管理大师德鲁克认为“质量就是满足需要”，我想我们图书馆的服务质量是不是就体现在满足读者需要、让读者有获得感和幸福感？而这样的服务质量蕴藏在图书馆人用心服务、追求卓越的信念中，也展现在每一个图书馆人日常工作的点滴细节中。

附录四　相关文件选编

中共中央 国务院关于开展质量提升行动的指导意见

（2017年9月5日）

提高供给质量是供给侧结构性改革的主攻方向，全面提高产品和服务质量是提升供给体系的中心任务。经过长期不懈努力，我国质量总体水平稳步提升，质量安全形势稳定向好，有力支撑了经济社会发展。但也要看到，我国经济发展的传统优势正在减弱，实体经济结构性供需失衡矛盾和问题突出，特别是中高端产品和服务有效供给不足，迫切需要下最大气力抓全面提高质量，推动我国经济发展进入质量时代。现就开展质量提升行动提出如下意见。

一、总体要求

（一）指导思想

全面贯彻党的十八大和十八届三中、四中、五中、六中全会精神，深入贯彻习近平总书记系列重要讲话精神和治国理政新理念新思想新战略，牢固树立和贯彻落实新发展理念，紧紧围绕统筹推进“五位一体”总体布局和协调推进“四个全面”战略布局，认真落实党中央、国务院决策部署，以提高发展质量和效益为中心，将质量强国战略放在更加突出的位置，开展质量提升行动，加强全面质量监管，全面提升质量水平，加快培育国际竞争新优势，为实现“两个一百年”奋斗目标奠定质量基础。

（二）基本原则

——坚持以质量第一为价值导向。牢固树立质量第一的强烈意识，坚持优质发展、以质取胜，更加注重以质量提升减轻经济下行和安全监管压力，真正形成各级党委和政府重视质量、企业追求质量、社会崇尚质量、人人关心质量的良好氛围。

——坚持以满足人民群众需求和增强国家综合实力为根本目的。把增进民生福祉、满足人民群众质量需求作为提高供给质量的出发点和落脚点，促进质量发展成果全民共享，增强人民群众的质量获得感。持续提高产品、工程、服务的质量水平、质量层次和品牌影响力，推动我国产业价值链从低端向中高端延伸，更深更广融入全球供给体系。

——坚持以企业为质量提升主体。加强全面质量管理，推广应用先进质量管理方法，提高全员全过程全方位质量控制水平。弘扬企业家精神和工匠精神，提高决策者、经营者、管理者、生产者质量意识和质量素养，打造质量标杆企业，加强品牌建设，推动企业质量管理水平和核心竞争力提高。

——坚持以改革创新为根本途径。深入实施创新驱动发展战略，发挥市场在资源配置中的决定性作用，积极引导推动各种创新要素向产品和服务的供给端集聚，提升质量创新能力，以新技术新业态改造提升产业质量和发展水平。推动创新群体从以科技人员的小众为主向小众与大众创新创业互动转变，推动技术创新、标准研制和产业化协调发展，用先进标准引领产品、工程和服务质量提升。

（三）主要目标

到 2020 年，供给质量明显改善，供给体系更有效率，建设质量强国取得明显成效，质量总体水平显著提升，质量对提高全要素生产率和促进经济发展的贡献进一步增强，更好满足人民群众不断升级的消费需求。

——产品、工程和服务质量明显提升。质量突出问题得到有效治理，智能化、消费友好的中高端产品供给大幅增加，高附加值和优质服务供给比重进一步提升，中国制造、中国建造、中国服务、中国品牌国际竞争力显著增强。

——产业发展质量稳步提高。企业质量管理水平大幅提升，传统优势产业实现价值链升级，战略性新兴产业的质量效益特征更加明显，服务业提质增效进一步加快，以技术、技能、知识等为要素的质量竞争型产业规模显著扩大，形成一批质量效益一流的世界级产业集群。

——区域质量水平整体跃升。区域主体功能定位和产业布局更加合理，区域特色资源、环境容量和产业基础等资源优势充分利用，产业梯度转移和质量升级同步推进，区域经济呈现互联互通和差异化发展格局，涌现出一批特色小镇和区域质量品牌。

——国家质量基础设施效能充分释放。计量、标准、检验检测、认证认可等国家质量基础设施系统完整、高效运行，技术水平和服务能力进一步增强，国际竞争力明显提升，对科技进步、产业升级、社会治理、对外交往的支撑更加有力。

二、全面提升产品、工程和服务质量

（四）增加农产品、食品药品优质供给

健全农产品质量标准体系，实施农业标准化生产和良好农业规范。加快高标准农田建设，加大耕地质量保护和土壤修复力度。推行种养殖清洁生产，强化农业投入品监管，严格规范农药、抗生素、激素类药物和化肥使用。完善进口食品安全治理体系，推进出口食品农产品质量安全示范区建设。开展出口农产品品牌建设专项推进行动，提升出口农产品质量，带动提升内销农产品质量。引进优质农产品和种质资源。大力发展农产品初加工和精深加工，提高绿色产品供给比重，提升农产品附加值。

完善食品药品安全监管体制，增强统一性、专业性、权威性，为食品药品安全提供组织和制度保障。继续推动食品安全标准与国际标准对接，加快提升营养健康标准水平。推进传统主食工业化、标准化生产。促进奶业优质安全发展。发展方便食品、速冻食品等现代食品产业。实施药品、医疗器械标准提高行动计划，全面提升药物质量水平，提高中药质量稳定性和可控性。推进仿制药质量和疗效一致性评价。

（五）促进消费品提质升级

加快消费品标准和质量提升，推动消费品工业增品种、提品质、创品牌，支撑民众消费升级需求。推动企业发展个性定制、规模定制、高端定制，推动

产品供给向“产品＋服务”转变、向中高端迈进。推动家用电器高端化、绿色化、智能化发展，改善空气净化器等新兴家电产品的功能和消费体验，优化电饭锅等小家电产品的外观和功能设计。强化智能手机、可穿戴设备、新型视听产品的信息安全、隐私保护，提高关键元器件制造能力。巩固纺织服装鞋帽、皮革箱包等传统产业的优势地位。培育壮大民族日化产业。提高儿童用品安全性、趣味性，加大“银发经济”群体和失能群体产品供给。大力发展民族传统文化产品，推动文教体育休闲用品多样化发展。

（六）提升装备制造竞争力

加快装备制造业标准化和质量提升，提高关键领域核心竞争力。实施工业强基工程，提高核心基础零部件（元器件）、关键基础材料产品性能，推广应用先进制造工艺，加强计量测试技术研究和应用。发展智能制造，提高工业机器人、高档数控机床的加工精度和精度保持能力，提升自动化生产线、数字化车间的生产过程智能化水平。推行绿色制造，推广清洁高效生产工艺，降低产品制造能耗、物耗和水耗，提升终端用能产品能效、水效。加快提升国产大飞机、高铁、核电、工程机械、特种设备等中国装备的质量竞争力。

（七）提升原材料供给水平

鼓励矿产资源综合勘查、评价、开发和利用，推进绿色矿山和绿色矿业发展示范区建设。提高煤炭洗选加工比例。提升油品供给质量。加快高端材料创新，提高质量稳定性，形成高性能、功能化、差别化的先进基础材料供给能力。加快钢铁、水泥、电解铝、平板玻璃、焦炭等传统产业转型升级。推动稀土、石墨等特色资源高质化利用，促进高强轻合金、高性能纤维等关键战略材料性能和品质提升，加强石墨烯、智能仿生材料等前沿新材料布局，逐步进入全球高端制造业采购体系。

（八）提升建设工程质量水平

确保重大工程建设质量和运行管理质量，建设百年工程。高质量建设和改造城乡道路交通设施、供热供水设施、排水与污水处理设施。加快海绵城市建设和地下综合管廊建设。规范重大项目基本建设程序,坚持科学论证、科学决策,加强重大工程的投资咨询、建设监理、设备监理,保障工程项目投资效益和重大设备质量。全面落实工程参建各方主体质量责任,强化建设单位首要责任和勘察、设计、施工单位主体责任。加快推进工程质量管理标准化,提高工程项目管理水平。加强工程质量检测管理,严厉打击出具虚假报告等行为。健全工程质量监督管理机制,强化工程建设全过程质量监管。因地制宜提高建筑节能标准。完善绿色建材标准,促进绿色建材生产和应用。大力发展装配式建筑,提高建筑装修部品部件的质量和安全性能。推进绿色生态小区建设。

(九)推动服务业提质增效

提高生活性服务业品质。完善以居家为基础、社区为依托、机构为补充、医养相结合的多层次、智能化养老服务体系。鼓励家政企业创建服务品牌。发展大众化餐饮,引导餐饮企业建立集中采购、统一配送、规范化生产、连锁化经营的生产模式。实施旅游服务质量提升计划,显著改善旅游市场秩序。推广实施优质服务承诺标识和管理制度,培育知名服务品牌。

促进生产性服务业专业化发展。加强运输安全保障能力建设,推进铁路、公路、水路、民航等多式联运发展,提升服务质量。提高物流全链条服务质量,增强物流服务时效,加强物流标准化建设,提升冷链物流水平。推进电子商务规制创新,加强电子商务产业载体、物流体系、人才体系建设,不断提升电子商务服务质量。支持发展工业设计、计量测试、标准试验验证、检验检测认证等高技术服务业。提升银行服务、保险服务的标准化程度和服务质量。加快知识产权服务体系建设。提高律师、公证、法律援助、司法鉴定、基层法律服务等法律服务水平。开展国家新型优质服务业集群建设试点,支撑引领三次产业向中高端迈进。

(十)提升社会治理和公共服务水平

推广“互联网+政务服务”,加快推进行政审批标准化建设,优化服务流程,简化办事环节,提高行政效能。提升城市治理水平,推进城市精细化、规范化管理。促进义务教育优质均衡发展,扩大普惠性学前教育和优质职业教育供给,促进和规范民办教育。健全覆盖城乡的公共就业创业服务体系。加强职业技能培训,推动实现比较充分和更高质量就业。提升社会救助、社会福利、优抚安置等保障水平。

提升优质公共服务供给能力。稳步推进进一步改善医疗服务行动计划。建立健全医疗纠纷预防调解机制,构建和谐医患关系。鼓励创造优秀文化服务产品,推动文化服务产品数字化、网络化。提高供电、供气、供热、供水服务质量和安全保障水平,创新人民群众满意的服务供给。开展公共服务质量监测和结果通报,引导提升公共服务质量水平。

(十一)加快对外贸易优化升级

加快外贸发展方式转变,培育以技术、标准、品牌、质量、服务为核心的对外经济新优势。鼓励高技术含量和高附加值项目维修、咨询、检验检测等服务出口,促进服务贸易与货物贸易紧密结合、联动发展。推动出口商品质量安全示范区建设。完善进出口商品质量安全风险预警和快速反应监管体系。促进"一带一路"沿线国家和地区、主要贸易国家和地区质量国际合作。

三、破除质量提升瓶颈

(十二)实施质量攻关工程

围绕重点产品、重点行业开展质量状况调查,组织质量比对和会商会诊,找准比较优势、行业通病和质量短板,研究制定质量问题解决方案。加强与国际优质产品的质量比对,支持企业瞄准先进标杆实施技术改造。开展重点行业工艺优化行动,组织质量提升关键技术攻关,推动企业积极应用新技术、新工艺、新材料。加强可靠性设计、试验与验证技术开发应用,推广采用先进成型方法和加工方法、在线检测控制装置、智能化生产和物流系统及检测设备。实施国防科技工业质量可靠性专项行动计划,重点解决关键系统、关键产品质量难点问题,支撑重点武器装备质量水平提升。

（十三）加快标准提档升级

改革标准供给体系，推动消费品标准由生产型向消费型、服务型转变，加快培育发展团体标准。推动军民标准通用化建设，建立标准化军民融合长效机制。推进地方标准化综合改革。开展重点行业国内外标准比对，加快转化先进适用的国际标准，提升国内外标准一致性程度，推动我国优势、特色技术标准成为国际标准。建立健全技术、专利、标准协同机制，开展对标达标活动，鼓励、引领企业主动制定和实施先进标准。全面实施企业标准自我声明公开和监督制度，实施企业标准领跑者制度。大力推进内外销产品“同线同标同质”工程，逐步消除国内外市场产品质量差距。

（十四）激发质量创新活力

建立质量分级制度，倡导优质优价，引导、保护企业质量创新和质量提升的积极性。开展新产业、新动能标准领航工程，促进新旧动能转换。完善第三方质量评价体系，开展高端品质认证，推动质量评价由追求“合格率”向追求“满意度”跃升。鼓励企业开展质量提升小组活动，促进质量管理、质量技术、质量工作法创新。鼓励企业优化功能设计、模块化设计、外观设计、人体工效学设计，推行个性化定制、柔性化生产，提高产品扩展性、耐久性、舒适性等质量特性，满足绿色环保、可持续发展、消费友好等需求。鼓励以用户为中心的微创新，改善用户体验，激发消费潜能。

（十五）推进全面质量管理

发挥质量标杆企业和中央企业示范引领作用，加强全员、全方位、全过程质量管理，提质降本增效。推广现代企业管理制度，广泛开展质量风险分析与控制、质量成本管理、质量管理体系升级等活动，提高质量在线监测、在线控制和产品全生命周期质量追溯能力，推行精益生产、清洁生产等高效生产方式。鼓励各类市场主体整合生产组织全过程要素资源，纳入共同的质量管理、标准管理、供应链管理、合作研发管理等，促进协同制造和协同创新，实现质量水平整体提升。

（十六）加强全面质量监管

深化"放管服"改革，强化事中事后监管，严格按照法律法规从各个领域、各个环节加强对质量的全方位监管。做好新形势下加强打击侵犯知识产权和制售假冒伪劣商品工作，健全打击侵权假冒长效机制。促进行政执法与刑事司法衔接。加强跨区域和跨境执法协作。加强进口商品质量安全监管，严守国门质量安全底线。开展质量问题产品专项整治和区域集中整治，严厉查处质量违法行为。健全质量违法行为记录及公布制度，加大行政处罚等政府信息公开力度。严格落实汽车等产品的修理更换退货责任规定，探索建立第三方质量担保争议处理机制。完善产品伤害监测体系，提高产品安全、环保、可靠性等要求和标准。加大缺陷产品召回力度，扩大召回范围，健全缺陷产品召回行政监管和技术支撑体系，建立缺陷产品召回管理信息共享和部门协作机制。实施服务质量监测基础建设工程。建立责任明确、反应及时、处置高效的旅游市场综合监管机制，严厉打击扰乱旅游市场秩序的违法违规行为，规范旅游市场秩序，净化旅游消费环境。

（十七）着力打造中国品牌

培育壮大民族企业和知名品牌，引导企业提升产品和服务附加值，形成自己独有的比较优势。以产业集聚区、国家自主创新示范区、高新技术产业园区、国家新型工业化产业示范基地等为重点，开展区域品牌培育，创建质量提升示范区、知名品牌示范区。实施中国精品培育工程，加强对中华老字号、地理标志等品牌培育和保护，培育更多百年老店和民族品牌。建立和完善品牌建设、培育标准体系和评价体系，开展中国品牌价值评价活动，推动品牌评价国际标准化工作。开展"中国品牌日"活动，不断凝聚社会共识、营造良好氛围、搭建交流平台，提升中国品牌的知名度和美誉度。

（十八）推进质量全民共治

创新质量治理模式，注重社会各方参与，健全社会监督机制，推进以法治为基础的社会多元治理，构建市场主体自治、行业自律、社会监督、政府监管的质量共治格局。强化质量社会监督和舆论监督。建立完善质量信号传递反馈机制,鼓励消费者组织、行业协会、第三方机构等开展产品质量比较试验、综合评价、体验式调查,引导理性消费选择。

四、夯实国家质量基础设施

(十九)加快国家质量基础设施体系建设

构建国家现代先进测量体系。紧扣国家发展重大战略和经济建设重点领域的需求,建立、改造、提升一批国家计量基准,加快建立新一代高准确度、高稳定性量子计量基准,加强军民共用计量基础设施建设。完善国家量值传递溯源体系。加快制定一批计量技术规范,研制一批新型标准物质,推进社会公用计量标准升级换代。科学规划建设计量科技基础服务、产业计量测试体系、区域计量支撑体系。

加快国家标准体系建设。大力实施标准化战略,深化标准化工作改革,建立政府主导制定的标准与市场自主制定的标准协同发展、协调配套的新型标准体系。简化国家标准制定修订程序,加强标准化技术委员会管理,免费向社会公开强制性国家标准文本,推动免费向社会公开推荐性标准文本。建立标准实施信息反馈和评估机制,及时开展标准复审和维护更新。

完善国家合格评定体系。完善检验检测认证机构资质管理和能力认可制度,加强检验检测认证公共服务平台示范区、国家检验检测高技术服务业集聚区建设。提升战略性新兴产业检验检测认证支撑能力。建立全国统一的合格评定制度和监管体系,建立政府、行业、社会等多层次采信机制。健全进出口食品企业注册备案制度。加快建立统一的绿色产品标准、认证、标识体系。

(二十)深化国家质量基础设施融合发展

加强国家质量基础设施的统一建设、统一管理,推进信息共享和业务协同,保持中央、省、市、县四级国家质量基础设施的系统完整,加快形成国家质量基础设施体系。开展国家质量基础设施协同服务及应用示范基地建设,助推中小企业和产业集聚区全面加强质量提升。构建统筹协调、协同高效、系统完备的国家质量基础设施军民融合发展体系，增强对经济建设和国防建设的整体支撑能力。深度参与质量基础设施国际治理，积极参加国际规则制定和国际组织活动，推动计量、标准、合格评定等国际互认和境外推广应用，加快我国质量基础设施国际化步伐。

（二十一）提升公共技术服务能力

加快国家质检中心、国家产业计量测试中心、国家技术标准创新基地、国家检测重点实验室等公共技术服务平台建设，创新"互联网＋质量服务"模式，推进质量技术资源、信息资源、人才资源、设备设施向社会共享开放，开展一站式服务，为产业发展提供全生命周期的技术支持。加快培育产业计量测试、标准化服务、检验检测认证服务、品牌咨询等新兴质量服务业态，为大众创业、万众创新提供优质公共技术服务。加快与"一带一路"沿线国家和地区共建共享质量基础设施，推动互联互通。

（二十二）健全完善技术性贸易措施体系

加强对国外重大技术性贸易措施的跟踪、研判、预警、评议和应对，妥善化解贸易摩擦，帮助企业规避风险，切实维护企业合法权益。加强技术性贸易措施信息服务，建设一批研究评议基地，建立统一的国家技术性贸易措施公共信息和技术服务平台。利用技术性贸易措施，倒逼企业按照更高技术标准提升产品质量和产业层次，不断提高国际市场竞争力。建立贸易争端预警机制，积极主导、参与技术性贸易措施相关国际规则和标准的制定。

五、改革完善质量发展政策和制度

（二十三）加强质量制度建设

坚持促发展和保底线并重，加强质量促进的立法研究，强化对质量创新的鼓励、引导、保护。研究修订产品质量法，建立商品质量惩罚性赔偿制度。研究服务业质量管理、产品质量担保、缺陷产品召回等领域立法工作。改革工业产品生产许可证制度，全面清理工业产品生产许可证，加快向国际通行的产品认证制度转变。建立完善产品质量安全事故强制报告制度、产品质量安全风险监控及风险调查制度。建立健全产品损害赔偿、产品质量安全责任保险和社会帮扶并行发展的多元救济机制。加快推进质量诚信体系建设，完善质量守信联合激励和失信联合惩戒制度。

（二十四）加大财政金融扶持力度

完善质量发展经费多元筹集和保障机制，鼓励和引导更多资金投向质量攻关、质量创新、质量治理、质量基础设施建设。国家科技计划持续支持国家质量基础的共性技术研究和应用重点研发任务。实施好首台（套）重大技术装备保险补偿机制。构建质量增信融资体系，探索以质量综合竞争力为核心的质量增信融资制度，将质量水平、标准水平、品牌价值等纳入企业信用评价指标和贷款发放参考因素。加大产品质量保险推广力度，支持企业运用保险手段促进产品质量提升和新产品推广应用。

推动形成优质优价的政府采购机制。鼓励政府部门向社会力量购买优质服务。加强政府采购需求确定和采购活动组织管理，将质量、服务、安全等要求贯彻到采购文件制定、评审活动、采购合同签订全过程，形成保障质量和安全的政府采购机制。严格采购项目履约验收，切实把好产品和服务质量关。加强联合惩戒，依法限制严重质量违法失信企业参与政府采购活动。建立军民融合采购制度，吸纳扶持优质民营企业进入军事供应链体系，拓宽企业质量发展空间。

（二十五）健全质量人才教育培养体系

将质量教育纳入全民教育体系。加强中小学质量教育，开展质量主题实践活动。推进高等教育人才培养质量，加强质量相关学科、专业和课程建设。加强职业教育技术技能人才培养质量，推动企业和职业院校成为质量人才培养的主体，推广现代学徒制和企业新型学徒制。推动建立高等学校、科研院所、行业协会和企业共同参与的质量教育网络。实施企业质量素质提升工程，研究建立质量工程技术人员评价制度，全面提高企业经营管理者、一线员工的质量意识和水平。加强人才梯队建设，实施青年职业能力提升计划，完善技术技能人才培养培训工作体系，培育众多“中国工匠”。发挥各级工会组织和共青团组织作用，开展劳动和技能竞赛、青年质量提升示范岗创建、青年质量控制小组实践等活动。

(二十六)健全质量激励制度

完善国家质量激励政策，继续开展国家质量奖评选表彰，树立质量标杆，弘扬质量先进。加大对政府质量奖获奖企业在金融、信贷、项目投资等方面的支持力度。建立政府质量奖获奖企业和个人先进质量管理经验的长效宣传推广机制，形成中国特色质量管理模式和体系。研究制定技术技能人才激励办法，探索建立企业首席技师制度，降低职业技能型人才落户门槛。

六、切实加强组织领导

(二十七)实施质量强国战略

坚持以提高发展质量和效益为中心，加快建设质量强国。研究编制质量强国战略纲要，明确质量发展目标任务，统筹各方资源，推动中国制造向中国创造转变、中国速度向中国质量转变、中国产品向中国品牌转变。持续开展质量强省、质量强市、质量强县示范活动，走出一条中国特色质量发展道路。

(二十八)加强党对质量工作领导

健全质量工作体制机制，完善研究质量强国战略、分析质量发展形势、决定质量方针政策的工作机制，建立“党委领导、政府主导、部门联合、企业主责、社会参与”的质量工作格局。加强对质量发展的统筹规划和组织领导，建立健全领导体制和协调机制，统筹质量发展规划制定、质量强国建设、质量品牌发展、质量基础建设。地方各级党委和政府要将质量工作摆到重要议事日程，加强质量管理和队伍能力建设，认真落实质量工作责任制。强化市、县政府质量监管职责，构建统一权威的质量工作体制机制。

（二十九）狠抓督察考核

探索建立中央质量督察工作机制，强化政府质量工作考核，将质量工作考核结果作为各级党委和政府领导班子及有关领导干部综合考核评价的重要内容。以全要素生产率、质量竞争力指数、公共服务质量满意度等为重点，探索构建符合创新、协调、绿色、开放、共享发展理念的新型质量统计评价体系。健全质量统计分析制度，定期发布质量状况分析报告。

（三十）加强宣传动员

大力宣传党和国家质量工作方针政策，深入报道我国提升质量的丰富实践、重大成就、先进典型，讲好中国质量故事，推介中国质量品牌，塑造中国质量形象。将质量文化作为社会主义核心价值观教育的重要内容，加强质量公益宣传，提高全社会质量、诚信、责任意识，丰富质量文化内涵，促进质量文化传承发展。把质量发展纳入党校、行政学院和各类干部培训院校教学计划，让质量第一成为各级党委和政府的根本理念，成为领导干部工作责任，成为全社会、全民族的价值追求和时代精神。

各地区各部门要认真落实本意见精神，结合实际研究制定实施方案，抓紧出台推动质量提升的具体政策措施，明确责任分工和时间进度要求，确保各项工作举措和要求落实到位。要组织相关行业和领域，持续深入开展质量提升行动，切实提升质量总体水平。

安徽省质量促进条例

《安徽省质量促进条例》已经于2022年12月15日安徽省第十三届人民代表大会常务委员会第三十九次会议通过，现予公布，自2023年3月1日起施行。

第一章　总　则

第一条　为了实施质量强国战略，建设质量强省，促进经济社会高质量发展，根据有关法律、行政法规，结合本省实际，制定本条例。

第二条　本条例适用于本省行政区域内产品质量、工程质量和服务质量的基础支撑、创新驱动、品牌引领、保障服务等促进活动。

第三条　质量促进坚持质量第一、效益优先、安全可靠的原则，树立质量发展绿色导向，构建党委领导、政府主导、部门协同、企业主体、行业自律、社会参与的工作机制。

第四条　县级以上人民政府应当将质量发展纳入国民经济和社会发展规划，加强质量基础设施建设，健全质量人才教育培养体系，完善质量考核机制，全面促进质量水平提升。

县级以上人民政府建立质量发展议事协调机制，研究质量发展的重大政策，协调解决质量发展中的重大问题。

第五条　县级以上人民政府质量主管部门负责质量促进工作的组织、协调、指导等工作。

县级以上人民政府发展改革、教育、科技、经济和信息化、财政、住房城乡建设、交通运输、农业农村、林业、水行政、商务、文化和旅游、卫生健康、生态环境、统计等部门按照各自职责，做好质量促进工作。

第六条　企业应当落实质量主体责任，加强质量技术创新，弘扬工匠精神，提高质量管理水平。

第七条　行业协会应当按照章程建立健全行业经营自律规范、自律公约，加强行业自律管理，增强行业质量意识。

鼓励行业协会在标准制定、品牌建设、质量创新等方面发挥服务、引导、规范、协调作用，促进行业质量水平提升。

第八条　鼓励公民、法人和其他组织参与质量促进活动。

第九条　省人民政府应当实施长三角区域一体化发展战略，推动长三角区域产品、工程、服务质量联动提升，质量安全联动监管，质量资源共建共享。

第二章　基础支撑

第十条　县级以上人民政府应当推动计量技术机构创新发展，根据产业发展需要建设产业计量测试中心，参与构建新型量值传递溯源体系。

第十一条　县级以上人民政府应当推动企业事业单位和社会组织创建专业标准化技术组织、标准验证点、技术标准创新基地等，提升标准技术支撑水平。

第十二条　县级以上人民政府应当支持开展标准化试点示范和宣传工作。

支持企业事业单位、社会团体参与制定国家标准、行业标准、地方标准。鼓励企业、社会团体制定高于推荐性标准相关技术要求的企业标准、团体标准。

鼓励重点产业和领域推进创新成果的标准化、产业化。

第十三条　鼓励企业事业单位和社会组织参与国际标准化活动，加强国际区域标准化合作与交流，参与制定国际标准，推进标准信息共享与服务，推进中国标准与国外标准之间的转化运用。

第十四条　县级以上人民政府应当推动构建权威公信、通用互认的质量认证体系，推行高端品质认证和新型服务认证。

健全政府、行业、社会等多层面的认证采信机制，推动认证结果在市场采购、行业管理、行政监管、社会治理等领域采信。

第十五条　县级以上人民政府应当根据战略性新兴产业、主导产业、优势产业和产业集群发展需要，支持建设相应的高标准检验检测机构。

鼓励社会资本投资检验检测服务。支持企业、高等院校、科研机构及其他社会组织开放共享检验检测资源。

第十六条　县级以上人民政府应当建设质量基础设施"一站式"服务平台，为企业质量提升提供计量、标准、认证认可、检验检测、质量管理等服务。

第十七条　县级以上人民政府及其有关部门应当利用大数据平台，推动质量信息数据资源的开放、共享和应用。

第十八条　计量、标准、认证、检验检测、质量管理、品牌建设、知识产权、质量鉴定等领域的第三方机构应当提升服务能力，规范服务行为，发挥质量促进服务作用。

县级以上人民政府有关部门应当依法加强对第三方机构质量服务活动的监督检查。

第三章　创新驱动

第十九条　县级以上人民政府应当推动建立以企业为主体、市场为导向、政产学研用相结合的质量创新体系，协同开展质量领域技术、管理、制度创新。

第二十条　省和设区的市人民政府应当支持高等院校、科研机构、检验检测机构和企业加强质量领域基础性、原创性研究，推进质量关键共性技术、前沿引领技术、重大颠覆性技术突破，加强检测设备创新研制，实施质量攻关项目。

支持市场主体应用新技术、新材料、新模式、新工艺，提升科技成果转化率，推动技术进步和质量创新。

第二十一条　各级人民政府应当促进企业建立健全质量管理体系，推进质量管理数字化，创新质量管理模式，建设高水平质量管理队伍，提高全员全过程全方位质量控制水平。

第二十二条　省和设区的市人民政府应当支持企业、高等院校、科研机构成立质量创新联合体，建立重点突出、优势互补、资源共享的质量创新基地，设立质量创新项目，推动机制创新。

第二十三条　县级以上人民政府应当采取措施，推动实施质量分级制度，倡导优质优价，引导、保护企业质量创新和质量提升。

第二十四条　县级以上人民政府及其有关部门应当鼓励、支持构建数字化、智能化产品质量管控模式，实施重点产品质量比对分析；建设重点产品质量阶梯攀登工程，实施卓越绩效管理模式等先进管理方法；发展个性定制、规模定制、高端定制，推动消费品供给向全生命周期服务延伸。

第二十五条　县级以上人民政府及其有关部门应当推动建立健全工程质量保证体系，落实工程参建各方主体质量责任，推进建设工程质量管理标准化，推进工程信息数据共享，实行智慧监管。

第二十六条　县级以上人民政府及其有关部门应当推动生产性服务业专业化、融合化，生活性服务业标准化、优质化，推进公共服务均等化、普惠化。

第四章　品牌引领

第二十七条　实施品牌战略，培育拥有自主知识产权、核心技术和市场竞争力的产品品牌；提升工程标准化、工业化、信息化、绿色化和精细化水平，创建工程质量品牌；推进服务标准化、品牌化建设，培育知名服务品牌。

第二十八条　鼓励企业建立品牌培育管理体系，加大品牌建设投入，加强品牌设计、市场推广、品牌维护能力建设，提高品牌全生命周期管理运营能力。

第二十九条　县级以上人民政府及其有关部门应当建立健全品牌培育、激励机制，加强对市场主体品牌运用、管理、保护与推广的指导和服务。

引导、支持市场主体增强品牌意识，建立健全品牌管理制度，培育高端品牌，提升品牌运用能力，强化品牌维权保护。

鼓励企业加强产品设计、文化创意、技术创新与品牌建设融合，建设品牌专业化服务平台。

第三十条　县级以上人民政府及其有关部门应当支持企业研究品牌运营，推动建立完善市场调研、产品研发、商标注册、品牌策划推广等一体化机制，塑造品牌形象，发挥品牌效应。

鼓励、支持企业通过广播、电视、报刊、网络等媒体和博览会、展销会等形式，加大品牌宣传和推广力度。

第三十一条　县级以上人民政府应当加大知识产权保护力度，健全品牌保护体系，建设有利于品牌发展的机制和环境。

加强对中华老字号、安徽老字号、地理标志等品牌的保护，培育百年老店和民族品牌。

第三十二条　各级人民政府应当支持企业开展品牌质押融资和知识产权投资入股，优先支持品牌企业发行企业债券、上市融资，支持品牌企业通过兼并重组延伸产业链条。

实施地理标志运用促进工程，推动地理标志纳入中欧互认地理标志产品目录等。

第三十三条　县级以上人民政府应当鼓励产业园区、产业集聚区等培育区域品牌，创建质量提升示范区和知名品牌示范区，推动质量提升和产业集群发展。

第五章　保障服务

第三十四条　县级以上人民政府应当在本级财政预算中统筹安排质量发展相关经费，用于质量基础设施建设、质量治理、质量创新、质量攻关、质量服务等。

第三十五条　县级以上人民政府对质量管理水平高、成效显著，经济效益、社会效益、生态效益处于行业领先地位的单位和质量工作成绩突出的个人，按照有关规定给予表彰、奖励。

县级以上人民政府对获得中国质量奖、全国质量强市示范城市等国家级质量荣誉以及省人民政府质量奖的单位和个人，按照有关规定给予奖励。

第三十六条　县级以上人民政府发展改革、经济和信息化、质量主管等部门会同金融监管部门按照国家有关规定，建立健全质量增信融资制度。

鼓励银行业金融机构将质量水平、标准水平、品牌价值等纳入企业信用评价指标和贷款发放参考因素。

第三十七条　各级人民政府应当支持市场主体运用保险手段促进质量提升和新技术、新材料、新模式、新工艺的推广应用。

鼓励保险机构开发适应质量促进需要的保险产品。

鼓励市场主体投保产品、工程、服务质量相关保险。

第三十八条　县级以上人民政府及其有关部门应当建立相关保障机制，鼓励企业实施首席质量官制度，明确职责权限，落实质量提升主体责任，完善企业质量治理机制。

第三十九条　县级以上人民政府应当加大计量、标准、检验检测、认证认可、质量管理等质量专业技术人才培养和引进力度。

县级以上人民政府按照有关规定将质量人才纳入相关专业人才序列，制定质量领域高层次人才激励措施，在落户、住房、子女入学等方面给予政策支持。

第四十条　县级以上人民政府教育部门应当会同有关部门将质量教育纳入全民教育体系，通过将质量教育融入相关教育课程、开展质量教育实践等活动，提升全民质量素养。

鼓励高等院校、职业学校和科研机构完善质量相关学科和专业课程设置，开展质量教学和技能培训，培养多层次、实用型质量人才。

第四十一条　各级人民政府应当组织开展全国质量月、中国品牌日、世界计量日、世界标准日、世界认可日、国际消费者权益保护日、世界知识产权日等活动，弘扬质量精神，提升全民质量、诚信、责任意识。

广播、电视、报刊、网络等媒体应当开展质量促进公益宣传，依法开展舆论监督。

建设完善具有安徽特色的质量文化长廊、质量主题公园、质量博物馆等质量文化宣传平台。

第四十二条　县级以上人民政府根据实际需要选聘质量领域的专家学者为质量促进提供咨询服务和智力支持。

鼓励高等院校、科研机构、企业、社会团体共同参与质量发展研究。

第四十三条　县级以上人民政府应当建立健全企业重大质量事故报告制度，依法开展质量安全事故上报、应急处置、调查处理、案件移送等工作。

第四十四条　建立质量诚信体系，健全质量信用信息收集和公开公示制度，完善质量信用评价机制，实施质量信用分类监管。

建立并实施质量守信激励和失信惩戒制度，对守信主体按照规定予以激励，对严重失信主体依照法律、行政法规规定予以惩戒。

第六章　附　则

第四十五条　本条例自 2023 年 3 月 1 日起施行。

参考文献

[1] 陈至立主编. 辞海(第七版)[M]. 上海:上海辞书出版社,2020.

[2] 从中国第一张 ISO9001 证书看上海国资国企人加快技术改造革新的步伐[EB/OL]. [2022－09－27]. https://www.gzw.sh.gov.cn/shgzw_gqdj_szxc/20220927/f2f5b8d0d65146b7b25ae1f67ae63cc8.html.

[3] 金武刚. 公共图书馆高质量发展:内涵、定位与任务[J]. 图书与情报,2021(1).

[4] 郝玉玲. 浅议全面质量管理与 ISO9000 族标准之间的关系[J]. 黑龙江科技信息, 2008(1).

[5] 鲍江东. ISO9001:2015 质量管理体系理论与实践[M]. 南京:南京大学出版社,2021.

[6] 谭满红. ISO9000 族标准与全面质量管理(TQM)对比研究[J]. 商品与质量,2012(S1).

[7] 安飞. ISO9001 质量管理体系在企业管理中的应用分析[J]. 中国产经,2022(12).

[8] 赵成杰编著. ISO9001: 2015 新思维＋新模式:新版质量管理体系应用指南[M]. 北京:企业管理出版社,2017.

[9] 上海图书馆编. 图书馆物业管理实施 2000 版 ISO9001 标准实用指南[M]. 上海:上海科学技术文献出版社,2002.

[10] 吴卫刚编著. 服装企业 ISO9000 质量管理[M]. 北京:中国纺织出版社,2005.

[11] 张勇,柴邦衡. ISO9000 质量管理体系:基于 2015 版标准[M]. 北

京:机械工业出版社,2016.

[12] 韦云主编. 医院质量管理手册[M]. 北京:化学工业出版社,2005.

[13] 柴邦衡. ISO9000 质量管理体系[M]. 北京:机械工业出版社,2006.

[14] 柴邦衡,刘晓论. ISO9000 质量保证体系[M]. 北京:机械工业出版社,1999.

[15] 柴邦衡,吴江全. ISO9001:2000 质量管理体系文件[S]. 北京:机械工业出版社,2000.

[16] 中华人民共和国国家质量监督检验检疫总局,中国国家标准化管理委员会. 中华人民共和国国家标准(GB/T 19001—2016/ISO9001:2015)质量管理体系 基础与术语[S]. 北京:中国标准出版社,2017.

[17] 中华人民共和国国家质量监督检验检疫总局,中国国家标准化管理委员会. 中华人民共和国国家标准(GB/T 19001—2016/ISO9001:2015)质量管理体系 要求[S]. 北京:中国标准出版社,2017.

[18] 中华人民共和国第七届全国人民代表大会常务委员会. 中华人民共和国标准化法[Z]. 1988-12-29.

[19] 中国合格评定国家认可委员会. CNAS-CC01_2015 管理体系认证机构要求[EB/OL]. (2015-07-21)[2016-01-20]. https://www.cnas.org.cn/rkgf/rzjgrk/jbzz/2015/07/870091.shtml.

后　记

2008年，安徽省图书馆响应《质量振兴纲要（1996年—2010年）》要求，全面导入ISO9001质量管理体系。秉承“读者为全馆关注焦点”质量管理原则，提出“馆藏丰富，管理科学，环境优美，服务文明，读者满意”质量方针，顺利通过质量管理体系认证。在体系建设中，对采编、典藏、借阅、参考咨询、古籍修复、社会服务等行业特有过程进行系统识别，结合全国公共图书馆评估定级标准，编制多份具有行业专业特点的工作手册。同时，运用质量管理体系风险思维，开展公共图书馆运行服务风险库建设工作，采用风险分级管理模式，制定各类风险控制措施，与图书馆各项规章制度结合，形成了一套符合安徽省图书馆实际运行需求的具有高度专业性和可操作性的质量管理体系文件。全馆在工作中对标执行、总结实践、持续改进，有效运行维护质量管理体系，助力安徽省图书馆在流程标准化、服务规范化、咨询专业化道路上的高质量发展。

为全面总结安徽省图书馆在质量管理工作中取得的成效和经验，树立质量管理品牌，安徽省图书馆成立“安徽省图书馆质量管理体系文件出版工作小组”。由馆长林旭东担任组长，王建涛、高全红、董松3位副馆长担任副组长，17位部门主任组成工作小组，林旭东、王景、陈瑛、周红雁、杨君祎5位同志组成编撰组，全面梳理修订全馆质量手册、程序文件、工作手册和风险库，编撰完成《安徽省图书馆ISO9001质量管理体系建设实践》。

《安徽省图书馆ISO9001质量管理体系建设实践》一书分“质量管理体系与公共图书馆”“公共图书馆ISO9001质量管理体系建立与实施”“安徽省图书馆ISO9001质量管理体系建设”等章节，对安徽省图书馆的ISO9001质量管理体系建设进行了记述，并在“附录”中展示了安徽省图书馆员工在质量管理方面的部分成果。

在本书编写过程中，安徽省图书馆质量管理体系文件出版工作小组成员付出了努力，林旭东馆长带领编撰组成员对篇章结构、内容选取、附录构成等进行多轮沟通，工作小组成员根据本书编撰要求对提供的部门作业指导书等进行多次筛选、修正。

本书章节撰写任务的具体分工为：林旭东馆长负责总体框架的制定和《序言》的撰写，中国检验认证集团高级审核员曹雪梅负责 ISO9001 专业性审核与《后记》的撰写。此外，陈瑛负责第一章，王景负责第二章，周红雁负责第三章第一节，杨君祎负责资料收集和编辑整理工作。

囿于时间紧，人力、学识有限，加之经验不足，本书难免存在疏漏不足之处，敬请馆内外专家同仁不吝指教。

曹雪梅

2023 年 12 月